シリーズ〈建築工学〉
2

建築構造の力学

初歩から学ぶ構造力学

西川孝夫　北山和宏　藤田香織
隈澤文俊　荒川利治　山村一繁
小寺正孝　　　　　　　　著

朝倉書店

まえがき

　建築物が力を受けたとき，その力はどのように建物のなかを伝わっていくのだろうか．また，建物にどのような変形が生じるのだろうか．力にはいつも建物に作用している常時荷重（固定荷重，積載荷重など）とたまにしか作用しない非常時荷重（地震荷重，風荷重など）とがある．それらの力は主としていわゆる柱，はり，壁，床などの構造部材を経由して地面に到達する．構造力学はそれらの部材の中を伝達している力（応力という）とそのとき生じる部材ならびに建物としての変位，変形を求めることが目的である．建物の設計ではそれらの力（応力）を無事伝達できるか，変形は過大にならないかを構造力学の知識を駆使して定量的にチェックすることが必要になる．そして，この検討に基づいて，力の流れに無理が生じないように構造部材を配置したり，また部材の大きさなどを決めることになる．しかし，ここで初学者がとまどうのは，変位，変形はある程度概念的に理解できるとしても，力とくに部材内応力は全く目には見えないのでたとえばこの荷重はこの柱の中を軸力，曲げモーメント，せん断力という応力となって伝達していますといっても理解し難いことである．つまり，応力は全く想像の世界での話なのである．本書のなかでは，部材を仮想切断してみるとその断面を流れている応力が見えることになっている．つまりそのように仮定することから話が始まることになっている．変形は頭の中で十分想像できるので，そのような変形を生じさせている部材内力が応力であると思ってしまえば，建築構造力学は気楽に取り組むことができるものになる．

　本書は主として初学者を対象とした構造力学の教科書である．建築を学ぶすべての者は力学の基本を知っておくことが重要である．将来建築家を目指す人，施工をやりたい人，構造設計を目指す人などすべての人を対象とした建築構造に関する力学の初級参考書である．執筆者は実際に現在大学などで構造力学を教えている先生，あるいはかつて教えたことのある方なので，初学者の悩みは十二分に理解しており，その悩みを解決する経験をもとに執筆したものである．したがって，ある意味においては非常に平明に記述されているので，物足らなく感じる方もいるかもしれないが，そのような方はさらにハイレベルの力学書を紐解くことを勧めたい．また，本書の特徴としてコンピュータが誰にでも気軽に使える時代になってきたことを勘案し，6章では構造解析のマトリクス解法を解説し，さらに朝倉書店のホームページからそのプログラムがダウンロードできるようにしている．ぜひ，ホームページにアクセスし実際に骨組を解いてみることを強くすすめたい．

　本書をまとめるにあたり朝倉書店編集部の方々にはたいへんお世話になった．ここに謝意を表する．

　なお，本書のおもな執筆分担は，1，4章が西川孝夫，2章が北山和宏，3章が藤田香

織，5章が北山和宏と隈沢文俊，6章本文が荒川利治，プログラムが山村一繁，7章が小寺正孝である．本書がこれから建築学を学び建築の本質を見極めようとする若い学生諸君の手助けとなることを執筆者全員が期待している．

2003年1月

執筆者を代表して
西川 孝夫

※本書の6章で使用されているプログラムのソースファイル，Windows用，Macintosh用の実行形式ファイル，およびプログラム解説ファイルは，朝倉書店のウェブサイト
　　　http://www.asakura.co.jp/
から入手できます．

目　　次

1. 力とつり合い　1

1.1　骨組と作用力および部材内力のモデル化　1
　1.1.1　解析モデルへの置換　1
　1.1.2　作用力および部材内力（応力）のモデル化　2
　1.1.3　符号の定義　3
1.2　骨組の安定，不安定と静定，不静定　3
1.3　力およびモーメント　4
　1.3.1　定義および法則　4
　1.3.2　力の合成および分解　5
　1.3.3　つり合い　7

2. 基本的な構造部材の応力　10

2.1　断面に作用する応力　10
　2.1.1　断面応力　10
　2.1.2　断面応力の種類　10
2.2　断面応力の求め方　11
2.3　断面応力の図示　13
2.4　荷重，せん断力および曲げモーメントの関係　14
2.5　基本的な構造の応力図　15
　2.5.1　片持ちはりの場合　15
　2.5.2　単純はりの場合　17

3. 応力度とひずみ度　20

3.1　応力度　20
　3.1.1　応力度の定義と種類　20
　3.1.2　垂直応力度　20
　3.1.3　せん断応力度　20
3.2　ひずみ度　21
　3.2.1　ひずみ度の定義と種類　21
　3.2.2　垂直ひずみ度　21
　3.2.3　せん断ひずみ度　22
　3.2.4　変位とひずみ度の関係　23
3.3　応力度とひずみ度　23
　3.3.1　フックの法則　23
　3.3.2　弾性係数　24
　3.3.3　弾性係数間の関係　25
　3.3.4　応力度とひずみ度の関係　25
3.4　断面の性質　25
　3.4.1　断面の諸係数　25
　3.4.2　断面一次モーメント　26
　3.4.3　断面二次モーメント　28
　3.4.4　断面係数　30
　3.4.5　断面相乗モーメント　31
　3.4.6　断面二次半径　34
　3.4.7　断面極二次モーメント　34
3.5　部材内の応力状態　35
　3.5.1　垂直応力度の分布　35
　3.5.2　せん断応力度の分布　35
　3.5.3　応力度間の関係　36
　3.5.4　部材内の応力度分布　38
3.6　部材の変形　39
　3.6.1　はりの基本式　39
　3.6.2　モールの定理　41

4. 仕事とエネルギー　44

4.1 仕事（外力のする仕事，外力仕事）の定義　44

4.2 ひずみエネルギー（内力のする仕事，内力仕事）の定義　44

4.3 仮想仕事に関する諸定理　45
 4.3.1 仮想仕事の原理　45
 4.3.2 仮想仕事の原理の応用　47

5. 骨組の応力と変形　50

5.1 静定骨組の応力と変形　50
 5.1.1 応力の求め方　50
 5.1.2 変形の求め方　54

5.2 静定トラスの応力と変形　57
 5.2.1 応力の求め方　57
 5.2.2 変形の求め方　60

5.3 不静定はりの応力　62
 5.3.1 変形の適合条件　62
 5.3.2 不静定一般解法　63
 5.3.3 固定端モーメント　66

5.4 不静定トラスの応力　68
 5.4.1 外的不静定トラスの応力　69
 5.4.2 内的不静定トラスの応力　69

5.5 不静定骨組の応力―たわみ角法による解法　70
 5.5.1 たわみ角法の基本仮定　70
 5.5.2 材端モーメントとたわみ角　70
 5.5.3 たわみ角法―節点の移動がない場合―　71
 5.5.4 たわみ角法―節点の移動がある場合―　77

5.6 固定法　80
 5.6.1 モーメントの分配と到達　80
 5.6.2 有効剛比　81
 5.6.3 連続はりの解法　81
 5.6.4 節点の移動がない骨組の解法　83

5.7 不静定骨組の変形　85

6. コンピュータによる構造解析　87

6.1 マトリクス構造解析法　87
 6.1.1 マトリクス法とは　87
 6.1.2 マトリクス法の特徴　87
 6.1.3 剛性　88
 6.1.4 剛性マトリクス　88
 6.1.5 柔性マトリクス　89
 6.1.6 剛性法と柔性法　89
 6.1.7 マトリクスの要素　90

6.2 剛性法　91
 6.2.1 フレーム構造　91
 6.2.2 部材剛性マトリクス　92
 6.2.3 座標変換　95
 6.2.4 全体剛性マトリクス　97
 6.2.5 固定・支持条件の処理　98
 6.2.6 変位と応力の解法　99
 6.2.7 節点以外に外力が作用する場合　99

6.3 プログラムを用いた解析例　100
 6.3.1 入力データの書式　100
 6.3.2 使用例　102

7. 演習問題と解答　104

索　引　131

1. 力とつり合い

建築構造物には固定荷重，積載荷重が常時に，また積雪荷重，風圧力，地震力などの荷重が非常時に（時々）作用する．これらを構造物に作用する外力という．本書では，それら与えられた外力によって構造物がどのような変形をし，さらに外力は骨組を構成しているはり，柱などの各部材の中をどのように流れていくか，つまり部材を変形させるのにどのくらいの力が必要か（この部材を変形させる力，別の言葉でいうと，部材が変形することにより生じる力を応力という）を学ぶことが目的である．

1.1 骨組と作用力および部材内力のモデル化

骨組に作用する外力やそれに伴って骨組に生じる変形，応力を求めるためには，骨組や外力を計算可能なモデルに置き換える必要がある．

1.1.1 解析モデルへの置換

本書では，木構造，鋼構造，鉄筋コンクリート構造などのように，主として柱，はりで構成される骨組（ラーメン構造ということが多い）を対象とする．このような構造物（以下主として骨組という）は長さに比較して断面寸法の小さい部材で構成されているのが特色である．

応力，変形を求めるためにはそれらを計算可能なモデルに置き換える必要がある．なるべく実際の状態に近い形へのモデル化を行う．いま述べたように，部材断面寸法に比べて長さが長いという性質を利用して部材をその図心と呼ばれる位置を通る1本の線に置き換える．当然この線はもとの部材の力学特性（力を受けたときに生じる変形，応力が再現できるような特性）をもっていなければならない．このあたりの置換の仕方は3章で学ぶことになる．このようにもともとはある断面寸法をもっている部材を線材に置換するので，本書で学ぶ力学は線材の力学という．すると部材，骨組は図1.1に示すように簡単な形で表現することができる．一方，床スラブや，シェル構造などのように平面的な広がりをもつ部材，骨組はこのような線材におけないので，面的広がりをもった面材として扱うことが一般的である．本書ではこのような骨組は直接対象としないことにする．

さらに，骨組は外から加えられた力を骨組の各部材を通して地面に伝える役割をしている．したがって，骨組は必ず地面あるいは他の骨組に（その骨組を経由して最終的には地面に力を伝える）支持されている必要がある．このように骨組端部が支持されている部分を支点といい，力学的には支持のされ方を理想化し，図1.2に示すような3種類の支持方法があるとする．もちろんその中間の支持方法のモデル化も可能であるが，ここでは

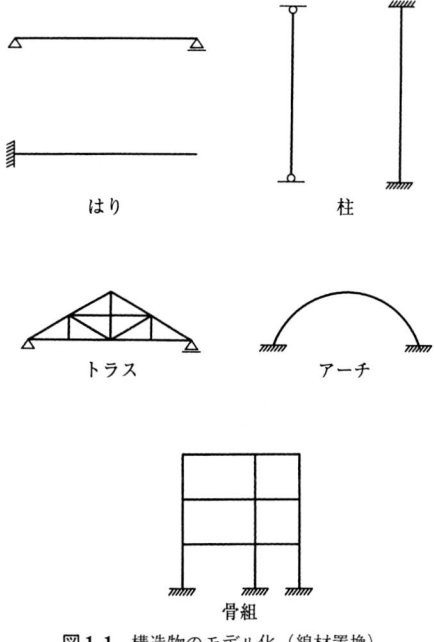

図1.1 構造物のモデル化（線材置換）

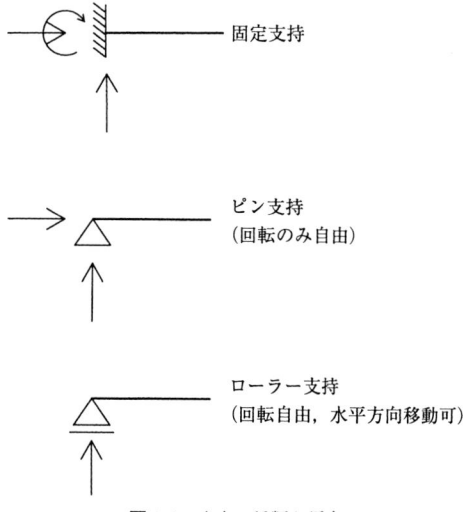

図1.2 支点の種類と反力

言及しない．それらはその支持方法によって固定支持，ピン支持，ローラー支持と呼んでいる．別の表現をするとそれぞれ，固定端，回転端，可動端ともいう．固定支持はその点で部材端は水平にも，鉛直にもまた回転をも許容しない支持方法であり，ピン支持は回転は許容するが水平，鉛直への移動を許容しない支持方法で，ローラー支持は回転とローラー方向の移動は許容するが，それに対して鉛直な方向の移動は許さないとするものである．図中の矢印で示したものは1.1.2項で出てくる反力と呼ばれるものであり，支点の移動を止めるための力とその方向を表したものである．

また，部材と部材との交点（接合点）は図1.3に示すような剛接合，滑接合の2種類を想定する．剛接合（剛節点）はその点で各部材が剛に接合されていることを意味し，その節点に集まる各部材が同一の回転をすることになる．また，滑接合（滑節点，ピン接合，ヒンジ）では各部材の回転は自由ということになる．

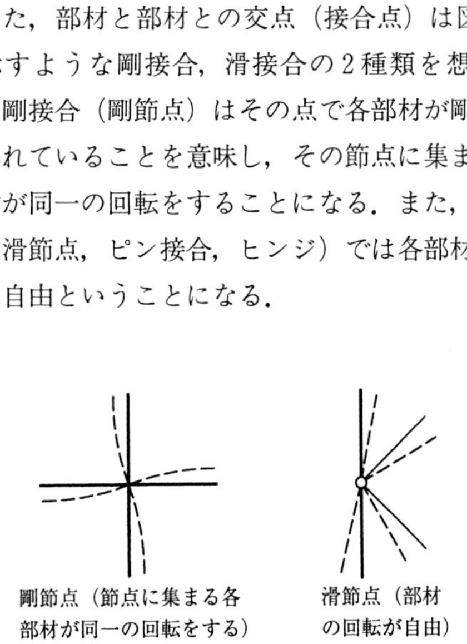

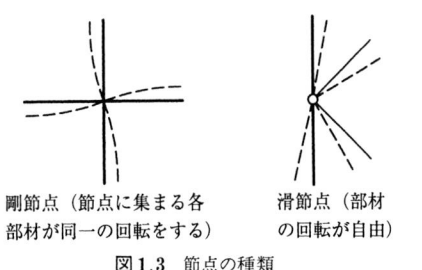

図1.3 節点の種類

1.1.2 作用力および部材内力（応力）のモデル化

このように線材に置き換え支持された骨組に，先に述べた荷重，外力が作用したときの解析を行うことになる．外力が骨組に作用するとニュートンの作用・反作用の法則から骨組の支持点（支点）には前項で示した反作用力（反力＝図1.2に示した支点を支持するための力）が生じることになる．この反力も骨組に作用する力（外力の一種）と考える．これら外力も力学モデルの解析にのるようにモデル化しなければならない．力は数学的にはベクトルといわれるもので，作用点，方向，大きさの3要素をもっている．構造物に作用する外力としては積載荷重，固定荷重，地震荷重などがあるが，それらを力学的に表現すると，集中荷重，分布荷重，モーメントなどと呼ばれる図1.4に示すような表現になる．外力は骨組を変形させ部材内を伝達し，骨組の支持点にまで到達

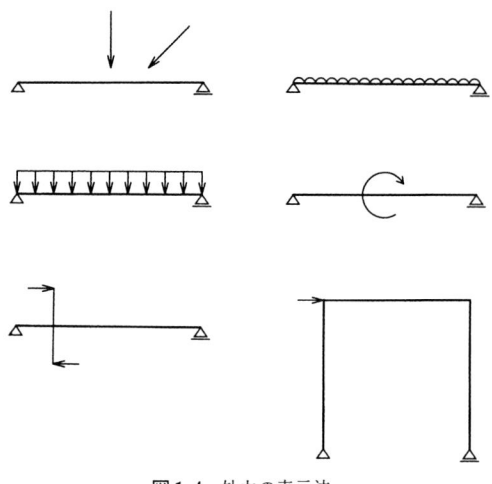

図1.4 外力の表示法

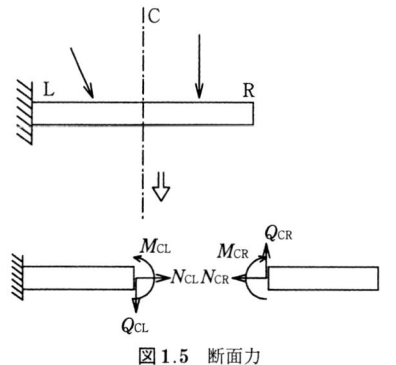

図1.5 断面力

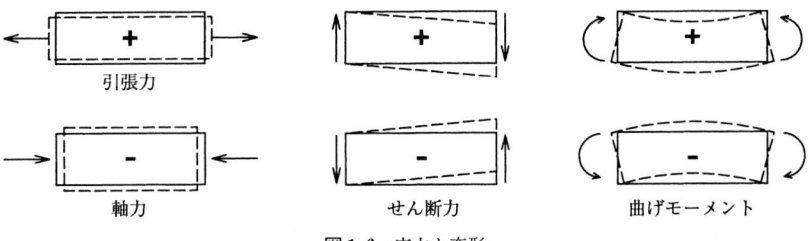

図1.6 応力と変形

し，一方，反作用力は反力の形で骨組が移動，回転しないように支持するわけである．

部材内を伝達する力は目には見えないので全く想像の世界のものとなるが，いま図1.5に示すように材をその材軸に直角な面で仮想的に切断してみる．仮想切断した断面に作用している力を図のように N，Q，M で表し，それぞれを軸力，せん断力，曲げモーメントといい，総称して材端力という．軸力は材軸方向の力，せん断力は材軸に直角な方向の力，曲げモーメントは材軸まわりの力である．仮想切断断面はもともと繋がっているということを考えると，それら切断面の左側と右側の材端力との間には

$$N_{CL} - N_{CR} = 0$$
$$Q_{CL} - R_{CR} = 0$$
$$M_{CL} - M_{CR} = 0$$

の関係がなりたつ（力のつり合いを参照）．その骨組の中を伝達する力を応力と呼んでいる．詳細は2章，3章で述べるが，骨組の中を伝わる力は骨組を変形させる．部材を伸び，縮み変形させる応力を軸力，部材をせん断する方向に変形させる応力をせん断力，部材を曲げる力（応力）を曲げモーメントと呼んでいる．変形は視覚的に理解しやすいので，応力と変形は一対のものとして理解しておくことが大切である．このように応力は変形に対応しているので，図1.6に示すように一組の力として定義されている．前にも述べたように材の片側だけの力をいうときには一般的には応力といわないで材端力といい，それに対応してその部分の変形を材端変形といういい方をする．

1.1.3 符号の定義

これから，骨組の反力を求めたり，応力，変形を求めたりする場合には，力や変形などの向きを

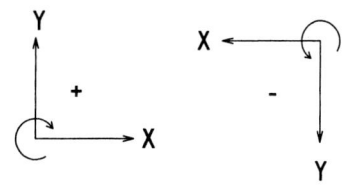

図1.7 力の符号

数学的に＋（プラス）あるいは－（マイナス）の符号をつけて表す．当然解析する者が勝手に決めてよいものではあるが，計算の途中で変更したりすることは好ましくない．本書では，図1.7の左に示す力の向きをプラスと定義している．また，応力は一組の力で表されるので，図1.6の変形に対応するものを図中に記入したようにプラスあるいはマイナスとすることとする．応力の符号を統一しておかないとあとで出てくる変形の計算のときに混乱する可能性があるので注意を要する．柱材のときには図1.6のものを90°時計回りに回転させて考えればよい．ただし，応力の計算だけで，変形の計算が必要でない場合には符号が問題となることはない．つまり，必ずしも符号はつけなくてもよい．2章で説明するように，いわゆる応力図が適切に描ければよいことになる．

1.2 骨組の安定，不安定と静定，不静定

任意方向のわずかの外力に対して，図1.8 (a)に示すように骨組の変形は有限でかつ安定した形状を保ちうる構造を安定構造物という．安定構造物は1.3節に説明するような，力のつり合い条件を満足することが必要である．一般に構造力学では，安定構造物が解析対象となる．逆に図1.8 (b)，(c) に示すように外力に対して変形が有限でなく，外力とのつり合い条件を満足しない構造物を不安定構造物という．

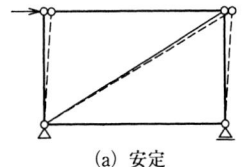
(a) 安定

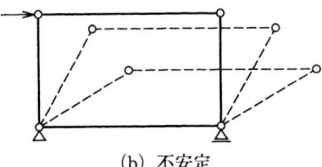
(b) 不安定

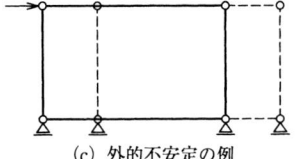
(c) 外的不安定の例

図1.8 安定，不安定

安定構造物の中で，力のつり合い条件のみで構造物の反力，各部材に起こっている応力が求められる場合に，その構造を静定という．また，力のつり合い条件ばかりでなく，変形の適合条件（5.3節参照）を加えて反力，応力を求める必要のある構造を不静定という．構造物の形だけに関していう場合には，内的静定，内的不静定という．また，支持だけに関していうときには外的静定，外的不静定という．

安定，不安定，静定，不静定の判別には次に示す判別式を利用すると便利である．

判別式：$m = s + r + n - 2k$

$m = 0$：安定，静定，$m > 0$：安定，不静定，$m < 0$：不安定．

ここで，s：部材数，k：節点数（自由端，支点も1節点と数える），r：剛節数（図1.9），n：反力数（図1.10）．

以上は支点も含んだ骨組全体系の静定，不静定を見分ける判別式である．とくに，外的静定，不

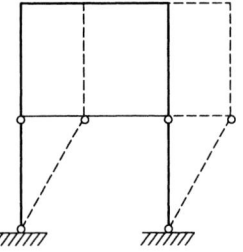

図1.11 部分的不安定の例
$s = 6$，$n = 4$，$k = 6$，$r = 4$
$m = 6 + 4 + 4 - 2 \times 6 = 2 > 0$

静定を判別するためには

$$m = n - 3$$

さらに内的静定，不静定を判別する場合には原式に $n = 3$ を代入して

$$m = s + r + 3 - 2k$$

とすればよい．なお，原式において $m \geq 0$ が安定構造物となるための必要条件であるが，必ずしも十分条件ではないので注意が必要である．たとえば図1.11のような場合，判別式では安定，不静定と判別されるが，外力が作用すると1階部分の変形が安定でない，つまり構造物全体が安定でないことが理解されよう．直角変位図などで確認することができるがここでは省略する．

1.3 力およびモーメント

1.3.1 定義および法則

力とは物体の運動状態（静止状態）を変えようとする作用，つまり力の作用方向に物体を移動させようとする作用を有するものであり，**力の3要素**と呼ばれる①大きさ，②作用点，③方向，から構成される（図1.12）．数学的にはベクトルと呼ばれるものである．

また，力のモーメントは，ある1点に関する**力のモーメント**（moment of a force）といい，その力の大きさとその点から力の作用線に下ろした垂線の長さとの積 $p \times e$ をいう（図1.13(a)）．

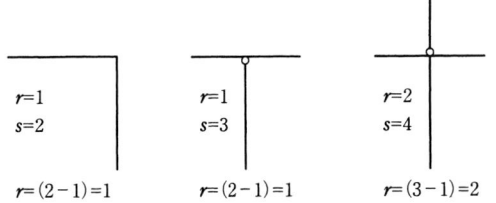

図1.9 剛節数の数え方
剛節数 = 剛節点を構成している部材数 − 剛節点数
骨組全体　$r = k - k'$　k：剛節点につながる部材数
　　　　　　　　　　　　k'：剛接節点数

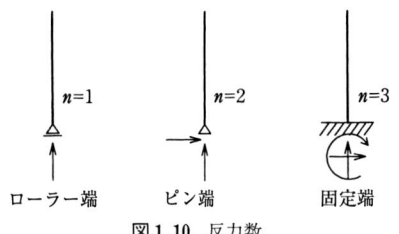

図1.10 反力数

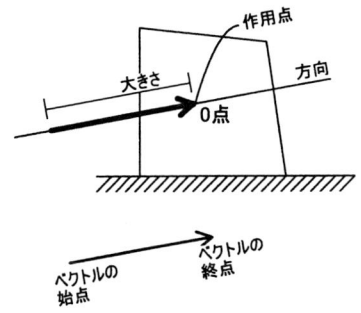

図1.12 力とそのベクトル表示

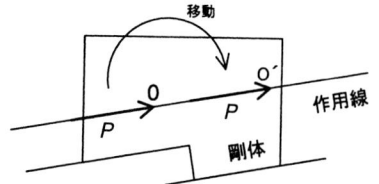

図1.14 力の移動性の法則

力のモーメントはその点から見た場合にその点に関して物体を回転させようとする作用をするものである．なお，互いに平行な作用線を有し，向きが反対の2力でかつその大きさが相等しいとき，その2力を総称して**偶力**（couple of forces）（図1.13 (b)) という．そして，偶力は物体を回転させようとする作用をもつ．

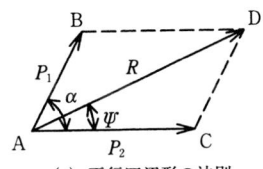

(a) 平行四辺形の法則

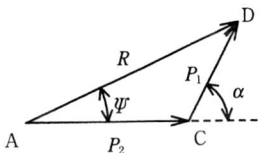

(b) ベクトルの幾何学和

$R = \sqrt{P_1^2 + P_2^2 + 2P_1P_2\cos\alpha}$

$\sin\Psi = \dfrac{P_2 \sin\alpha}{R}$

R：合力

図1.15 平行四辺形の法則とベクトルの幾何学和

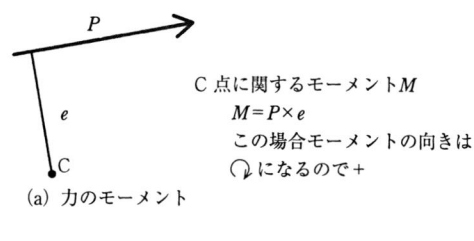

(a) 力のモーメント

C点に関するモーメントM
$M = P \times e$
この場合モーメントの向きは
↻になるので＋

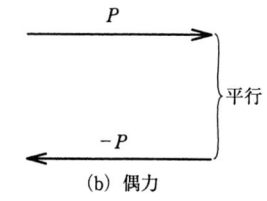

(b) 偶力

図1.13 力のモーメントと偶力

本書では骨組が弾性範囲内に変形をするとき，つまり微少変形領域での解析を対象としているので，作用力の静力学的効果は，構造物が変形しない剛体と見なした場合と同様であると考える．すると，剛体に働く力の静力学的効果については次の三つの基礎的法則がある．

① **力の移動性の法則** 剛体に働く力は，その大きさと向きとを変えることなく，その作用点を作用線上の任意の点に移すことができる（図1.14）．

② **力の平行四辺形の法則** 剛体内の任意の点に作用する2力の力学的効果はその2力を相隣る2辺とする平行四辺形の対角線の大きさおよび方向とをもつ1力の効果に等しい（ベクトルの幾何学的和）（図1.15）．

③ **作用と反作用の法則** A，Bなる2個の物体の接触点において，AがBに及ぼす力とBがAに及ぼす力とは，その作用線および大きさが等しく，その作用方向が逆である2力である．

1.3.2 力の合成および分解

多くの力が同時に作用する物体の運動状態と同一の効果を表すように，これらの多くの力を一つの力に置き換えることができる場合，この1力を多くの力の**合力**（resultant force）という．逆に，1力が作用している物体が運動状態にあるとき，その運動状態と同一の効果を表すように，この1力を多くの力に置き換えることができた場合，この多くの力をその力の**分力**（component forces）という．つまり力の合成とは合力を求め

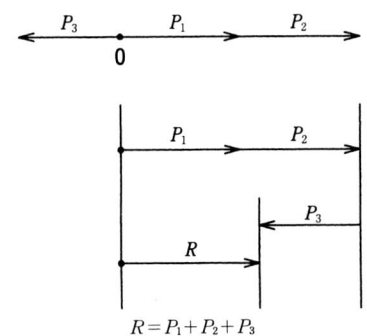

図 1.16 同一作用線上にある力の合成

ることで，分解とは分力を求めることである．数学的にはベクトルの合成，分解である．

a. 力の合成

(1) 同一作用線上にある力の合成は図 1.16 に示すようにベクトルの単純和となる．

(2) 作用線が同一でない 2 力の合成は，前述の図 1.15 に示した平行四辺形の法則による．

(3) 同様に 2 力以上の合成は，平行四辺形の法則を順次に繰り返して行う（図 1.17(a)）．

ベクトル（力）の幾何学和を図的に作成したものを示力図といい（図 1.17(b)），もし最後のベクトルの終点が最初のベクトルの始点と一致すれば，合力 R は 0 になる．このような状態は与えられた力の系はつり合い状態（1.3.4 項参照）にあるという．

力の合成に関しては，連力図を用いる図解法があるが，ここでは省略する．力の大きさ，方向が与えてあればベクトル合成のやり方をまねると，比較的簡単に合力などが求まるので 7 章の演習問題を参考にしてほしい．

b. 力の分解

合成の場合と全く逆をやればよい．例に示したのは，最も普通に行われるあるいは必要な，互いに直角な 2 方向に分解する場合である．図 1.18 (a) は力 P を X, Y 方向の分力に分解する場合，図 1.18 (b) は力 P_1, $\cdots$, P_i をそれぞれ x, y 方向に分解し，さらに x, y 方向の合力として計算した例である．

c. 力のモーメントの合成

同一平面内に働く多くの力の，同じ平面内のある点に関するモーメントの和は，その合力の同じ点に関するモーメントに等しい．証明は省略するが，直感的に理解できる性質であろう．また，大きさが等しく，向きが反対の 2 力（偶力．この場合合力は 0 である）のたとえば O 点に関する力

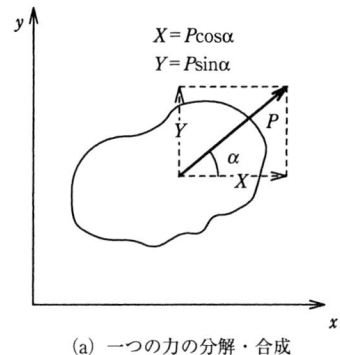

(a) 一つの力の分解・合成

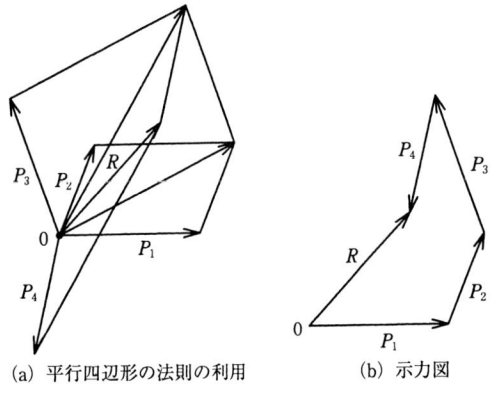

(a) 平行四辺形の法則の利用　(b) 示力図

図 1.17 一点に働く二つ以上の力の合成

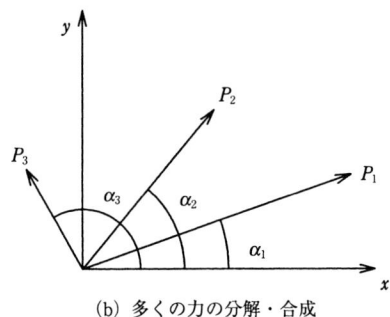

(b) 多くの力の分解・合成

$X_1 = P_1 \cos \alpha_1 \quad Y_1 = P_1 \sin \alpha_1$
$X_2 = P_2 \cos \alpha_2 \quad Y_2 = P_2 \sin \alpha_2$
$\vdots$
$\sum X_i = \sum P \cos \alpha_i \quad \sum Y_i = \sum P_i \sin \alpha_i$
合力 $R = \sqrt{(\sum \times i)^2 + (\sum Y_i)^2}$
合力の方向 $\tan \psi = \dfrac{\sum Y}{\sum X}$

図 1.18 力の分解

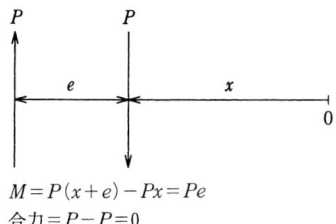

$M = P(x+e) - Px = Pe$
合力 $= P - P = 0$

図 1.19　偶力のモーメントと合力

のモーメントは図 1.19 のようになり，一定値となる．

1.3.3　つり合い

これから骨組を解いていくわけであるが，そのためには力のつり合い，変形の適合の概念を理解することが必要である．また，不静定構造物の場合には力のつり合いと変形の適合が同時に必要である．このあたりについては5章に述べるので，ここでは骨組解析の基本となる力のつり合いについて説明する．重要なのは，ここでいう力とは骨組に作用する外力だけでなく，反力も骨組に作用する作用力（外力）と考える点である．力のつり合いが成り立つとは，外力の作用下で（反力も含める）物体が移動（並進）しない，かつ回転しない状態をいう．考えている方向に移動しないためには，その方向に作用している力の総和は 0 である必要がある．つまり物体に作用する力の合力が 0 であるということである．さらに回転しない条件とはその物体に作用する任意点に関する力のモーメントの和が 0 でなければならない．数学的には下記のように

$$\Sigma X = 0, \quad \Sigma Y = 0, \quad \Sigma M = 0$$

X 方向に作用している力の合力が 0，Y 方向に作用している力の合力が 0，ある点に関する力のモーメントの総和が 0，と表現される．

実際に骨組を解くときには，このつり合い条件を利用して骨組支点の反力を求める．では図 1.20 から図 1.23 に示す例題の支点反力を求めてみよう．

図 1.20 から図 1.23 に示した例題では解答を図の右側に示してあるが，以下に二つの例について解答の解説をする．

まず，図 1.20(a) に示す構造の反力を求めてみよう．このように一端がピン支持，他端がローラーで支持されているはりを単純はりと呼ぶ．点

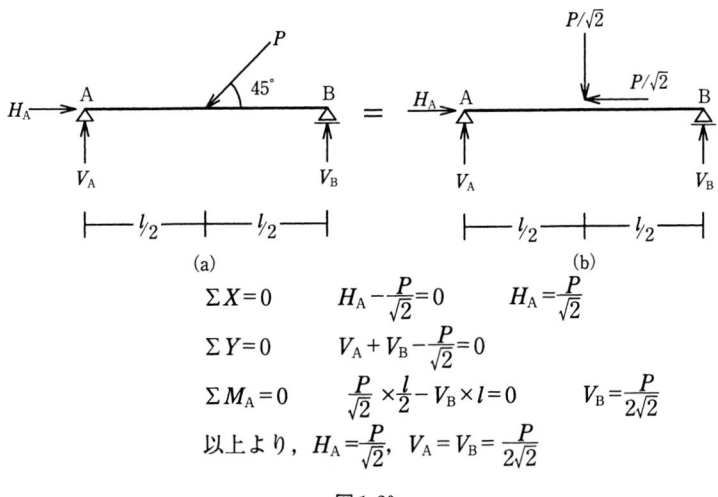

$\Sigma X = 0 \qquad H_A - \dfrac{P}{\sqrt{2}} = 0 \qquad H_A = \dfrac{P}{\sqrt{2}}$

$\Sigma Y = 0 \qquad V_A + V_B - \dfrac{P}{\sqrt{2}} = 0$

$\Sigma M_A = 0 \qquad \dfrac{P}{\sqrt{2}} \times \dfrac{l}{2} - V_B \times l = 0 \qquad V_B = \dfrac{P}{2\sqrt{2}}$

以上より，$H_A = \dfrac{P}{\sqrt{2}}, \quad V_A = V_B = \dfrac{P}{2\sqrt{2}}$

図 1.20

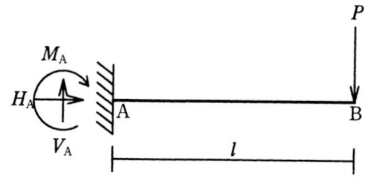

$\Sigma X = 0 \qquad H_A = 0$

$\Sigma Y = 0 \qquad V_A - P = 0 \qquad V_A = P$

$\Sigma M = 0 \qquad M_A + P \times l = 0 \qquad M_A = -Pl$

図 1.21

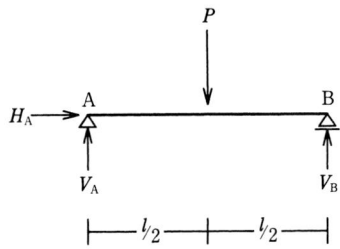

$\Sigma X = 0 \quad H_A = 0$
$\Sigma Y = 0 \quad V_A + V_B - P = 0$
$\Sigma M_A = 0 \quad P \times \dfrac{l}{2} - V_B \times l = 0 \quad V_B = \dfrac{P}{2}$
（A点まわりのモーメント）

以上より，$H_A = 0$, $V_A = \dfrac{P}{2}$, $V_B = \dfrac{P}{2}$

図1.22

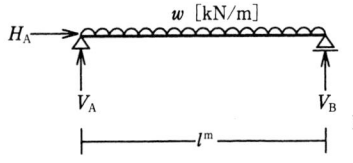

$\Sigma X = 0 \quad H_A = 0$
$\Sigma Y = 0 \quad V_A + V_B - w \times l = 0$
$\Sigma M_A = 0 \quad w \times l \times \dfrac{l}{2} - V_B \times l = 0$
$\quad V_B = \dfrac{wl}{2}$

以上より，$H_A = 0$, $V_A = V_B = \dfrac{wl}{2}$ [kN]

図1.23

Aはピン支持なので，水平反力 H_A および鉛直反力 V_A が生じる．点Bはローラー支持なので，鉛直反力 V_B のみが生じる．これらの反力を図中に正しく示すことが初学の段階では重要である．外力 P は斜め45°方向に作用しているので，水平方向および鉛直方向に分解しておく（図1.20(b)）．以上をもとにして，力のつり合いを考える．

① 水平方向の力のつり合い：水平反力 H_A は右向き（正方向）を仮定し，外力の水平成分 $P/\sqrt{2}$ は左向きであることに注意する．これらの和が0であることから，$X = 0$ より，

$$H_A - \dfrac{P}{\sqrt{2}} = 0$$

であるから，

$$H_A = \dfrac{P}{\sqrt{2}}$$

となる．符号が正であるので，水平反力 H_A は仮定のとおりに右向きとなる．

② 鉛直方向の力のつり合い：図のように鉛直反力 V_A および V_B を上向きに仮定する．外力の鉛直方向分力は $P/\sqrt{2}$ で，下向きであることに注意し，鉛直方向の力のつり合いを考える．すると $Y = 0$ より，

$$V_A + V_B - \dfrac{P}{\sqrt{2}} = 0$$

となるが，これだけでは二つの反力を求めることができない．そこで次のモーメントのつり合いを考える．

③ モーメントのつり合い：任意の点まわりについて考えてよいので，ここでは点Aまわりのモーメントのつり合いを考える．一般にモーメントのつり合いはある支点まわりに対して考えるのがよい．点Aに対して，鉛直反力 V_B は反時計回りに $V_B \times l$ のモーメントを，鉛直外力 $P/\sqrt{2}$ は時計回りに

$$\dfrac{P}{\sqrt{2}} \times \dfrac{l}{2}$$

のモーメントをそれぞれ発生させる．すべてのモーメントの和が0になることにより，次式を得る．

$M = 0$ から，

$$\dfrac{P}{\sqrt{2}} \times \dfrac{l}{2} - V_B \times l = 0$$

よって

$$V_B = \dfrac{P}{2\sqrt{2}}$$

となり，さらに

$$V_A = \dfrac{P}{2\sqrt{2}}$$

が得られる．符号が正であるので鉛直反力 V_A, V_B とも仮定どおり上向きの力である．

同様に，図1.21に示す構造の反力を求めてみ

る．このような構造を片持ちはりという．A端のみで固定支持されているので，A点に水平方向の変形を拘束するための力（反力）H_A，鉛直方向の変形を拘束するための反力 V_A，回転変形を拘束するためのモーメント M_A が必要である．図中にそれら反力を正の方向と仮定して書き入れてある．ここで外力とのつり合いを考える．

まず，水平方向の力のつり合いは
$$X=0 \text{ より}, \quad H_A=0$$
となることは明らかであろう．また，鉛直方向の力のつり合いは
$$Y=0 \text{ より}, \quad V_A-P=0$$
となり，$V_A=P$ である．

最後にA点での力のモーメントのつり合いを考えると
$$M=0 \text{ より}, \quad M_A+P\times l=0$$
となり，$M_A=P\times l$ と計算される．

すべて符号は正であるので，反力の方向は仮定した方向と一致し，かつその大きさも求まったことになる．

以下，図1.22，図1.23の例は図の右側に示してある解答を参考に読者各自で解いてみてほしい．

2. 基本的な構造部材の応力

2.1 断面に作用する応力

2.1.1 断面応力

構造物が静止しているとき，構造物に作用する外力と反力とはつり合い状態にある．この構造物を任意の位置で切断して幾つかのパーツ（部分，領域）に分割したとき，それぞれのパーツは必ずつり合っている．

たとえば図 2.1 のような単純はりに外力 P が作用するとき，支点 A および支点 B には反力を生じてつり合う．このはりを任意の断面 c-c で切断してみよう．このようにして分割されたそれぞれのパーツを **Free Body（自由体）** と呼ぶ．この場合には左の Free Body と右の Free Body とに分割される．

ここで，左右に分割された Free Body に作用している力やモーメントをすべて書き出そう（図 2.1 (b)）．左の Free Body には支点 A に水平反力 H_A，鉛直反力 V_A が作用しているが，外力は作用していない．このほかに，切断した断面には x，y 方向の力 X_C，Y_C およびモーメント M_C が生じており，これらのすべての力によって左の Free Body はつり合い状態を保っている．

同様に右の Free Body にもつり合い状態を保持するために，切断した断面に水平力，鉛直力およびモーメントが発生する．断面に作用するこれらの応力は作用・反作用の法則により，左の Free Body における切断面に発生した力 X_C，Y_C およびモーメント M_C と大きさが同じで方向が反対となる．

以上のようにつり合い状態にある部材の任意の断面には，力 X_C，Y_C およびモーメント M_C が生じている．これらを**断面応力***（あるいは単に**応力**）と呼ぶ．

> *：断面応力とは，図 2.1(b) のように左の Free Body の右側切断面および右の Free Body の左側切断面に作用する，大きさが同じで向きが逆となる一対の力およびモーメントである．

2.1.2 断面応力の種類

断面応力には呼び名がある．図 2.2 のように部材の中心軸（材軸）方向の力 N を**軸力**（あるい

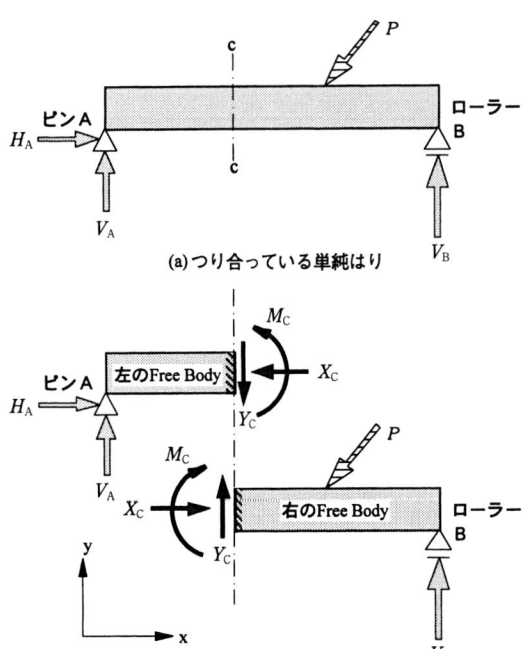

図 2.1　Free Body のつり合い

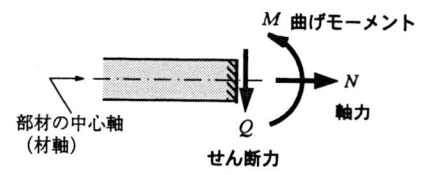

図 2.2　断面応力

は軸方向力)，材軸と直交方向の力 Q を**せん断力**，断面のモーメント M を**曲げモーメント**（あるいは単にモーメント）と呼ぶ．せん断という用語は聞き慣れないが，ハサミのように物を断ち切ろうとする作用をさしている．柱断面での軸力は鉛直方向であるのに対して，はり断面での軸力は図2.2のように水平方向である．すなわち，軸力およびせん断力は材軸に対する方向によって規定されるのであり，x 方向や y 方向とは無関係であることに注意しよう．

つり合っている構造物から切り出した微小な Free Body を考える（図2.3）．微小な Free Body の右側断面および左側断面には，図のようにそれぞれ一対の軸力，せん断力および曲げモーメントが生じており，つり合っている．ここで，それぞれの断面応力の向きを見てみよう（図2.4）．

軸力には図2.4 (1) のように，微小体を押し縮めようとする**圧縮力**と，伸ばそうとする**引張り力**の2種類ある．

せん断力には図2.4 (2) のように二つの向きがあり，(a) では右側断面に下向きのせん断力，左側断面に大きさが同じで上向きのせん断力が作用している．この一対のせん断力は偶力とみなすことができる．この偶力の作用によって微小体は時計回りに回転する．本書では，このように微小体を時計回りに回転させるせん断力の符号を便宜的に正（プラス）と定義する．同様に微小体を反時計回りに回転させるせん断力の符号を負（マイナス）とする．

曲げモーメントには図2.4 (3) のように2種類の組み合わせがある．図2.3のようなはりを考えると，曲げモーメントの作用によってはりは曲げられる．このとき，左右の断面に作用する曲げモーメントの向きによって，上縁が縮んで下縁が伸びる場合（下側引張り）と，下縁が縮んで上縁が伸びる場合（上側引張り）とがある．部材が柱であれば，曲げモーメントの作用によって右側引張りあるいは左側引張りに分類できる．

このように各応力による作用（あるいは符号）を考えるときは，右側断面および左側断面という区別を明確にすることが大切である．

2.2 断面応力の求め方

つり合っている構造物の任意の位置の断面応力は，任意の自由体における力のつり合いによって求めることができる．図2.5のように斜め方向の外力が作用した単純はりを考えよう．以下に断面応力を求める手順を説明する．

① 斜め方向の外力を水平方向，鉛直方向に分解して，支点反力を求めて図示する（図2.5 (a)）．

② 単純はりの中点 C に外力が作用しているので，左のピン支点 A から点 C までと点 C から右のローラー支点 B までの2か所で切断してみる．

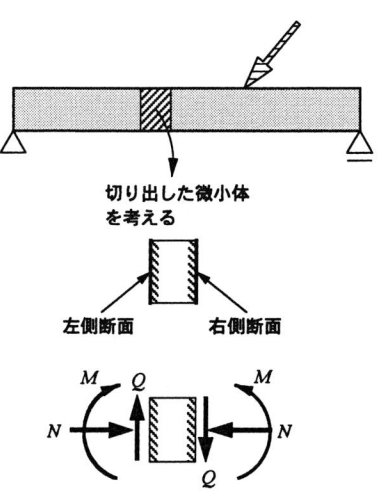

図2.3 微小体の断面応力

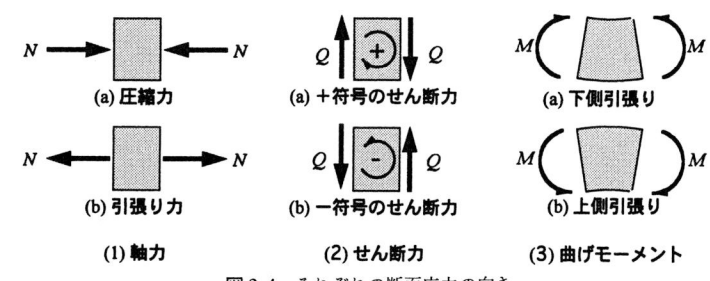

図2.4 それぞれの断面応力の向き

12   2. 基本的な構造部材の応力

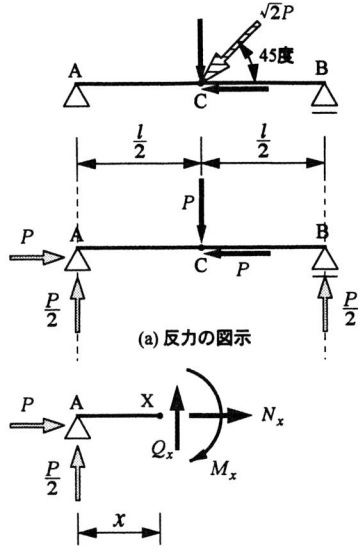

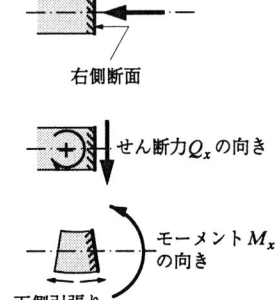

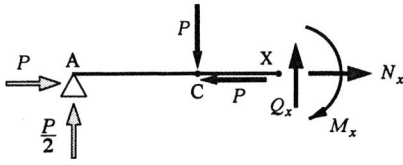

図 2.5 断面応力の求め方

(1) はじめに AC 間で切断して，左の Free Body を考えよう（もちろん，右の Free Body でもよい）．点 A から距離 x ($0 \leq x \leq l/2$) の位置で切断した左の Free Body に作用する力をすべて書き出す（図 2.5 (b)）．この場合は，支点 A に生じる反力と切断した点 X に作用する断面応力 N_x，Q_x および M_x である．すべての力を書き出したら，水平方向，鉛直方向およびモーメントのつり合いを考える．

① 水平方向の力のつり合い：右向きを正とする．図では軸力 N_x を右向きに描いてある．水平方向の力は反力の P（右向きなので符号は正）と軸力 N_x であり，この二つの力の和は 0 となる．

$$P + N_x = 0$$

これより，

$$N_x = -P$$

軸力 N_x の符号は負なので，軸力は図 2.5 (c) のように右側断面に対して左向きである．すなわち，圧縮力である．

② 鉛直方向の力のつり合い：上向きを正とする．図では切断した断面に生じるせん断力 Q_x を上向きに描いてある．鉛直方向の力は反力の $P/2$（上向きなので符号は正）とせん断力 Q_x であり，それらの和は 0 となる．

$$\frac{P}{2} + Q_x = 0$$

これより，

$$Q_x = -\frac{P}{2}$$

せん断力 Q_x の符号は負なので，せん断力は図 2.5 (c) のように右側断面に対して下向きである．このときのせん断力としての符号は正である（図 2.4 (2) 参照）．上向きを正としたこととせん断力の符号とは無関係であることに注意しよう．

③ モーメントのつり合い：点 X まわりのモーメントのつり合いを考えよう．時計回りを正とする．図では曲げモーメント M_x を時計回りに描いてある．点 X に対して，点 A での鉛直方向の反力 $P/2$ が時計回りのモーメントを発生させ（腕の長さは x である），点 X における曲げモーメント M_x とつり合っている．すなわち，点 X まわりのすべてのモーメントの和は 0 となるので，次式を得る．

$$\frac{P}{2} \times x + M_x = 0$$

よって，

$$M_x = -\frac{P}{2} \times x \qquad (2.1)$$

距離 x は正値であるから，曲げモーメント M_x

の符号は負となる．これは図2.5 (c) のように右側断面に対して反時計回りのモーメントであり，はりの下側が引張りを呈する．式 (2.1) に $0 \leq x \leq l/2$ の範囲の距離 x を代入することにより，曲げモーメント M_x は0から $Pl/4$ まで線形に変化することがわかる．

(2) 同様に CB 間で切断して，左の Free Body に作用するすべての力を書き出したのが図 2.5 (d) である（ちなみにこの場合は，右の Free Body のほうが作用する力の個数が少なくて簡単である）．中点 C に作用する外力を忘れないように注意しよう．あとは (1) と同様に力・モーメントのつり合いから断面応力を求めてみてほしい（解答は次節にある）．

2.3 断面応力の図示

2.2節のような方法によって求めた断面応力を部材軸に沿って図示すると，任意の断面の応力の大きさを視覚的に理解できて便利である．このように表示する応力図を作ってみよう．3種類の応力をそれぞれ表示するため，軸力図（N 図と略称することが多い），せん断力図（Q 図）および曲げモーメント図（M 図）の三つを作成する．前節で解いた結果を図示したのが図 2.6 である．

N 図では引張り・圧縮の区別を明確に表示し，Q 図ではせん断力の符号を明示する．

では，M 図では何に注意すればよいのだろうか．万国共通のルールはないが，わが国においては引張りを受ける側に M 図を描くのが一般的であり，本書でもそのように定義する．凸に変形する側に M 図を描く，ととらえてもよい．この例では下側引張りとなるので，M 図は図 2.6 (c) のように下側に描く．引張りを受ける側に曲げモーメント図を描く*ことの利点として，コンクリートはりを鉄筋で補強すべき位置が一目瞭然となることがあげられる．図 2.7 のようなコンクリートの単純はりを例にしよう．はり中央に下向きの外力が作用するため，コンクリートはりは下側にたわむことになる（すなわち，下に凸に変形する）．そのため，コンクリートはりの下面には引張り力が作用して，ひびわれが発生してしまう．このままでははりがばらばらになって破壊するので，はりの下側に鉄筋を入れて補強することが必要となる．この例でははり全長にわたって M 図が下側に描かれており，鉄筋で補強すべき位置と一致する．

> ＊：曲げモーメント図（M 図）は引張りを受ける側（あるいは，材が凸に変形する側）に描く．

このようにすれば，部材が鉛直方向や斜め方向の場合にも同一のルールによって M 図を描くこ

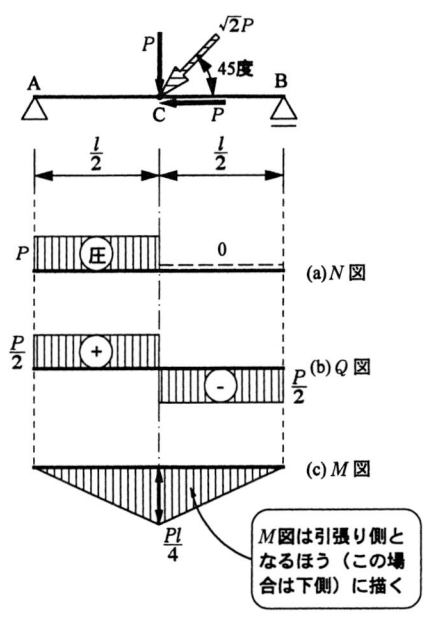

図 2.6 断面応力の図示

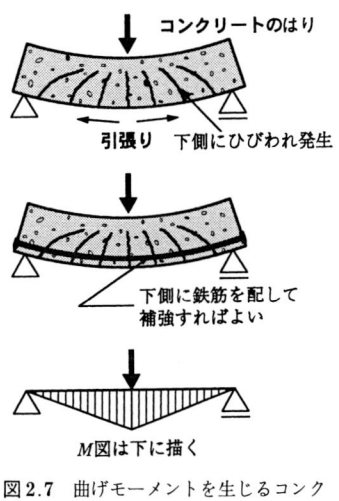

図 2.7 曲げモーメントを生じるコンクリートはりの変形と鉄筋の配置

2.4 荷重，せん断力および曲げモーメントの関係

つり合っている部材に作用する外力と断面に生じるせん断力や曲げモーメントとの間にはどのような関係があるのか，調べてみよう．

図 2.8 のように分布荷重 $w(x)$ を受ける単純はりにおいて，左の支点から距離 x だけ離れたところで幅 dx の微小部分を取り出す．この微小部分に作用する外力は等分布荷重とみなしてよい．微小部分の左側断面に生じるせん断力を Q，曲げモーメントを M とすると，右側断面ではそれぞれ少しずつ変化するので，$Q+dQ$ および $M+dM$ と表示できる（図 2.8（b））．なお軸力は作用していない．

この微小部分における鉛直方向の力のつり合いより，上向きを正として，

$$Q - w(x) \cdot dx - (Q+dQ) = 0 \quad (2.2)$$

これより，

$$\frac{dQ}{dx} = -w(x) \quad (2.3)$$

式（2.3）はせん断力 Q を材軸方向の距離 x によって 1 階微分したものが，負の分布荷重（$-w(x)$）に等しいことを示している．

同様に図 2.8（b）の点 A まわりのモーメントのつり合いから，時計回りを正とすると，

$$M + w(x) \cdot dx \times \frac{dx}{2} + (Q+dQ) \times dx - (M+dM) = 0 \quad (2.4)$$

これを整理すると式（2.5）となる．

$$\frac{1}{2}w(x) \times dx^2 + dQ \times dx + Q \times dx - dM = 0 \quad (2.5)$$

式（2.5）の左辺の項のうち 2 次の微小量 dx^2 および $dQ \times dx$ は非常に小さいので無視すると，次式を得る．

$$Q \times dx - dM = 0 \quad (2.6)$$

よって，

$$\frac{dM}{dx} = Q \quad (2.7)$$

式（2.7）は曲げモーメント M を材軸方向の距離 x によって 1 階微分したものがせん断力 Q に等しいことを表している．すなわち，曲げモーメント図におけるモーメントの傾きがせん断力になる．具体例を示すと，

- せん断力 Q が一定のとき，曲げモーメント M は一次直線
- せん断力 Q が一次直線のとき，曲げモーメント M は二次曲線（すなわち放物線）

の関係がある．さらに，

- $Q=0$ のとき $dM/dx=0$ となるので，図 2.9 に

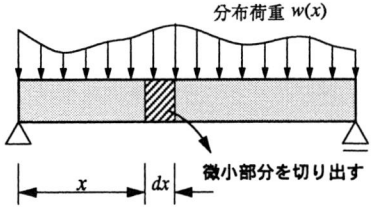

(a) 分布荷重を受ける単純はり

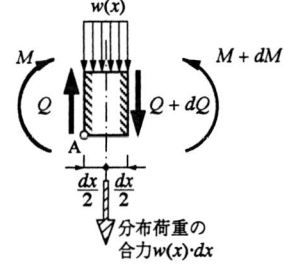

(b) 微小部分に作用する外力と応力

図 2.8 分布荷重を受ける単純はりと微小部分の力のつり合い

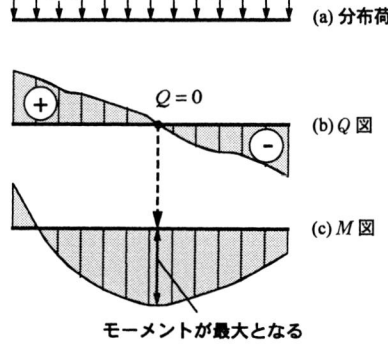

図 2.9 せん断力と曲げモーメントとの模式的な関係

模式的に示すように $Q=0$ となる位置において曲げモーメント M は最大値か最小値になる（数学的に厳密にいえば，この点で曲げモーメントは極値になる）．

これらの基本的な関係は今後，さまざまな構造物の応力図を描く際に大いに役立つので，ぜひ覚えておいてほしい．

2.5 基本的な構造の応力図

ここでは基本的な構造として片持ちはりおよび単純はりを取り上げて，断面応力と応力図の求め方を例題によって説明する．

2.5.1 片持ちはりの場合
a. 集中荷重が作用する場合

図 2.10 のように 2 か所に集中荷重が作用する片持ちはりを考える．はじめに，固定端 A における反力を求めて図示しよう（図 2.10 (b)）．次に任意の位置で切断した断面における応力を求めるために，点 A から x[m] だけ離れた点 X で片持ちはりを切断する．このとき点 B に外力が作用しているため，AB 間で切断した場合と BC 間で切断した場合の 2 通りを考えることになる．

1) AB 間で切断した場合　図 2.10 (c) のように左の Free Body を考えよう．このとき点 X で切断した断面には軸力 N_x、せん断力 Q_x および曲げモーメント M_x が生じており，これらを図示する．

① 水平方向の力のつり合い：右向きを正とする．水平方向の力をすべて足し合わせると 0 になるので，

$$10\,\text{kN} + N_x = 0$$

これより，

$$N_x = -10\,\text{kN}$$

右側断面に作用する軸力 N_x が左向きとなることから，これは圧縮力である．

② 鉛直方向の力のつり合い：上向きを正とする．鉛直方向の力をすべて足し合わせると 0 になるので，

$$-30\,\text{kN} + Q_x = 0$$

これより，

$$Q_x = 30\,\text{kN}$$

右側断面に作用するせん断力 Q_x は上向きとなる．これはせん断力の符号としては仮想の微小体を反時計回りに回転させる向きなので，せん断力の符号は負（マイナス）となる．

③ モーメントのつり合い：時計回りを正とする．任意の点まわりのモーメントのつり合いを考えてよいが，ここでは点 X まわりのモーメントのつり合いを考える．点 X まわりに対して作用するモーメントをすべて足し合わせると 0 になることから，

$$20\,\text{kN·m} + (-30\,\text{kN} \times x[\text{m}]) + M_x = 0$$

これより，

$$M_x = 30x - 20\,\text{kN·m}$$

すなわち曲げモーメントは傾きをもった直線となる．距離 x の範囲は 0 から 2 m であるので，曲げモーメントの大きさは，

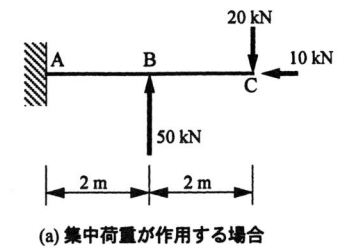

(a) 集中荷重が作用する場合

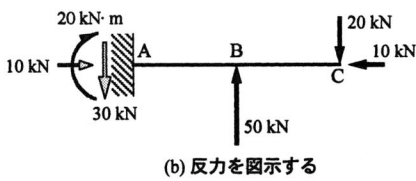

(b) 反力を図示する

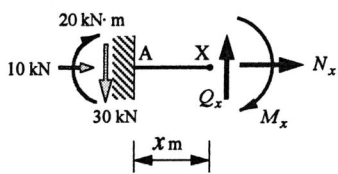

(c) AB 間で切断した左の Free Body

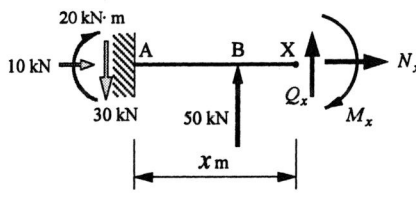

(d) BC 間で切断した左の Free Body

図 2.10　集中荷重を受ける片持ちはり

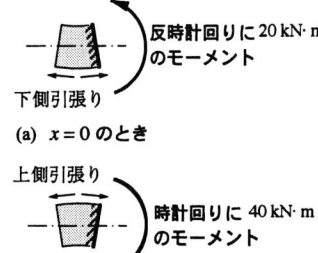

(a) $x=0$ のとき

(b) $x=2$ m のとき

図 2.11 左の Free Body の右側断面におけるモーメントの向きと部材の変形

個数が少ないために計算は楽である).同様に水平方向,鉛直方向および点 X まわりのモーメントのつり合いを考えると次式を得る.

$$10\,\mathrm{kN}+N_x=0$$
$$-30\,\mathrm{kN}+50\,\mathrm{kN}+Q_x=0$$
$$20\,\mathrm{kN\cdot m}+(-30\,\mathrm{kN}\times x[\mathrm{m}])+$$
$$\{50\,\mathrm{kN}\times(x-2)[\mathrm{m}]\}+M_x=0$$

ただし距離 x は固定端 A からの距離としたので,その範囲は 2 m から 4 m であることに注意しよう.これから 1) と同様に応力図を作成すると図 2.12 の BC 間となる.

ここで,完成した応力図をみてほしい.Q 図における点 B には,階段状の段差が生じている.点 B の左側のせん断力 30 kN と右側のせん断力 20 kN の絶対値の和は 50 kN となり,これは点 B に作用する外力 50 kN と一致する.また,M 図における点 A には 20 kN·m の曲げモーメントが生じているが,これは固定端における反力 20 kN·m に一致している.このような性質を理解しておくと,応力図ができあがったときの簡単なチェック方法として有益である.

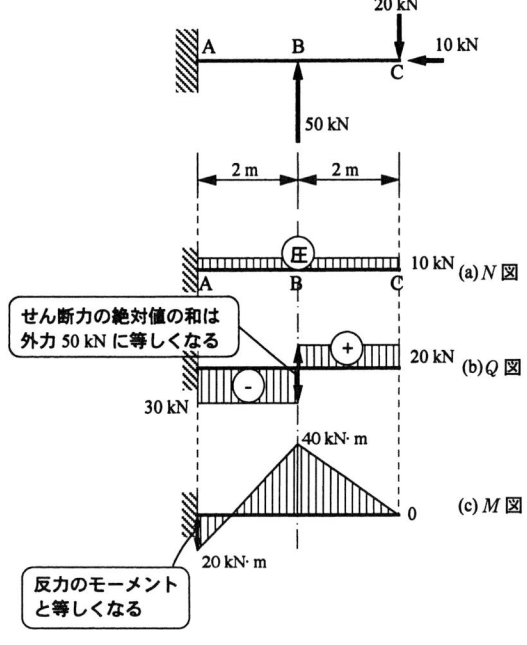

図 2.12 応力図

- $x=0$ のとき,$M_0=-20$ kN·m:曲げモーメントは符号が負のため,右側断面に対して反時計回りである.すなわち下側引張りとなる(図 2.11 (a))ので,M 図は下側に描く.
- $x=2$ m のとき,$M_2=40$ kN·m:曲げモーメントは符号が正のため,右側断面に対して時計回りである.すなわち上側引張りとなる(図 2.11 (b))ので,M 図は上側に描く.

以上を図示すると,図 2.12 の AB 間となる.

2) BC 間で切断した場合 図 2.10 (d) のように左の Free Body を考えよう(この場合には右の Free Body を考えたほうが,作用する力の

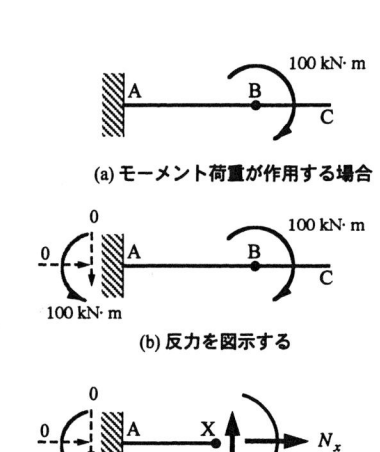

(a) モーメント荷重が作用する場合

(b) 反力を図示する

(c) AB 間で切断した左の Free Body

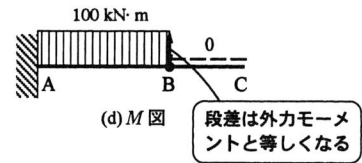

(d) M 図

図 2.13 モーメント荷重を受ける片持ちはり

b. モーメント荷重が作用する場合

図2.13 (a) のようにモーメント荷重が作用する片持ちばりを考える．モーメント荷重とは，たとえばペンチでつまんでエイッとひねったようなものをイメージすればよい．図では点Bに時計回りに100 kN·mの荷重が掛かっている．

はじめに反力を求めて図示しよう（図2.13 (b)）．次に任意のFree Bodyの力のつり合いから各応力を求めるのは，今までと同じである．たとえばAB間で切断したときの左のFree Bodyに作用する力を描き出したのが図2.13 (c) である．水平および鉛直方向には力が作用しないので，この例では軸力N_x，せん断力Q_xともに0である．モーメントのつり合いから，時計回りを正として，

$$-100 \text{ kN·m} + M_x = 0$$

これより，

$$M_x = 100 \text{ kN·m}$$

すなわちAB間における曲げモーメントは切断する位置によらず一定であり，右側断面に対して時計回り（＝上側引張り）である．

このようにして図2.13 (d) ができあがる．なお，軸力とせん断力とはいずれも0であるため，応力図は省略した．曲げモーメント図をみると，点Bにおいて段差が生じている．この大きさは100 kN·mであり，点Bに作用するモーメント外力と一致する．

2.5.2 単純はりの場合

単純はりに集中荷重が作用する場合については2.2節で詳述したので，ここでは以下の二つの例について説明する．

a. モーメント荷重が作用する場合

単純はりに図2.14 (a) のようにモーメント荷重が作用する場合を考える．まず反力を求めて図示しよう．両端の支点に作用する鉛直方向の反力は大きさが同じ（20 kN）で向きが逆な一対の力，すなわち偶力になっている．ピン支点Aにおける水平方向の反力は0である．

つづいて任意のFree Bodyの力のつり合いを考える．この場合には点Bにモーメント外力が

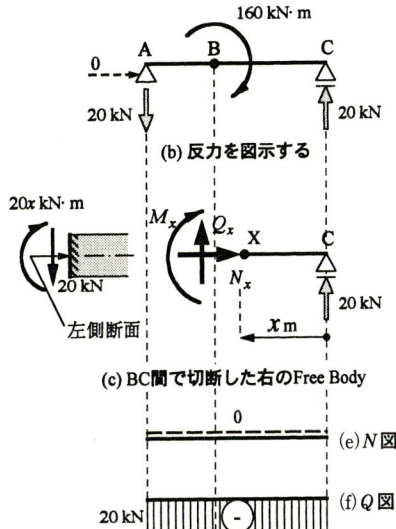

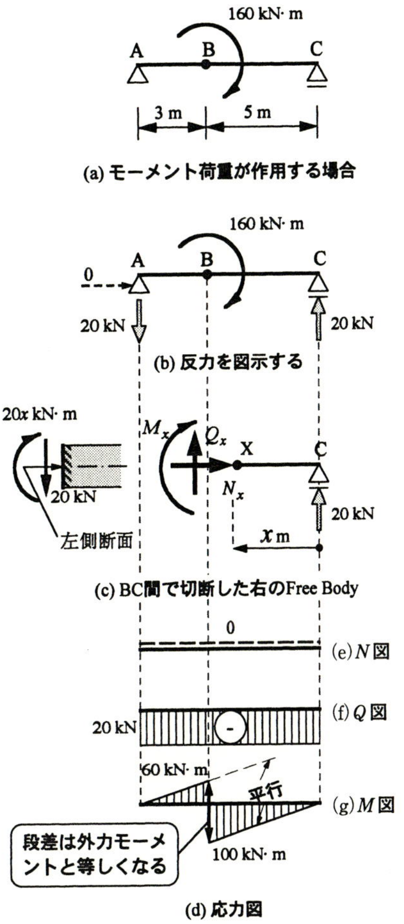

図2.14 モーメント荷重を受ける単純はり

作用しているので，AB間およびBC間の2か所で切断すればよい．例として，BC間で切断した右側のFree Bodyを見てみよう（図2.14 (c)）．切断した点Xでの断面は左側断面となることに注意する．距離x（$0 \leq x \leq 5$ m）は図のようにローラー支点Cから左向きにとった．力のつり合いから次の三つの式が得られる．水平力は右向きを正，鉛直力は上向きを正とした．また，モーメントは時計回りを正として，点Xまわりについて考えた．

$$N_x = 0$$
$$Q_x + 20 \text{ kN} = 0 \quad \rightarrow \quad Q_x = -20 \text{ kN}$$
$$M_x + (-20 \text{ kN} \times x[\text{m}]) = 0 \quad \rightarrow$$
$$M_x = 20x [\text{kN·m}]$$

せん断力Q_xは左側断面に対して下向きに20 kNである．これは仮想の微小要素を反時計回りに回転させるので，せん断力としての符号は負（マイ

ナス)となる.曲げモーメント M_x は常に正となることから,左側断面に対して時計回りである.すなわち,下側引張りであるので,M 図は下側に描く.以上を図示すると,図2.14 (e),(f),(g) の BC 間となる.

同様に AB 間で切断した Free Body の力のつり合いを考えて,各自,応力図を完成させよう.結局,部材全長にわたってせん断力は 20 kN (符号は負) で一定である.M 図を見ると点 B で段差が生じている.その段差の大きさは 160 kN·m となり,外力として作用しているモーメントと等しい.また,モーメント図の AB 間の傾きと BC 間の傾きとは等しいので,両線分は平行である.これはせん断力が常に一定であるための当然の帰結である.

b. モーメントの極値が存在する場合

分布荷重が作用する場合には,モーメントの極値が存在するときがある.ここでは,図2.15 (a) のように等分布荷重と集中荷重とが作用する単純はりを考えよう.反力を求めるために,分布荷重の合力とその作用位置を求める.また斜め方向の外力があるので,水平・鉛直両方向に分解する (図2.15 (b)).等分布荷重の合力は 120 kN (20 kN/m × 6 m) である.反力の大きさ・向きは図2.15 (b) に示したとおりである.

つづいて任意の Free Body の力のつり合いを考える.この場合には,AB 間,BC 間および CD 間の 3 か所で切断すればよい.例として AB 間で切断したときの左の Free Body を考えよう.点 A から x[m] 離れた点 X で切断して,作用する力をすべて書き出したのが図2.15 (c) である.等分布荷重の合力は大きさが $20x$[kN] で,作用位置は点 A から $x/2$[m] のところである.この図を見ながら力のつり合いを考えよう.

① 水平方向の力のつり合い:右向きを正とする.

$$-20\,\text{kN} + N_x = 0 \to N_x = 20\,\text{kN}$$

右側断面に対して右向きなので,これは引張り軸力である.

② 鉛直方向の力のつり合い:上向きを正とする.

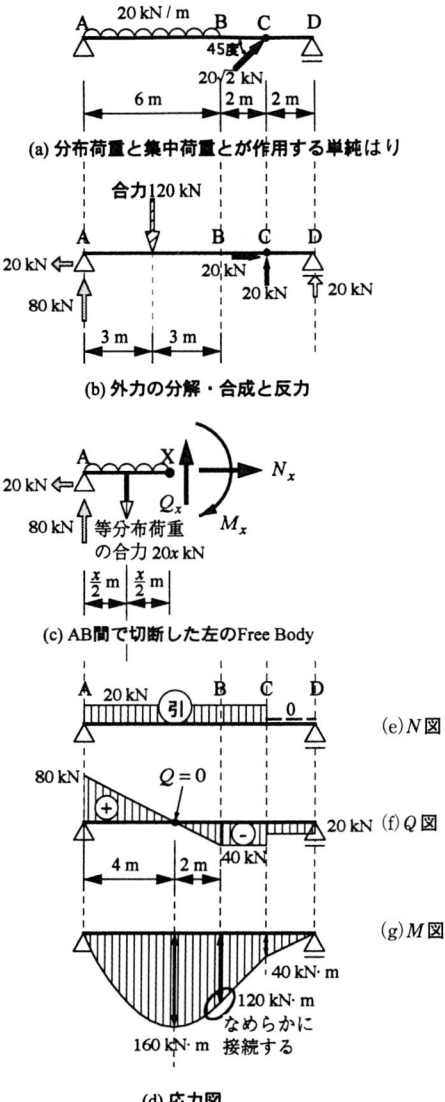

図2.15 モーメントの極値が存在する場合

$$80\,\text{kN} - 20x[\text{kN}] + Q_x = 0$$

これより,

$$Q_x = -80\,\text{kN} + 20x[\text{kN}]$$

せん断力 Q_x は線形に変化することがわかる.$x = 0$ のとき $Q_0 = -80$ kN であり,これは右側断面に対して下向きのせん断力である (図2.16 (a)).すなわち,せん断力の符号としては正である.また,$x = 6$ m のときは $Q_6 = 40$ kN であり,これはせん断力の符号としては逆に負である.また,せん断力 Q_x は $x = 4$ m のとき $Q_4 = 0$ となるので,この位置でモーメントが極値をもつ可能性があることに注意しよう.

(a) $x=0$ でのせん断力

(b) $x=4\,\mathrm{m}$ でのモーメント

図 2.16　各位置でのせん断力と
モーメント

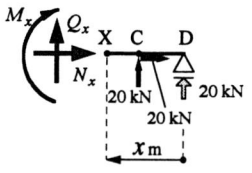

図 2.17　BC 間で切断した
右の Free Body

③　モーメントのつり合い：時計回りを正とする．ここでは点 X まわりのモーメントのつり合いを考える．点 X まわりに対して作用するモーメントをすべて足し合わせると 0 になるので，

$$(80\,\mathrm{kN}\times x[\mathrm{m}])+(-20x[\mathrm{kN}]\times\frac{x}{2}[\mathrm{m}])+M_x=0 \tag{2.8}$$

これを整理すると以下となる．

$$M_x=10x^2-80x\,[\mathrm{kN\cdot m}] \tag{2.9}$$

モーメント M_x は二次関数なので放物線を描くことがわかる．そこでモーメントは極値をもつ可能性があるので式 (2.9) を以下のように変形する．

$$\begin{aligned}M_x&=10(x^2-8x)=10\{(x-4)^2-16\}\\&=10(x-4)^2-160\,\mathrm{kN\cdot m}\end{aligned} \tag{2.10}$$

これより，$x=4\,\mathrm{m}$ のとき $M_4=-160\,\mathrm{kN\cdot m}$ となるが，これは x の範囲 $0\leq x\leq 6\,\mathrm{m}$ を満たしている．よってこの位置で，モーメントの絶対値は最大となる．このとき，モーメント M_4 の符号は負であるので，右側断面に対して反時計回りとなる（図 2.16 (b)）．すなわち下側引張りとなるので，モーメント図は下側に描く．$x=6\,\mathrm{m}$ での曲げモーメントは $M_6=-120\,\mathrm{kN\cdot m}$ となり，同じく下側引張りである．

以上より，AB 間の応力図は図 2.15 (d)，(e) および (f) のようになる．

BC 間で切断した右の Free Body を図 2.17 に示す．距離 x を点 D から左向きにとった．同様に力およびモーメントのつり合いを考えて各応力を求めることができる．

ここで，できあがった M 図の B 点に注目する．B 点の左側は放物線であり右側は直線であるが，この両者は B 点において接している．B 点の左側近傍のせん断力（＝放物線の B 点での接線の傾き）は 40 kN であり，BC 間のせん断力（＝モーメント図の直線の傾き）と一致するためである．

3. 応力度とひずみ度

3.1 応力度

3.1.1 応力度の定義と種類

前章までは，部材を材軸である1本の線で表し，そこに生じる**応力**（軸方向力・せん断力・曲げモーメント）の求め方を考えてきた．しかし，部材の変形を求めるためには，その材料・大きさ・形状を考慮する必要がある．本章では，応力が部材の断面内でどのように分布しているか，また，断面の単位面積当たりの応力の大きさ（応力度）を求める方法を学ぶ．

断面の単位面積当たりの応力を**応力度**という．応力の3種類である軸方向力・せん断力・曲げモーメントに対応して，垂直応力度・せん断応力度・曲げ応力度などがある（ただし，曲げ応力度は垂直応力度が特殊に分布したものであり，3.5節で詳述する）．

3.1.2 垂直応力度

部材が材軸方向に外力を受けた場合，材軸に直交する断面には垂直かつ一様な応力（引張力または圧縮力）が発生する．断面の単位面積当たりの応力を**垂直応力度** σ（シグマ）といい，式(3.1)で表す（図3.1）．符号は引張応力度を正，圧縮応力度を負とする．単位は Pa または N/m² を用いる．

$$\sigma = \frac{P}{A} \quad (3.1)$$

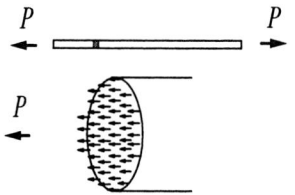

図3.1 垂直応力度

ここで，σ：垂直応力度（Pa または N/cm²），P：材軸方向の応力（N），A：断面積（cm²）．

【例題 3.1】 図3.2のように2種類の異なる断面積（A_a, A_b）を持つ部材に引張り力 P を加えた．それぞれの垂直応力度 σ を求めよ．

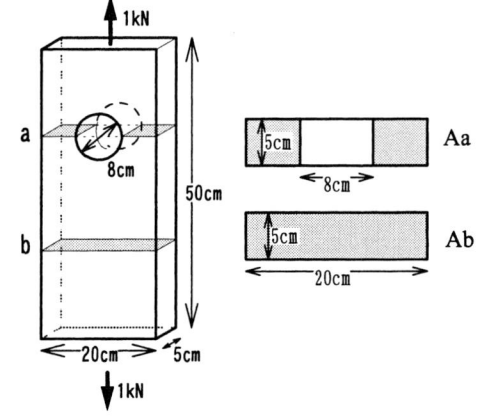

図3.2

[解] $\sigma = P/A$ であり，$P = 1\,\text{kN} = 1000\,\text{N}$ は共通であるため，断面 a, b の垂直応力度 σ_a, σ_b はそれぞれ以下のとおりとなる．

$$\sigma_a = \frac{P}{A_a} = \frac{1000}{5 \times 20 - 5 \times 8} = \frac{1000}{60} = 16.7\,\text{N/cm}^2$$

$$\sigma_b = \frac{P}{A_b} = \frac{1000}{5 \times 20} = \frac{1000}{100} = 10\,\text{N/cm}^2$$

3.1.3 せん断応力度

断面積 A の部材が材軸方向に直角にせん断力 Q を受ける場合，単位面積当たりのせん断力を**せん断応力度** τ（タウ）という（図3.3）．せん断応力度が一様に分布している場合，せん断応力度は以下の式から求められる．符号はせん断力の正負に従って定め，単位は Pa または N/m² を用いる．

$$\tau = \frac{Q}{A} \quad (3.2)$$

【例題 3.2】 単純はりの中央に集中荷重 P が作

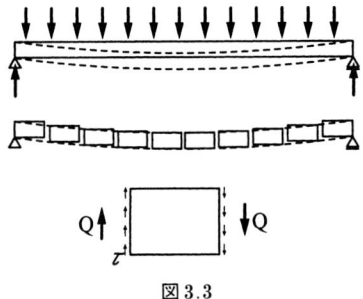

図3.3

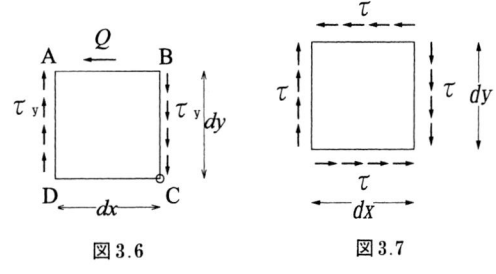

図3.6　　　　　図3.7

$$\tau_y \times dy \times dx - Q \times dy = 0$$
$$Q = \tau_y dx$$

用している（図3.4）．はりの断面をBとする場合のせん断応力度 τ_B は，断面をAとした場合のせん断応力度 τ_A の何倍になるか．

ここで，x 方向の力のつり合いを考えると，DCにも Q と同じ力が逆方向に作用していることになる．AB，DCのせん断応力度を τ_x とすると，以下のとおりとなる．

$$\tau_x = \frac{Q}{dx} = \frac{\tau_y dx}{dx} = \tau_y$$
$$\tau_x = \tau_y$$

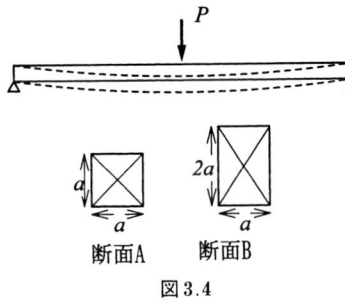

図3.4

つまり，物体内のある一点においてせん断応力度 τ が作用している場合，それと直交方向の面にも必ず同じ大きさのせん断応力度 τ が作用する．これを，**コーシーの共役則**という．

3.2 ひずみ度

[解]　せん断力図より，せん断力 Q は

$$Q = \pm \frac{P}{2}$$

断面積を A_A，A_B とすると，せん断応力度 τ_A，τ_B は式（3.2）より以下のように求められる．

$$\tau_A = \frac{Q}{A_A} = \pm \frac{P}{2} \div a^2 = \pm \frac{P}{2a^2}$$
$$\tau_B = \frac{Q}{A_B} = \pm \frac{P}{2} \div 2a^2 = \pm \frac{P}{4a^2}$$

よって，

$$\frac{\tau_B}{\tau_A} = \frac{1}{2}$$

3.2.1　ひずみ度の定義と種類

物体が外力を受けると形状が変化し，その内部に応力が生じる．この変形量を「ひずみ」という．もとの部材の大きさに対するひずみの割合，つまり単位長さ当たりのひずみを**ひずみ度**という．ひずみ度には，垂直ひずみ度とせん断ひずみ度の2種類がある．

3.2.2　垂直ひずみ度

部材が軸方向に力を受けると，伸び（または縮み），引張力（または圧縮力）が発生する．このときのひずみ Δl のもとの部材の長さ l に対する割合を**垂直ひずみ度** ε といい，式（3.3）で表す

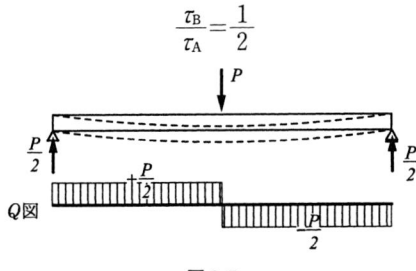

図3.5

● **コーシーの共役則**　　物体内のある微小部分 ABCD において，一対のせん断応力度 τ_y が図3.6のように作用している．隅角部C点におけるモーメントのつり合いを考えるとABには左向きに力 Q が作用しているはずである．

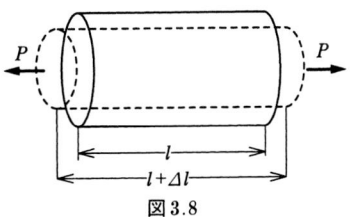

図3.8

(図 3.8). 符号は Δl の正負に従い，伸びを正，縮みを負とする．単位は無名数となる．

$$\varepsilon = \frac{\Delta l}{l} \quad (3.3)$$

【例題 3.3】 質量 $m=5.1$ kg のおもりを長さ $l=20$ cm，直径 $a=2$ mm の針金で吊り下げたところ，$\Delta l=0.015$ mm だけ伸びた（図 3.9）．針金の垂直ひずみ度 ε と作用している垂直応力度 σ を求めよ．ただし，重力加速度は $g=9.8$ m/s^2 とする．

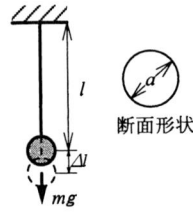

図 3.9

[解] 式 (3.3) より

$$\varepsilon = \frac{\Delta l}{l} = \frac{0.0015}{20} = 7.5 \times 10^{-5}$$

式 (3.1) より

$$\sigma = \frac{mg}{A} = \frac{5.1 \times 9.8}{\pi \times 0.1^2} = 1591 \text{N/cm}^2$$
$$= 1.6 \text{kN/cm}^2$$

1) 縦ひずみと横ひずみ 実際に引張力を受ける部材は，材軸方向の伸び Δl だけでなく，図 3.10 のように必ず材軸に直交方向に縮み Δd が生じ断面が収縮する．反対に圧縮材には材軸に直交方向に伸び Δd が生じる．この二つの垂直ひずみ度を区別するために，力の作用方向（縦方向）のひずみ度を**縦ひずみ度**，力の作用方向に直角な方向（横方向）のひずみ度を**横ひずみ度**という．

横ひずみ度 ε' は，横ひずみ Δd のもとの部材の横寸法 d に対する割合として，以下の式で表す．符号は Δd の正負に従い，単位は無名数となる．

$$\varepsilon' = \frac{\Delta d}{d} \quad (3.4)$$

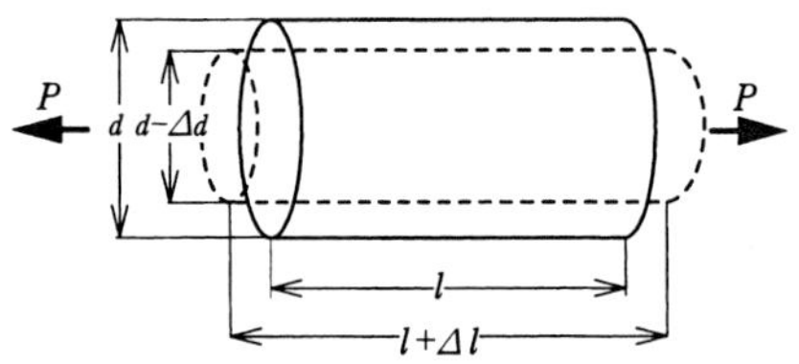

図 3.10

2) ポアソン比とポアソン数 縦ひずみ度と横ひずみ度の比率は（弾性範囲内では）応力度の大きさによらず材料によってほぼ一定の値をとる．この比率をポアソン比 ν として次のように表す．

$$\nu = \frac{\varepsilon'}{\varepsilon} \quad (3.5)$$

ポアソン比の逆数をポアソン数 m といい次式で表す．ポアソン数，ポアソン比は絶対値で示し，単位は無名数である．

$$\nu = \frac{1}{m} = \frac{\varepsilon'}{\varepsilon} \quad (3.6)$$

ポアソン数の代表的な値としては，鋼材：3，他の多くの金属：4，コンクリート：5 である．

【例題 3.4】 直径 20 mm，長さ 2 m の鋼材に 30 kN の引張力を加えたところ 0.1 cm 伸びた．この時の垂直ひずみ度 ε（縦ひずみ度）を求めよ．また，この場合の横ひずみ（断面の縮み）は何 mm か求めよ．ただし，ポアソン数は 3 とする．

[解] 式 (3.3) より垂直ひずみ度 ε は，

$$\varepsilon = \frac{\Delta l}{l} = \frac{0.1}{200} = 5.0 \times 10^{-4}$$

また，横ひずみ度 ε' は式 (3.6) より

$$\frac{1}{m} = \frac{\varepsilon'}{\varepsilon}$$

$$\varepsilon' = \frac{\varepsilon}{m} = \frac{5.0 \times 10^{-4}}{3} = 1.7 \times 10^{-4}$$

横ひずみ $= 2.0 \times 1.7 \times 10^{-4} = 3.4 \times 10^{-3}$ mm

3.2.3 せん断ひずみ度

部材がせん断力を受けると，図 3.11 のような変形が生じる．ひずみ Δl の部材の直交方向の長さ h に対する変形（角変形）を**せん断ひずみ度** ($\tan \gamma$) という．

ただし，ここでは弾性範囲内の微小変形のみを取り扱うため，せん断ひずみ度は，式 (3.7) の

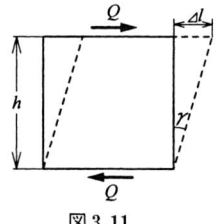

図 3.11

ように近似してγを使う．符号は時計回りを正，反時計回りを負とし，単位は無名数となる．

$$\Delta l \ll h$$
$$\gamma \approx \tan\gamma = \frac{\Delta l}{h} \quad (3.7)$$

【例題 3.5】 高さ 1.8 m，幅 90 cm の木枠の下部を固定し，上端を力 1 N で押したところ，頂部で 2 cm 水平に変形した．この木枠のせん断ひずみ度γを求めよ．

[解] せん断ひずみ度γは（式 3.7）より

$$\gamma = \frac{2}{180} = 0.011$$

3.2.4 変位とひずみ度の関係

図 3.12 のように断面が一定ではなく，各断面の変形が一様でない場合などを考慮して，物体内の各点の変位とひずみ度の関係を一般化する．外力 F により物体が変形し，物体内の点 x は点 x' に，点 $(x+\Delta x)$ は点 $(x+\Delta x)'$ に変位したとする．

点 x の変位を $f(x)$ とすると，
$$f(x) = x' - x$$
$$f(x+\Delta x) = (x+\Delta x)' - (x+\Delta x)$$

変形前に Δx 離れていた2点の変形後の距離 $\Delta x'$ からひずみ度 ε を求めると，

$$\Delta x' = (x+\Delta x)' - x'$$
$$= f(x+\Delta x) + (x+\Delta x) - f(x) - x$$
$$= f(x+\Delta x) - f(x) + \Delta x$$
$$\varepsilon = \frac{\Delta x' - \Delta x}{\Delta x} = \frac{f(x+\Delta x) - f(x)}{\Delta x}$$

ここで，Δx を無限に小さくとると

$$\varepsilon = \lim_{\Delta x \to 0} \frac{f(x+\Delta x) - f(x)}{\Delta x} = \frac{df(x)}{dx} \quad (3.8)$$

となり，ひずみ度は変位を微分することによって求められることがわかる．

変位を微分してひずみ度が得られることから，逆にひずみ度を積分して物体内の各点の変位を得る．式（3.8）の両辺を積分すると，

$$\int \varepsilon dx = \int \frac{df(x)}{dx} dx = f(x) + C_1$$
$$f(x) = \int \varepsilon dx + C \quad (3.9)$$

ただし，$C = -C_1$（積分定数）

となり，積分定数 C が残る．ひずみ度 ε が0の場合，

$$f(x) = C$$

となることから，C は物体が変形しない場合の変位，つまり剛体変位を表す値であることがわかる．以上をまとめると

変　　位→（微分）→ひずみ度
ひずみ度→（積分）+剛体変位→変位

3.3 応力度とひずみ度

本節では，応力度とひずみ度はどのような関係にあるのかを考える．

　応　力　度：単位面積当たりの応力（力）
　ひずみ度：単位長さ当たりのひずみ（変形）

つまり，応力度とひずみ度との関係は，物体に外力が加わった場合の力と変形の関係と類似している．これは物体の物理的性質に依存しその関係は**構成則**といわれる．

3.3.1 フックの法則

図 3.13 のようにバネに力を加えたとき，力と変形が比例関係にあり，力を取り除くと変形が完全にもとにもどる場合を，**弾性**という．この場合，力 F とバネの伸び x の関係は式（3.10）の

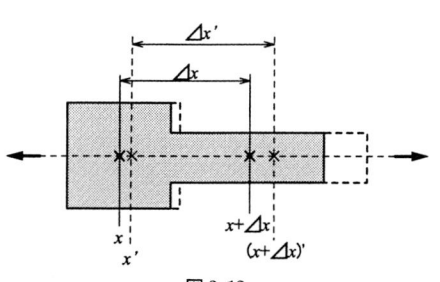

図 3.12

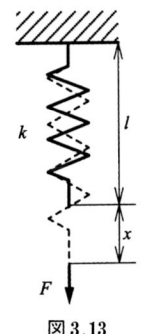

図 3.13

ように表される．
$$F = kx \quad (3.10)$$
これはイギリス人のフックが発見した関係であるためフックの法則という．k はバネ定数と呼ばれ，バネの硬さの指標である．

フックの法則は図3.13のようなバネだけでなく，多くの物体に適用できる．ただし，一般的に変形あるいは力が大きくなりすぎるとこの比例関係は成立しなくなり最終的に物体は壊れてしまう．

バネだけでなく，建築で用いる部材や材料でもこの関係は成立するため以下のように書き換えることができる．「弾性範囲において，部材に生じる応力度（力）はそのひずみ度（変形）に比例する」．この比例定数を一般に**弾性係数**と呼ぶ．

応力度とひずみ度の関係を記述する式を**構成方程式**といい，以下のようになる．フックの法則とよく似ている．

$$応力度 = 弾性係数 \times ひずみ度$$

3.3.2 弾 性 係 数

応力度とひずみ度が比例関係にある場合の比例定数のことを弾性係数と呼ぶ．これは，応力度の種類によって名称が異なり，垂直応力度に対する弾性係数はヤング係数，せん断応力度に対する弾性係数はせん断弾性係数という．
垂直応力度 = ヤング係数 × 垂直ひずみ度
せん断応力度 = せん断弾性係数 × せん断ひずみ度
弾性係数は材料の特性によって決まる値であり，材料の硬さを表す指標であるといえる．以下に代表的な弾性係数とその内容を示す．

1) ヤング係数　垂直応力度 σ に対する弾性係数であり，E で表す．単位のひずみ度（$\varepsilon = 1$）を起こすのに必要な垂直応力度の大きさである．単位は N/cm^2，Pa を用いる．
$$\sigma = E\varepsilon \quad (3.11)$$

2) せん断弾性係数　せん断応力度 τ に対する弾性係数であり，通常 G で表す．単位のせん断ひずみ度（$\gamma = 1$）を起こすのに必要なせん断応力度の大きさであり，単位は N/cm^2，Pa を用いる．
$$\tau = G\gamma \quad (3.12)$$

3) 体積弾性係数　物体が周囲から一様に垂直応力度 σ を受けたときの体積の変化量 ΔV の，もとの体積 V に対する割合を体積ひずみ度というが，このときの弾性係数を体積弾性係数 K と呼び，式（3.14）のように定義する．
$$\sigma = K\frac{\Delta V}{V} \quad (3.13)$$

【**例題 3.6**】鋼材，コンクリート，木材に圧縮力を加え，垂直ひずみ度が $\varepsilon (= -1.0 \times 10^{-5})$ に達した際の各部材の垂直応力度 σ を測定したところ以下の値となった．各部材のヤング係数を求めなさい．

鋼材：$\sigma_s = -210 \ N/cm^2$
コンクリート：$\sigma_c = -21 \ N/cm^2$
木材：$\sigma_t = -10 \ N/cm^2$

［解］　式（3.11）より，
$$E = \frac{\sigma}{\varepsilon}$$
$$E_s = \frac{-210}{-1.0 \times 10^{-5}} = 2.1 \times 10^7 N/cm^2$$
$$E_c = \frac{-21}{-1.0 \times 10^{-5}} = 2.1 \times 10^6 N/cm^2$$
$$E_t = \frac{-10}{-1.0 \times 10^{-5}} = 1.0 \times 10^6 N/cm^2$$

【**例題 3.7**】鋼材，コンクリート，木材でできた断面が $20 \ cm \times 5 \ cm$，高さ $30 \ cm$ の部材に $P(= 1 \ kN)$ の錘をのせたときの，各部材の垂直ひずみ度とひずみを求めよ．ただし各部材のヤング係数は以下の値とする．

鋼材：$E_s = 2.1 \times 10^7 N/cm^2$
コンクリート：$E_c = 2.1 \times 10^6 N/cm^2$
木材：$E_t = 1.0 \times 10^6 N/cm^2$

［解］　垂直ひずみ度は，式（3.11）より，
$$\varepsilon = \frac{\sigma}{E} = \frac{1000}{20 \times 5} \times \frac{1}{E} = \frac{10}{E}$$

であるため，各部材のヤング係数を代入して以下を得る．

$$\varepsilon_s = \frac{10}{2.1 \times 10^7} = 4.8 \times 10^{-7}$$
$$\varepsilon_c = \frac{10}{2.1 \times 10^6} = 4.8 \times 10^{-6}$$
$$\varepsilon_t = \frac{10}{1.0 \times 10^6} = 1.0 \times 10^{-5}$$

各部材のひずみは式（3.3）より

$$\varepsilon = \frac{\Delta l}{l} \quad (3.14)$$
$$\Delta l = \varepsilon l = \varepsilon \times l$$

したがって，算出した各部材のひずみ度および $l=300$ mm を式（3.14）に代入して以下を得る．

$$\Delta l_s = 4.8 \times 10^{-7} \times 300 = 1.4 \times 10^{-4} \text{mm}$$
$$\Delta l_c = 4.8 \times 10^{-6} \times 300 = 1.4 \times 10^{-3} \text{mm}$$
$$\Delta l_t = 1.0 \times 10^{-5} \times 300 = 3.0 \times 10^{-3} \text{mm}$$

3.3.3 弾性係数間の関係

ヤング係数，せん断弾性係数，体積弾性係数などの弾性係数間には，ポアソン比 ν とともに以下のような関係が成立する．

$$G = \frac{E}{2(1+\nu)} \quad (3.15)$$
$$K = \frac{E}{3(1-2\nu)} \quad (3.16)$$

3.3.4 応力度とひずみ度の関係

弾性範囲において，物体に生じる応力度はそのひずみ度に比例し，その比例定数を弾性係数ということは3.3.2項で示した．しかし，これは「弾性範囲」の話であり，変形が大きくなるとこの関係は成立しなくなる．そこで，物体に力を加えたときの応力度とひずみ度の一般的な関係について説明する．

構造材料の基本的な性質を表すものに，応力度-ひずみ度曲線がある．図3.14は，鋼材に引張力を加えた際の応力度-ひずみ度曲線である．

原点から A までは直線であり，応力度とひずみ度は比例関係にあるため，A は比例限度という．A 点を過ぎるとグラフは直線ではなくなるが，B までは力を取り除くともとに戻るため，

B を弾性限度という．B 以下の部分を弾性範囲と呼ぶ．B' は降伏点と呼ばれ，同じ力（応力度）に対して変形（ひずみ度）が増加し力を取り除いても変形が残り，完全にもとの形には戻らない．点 B と点 B' における強度は近いが，ひずみ度の大きさは異なる．BB' 間を降伏棚と呼ぶ．A，B，B' は近い値であり区別が難しいため実用上は同一点とみなすことが多い．B' 以降，グラフは緩やかな曲線を描き，応力度の最大の点 C に達したあと，応力度は低下し D で破壊する．このような関係は材料の特徴を表しており，グラフの勾配が急なほど硬い（剛性が高い）材料である．

●**許容応力度** 構造物を実際に設計する場合は，材料の強さ（最大耐力）まで力が作用してしまっては大変危険である．応力度が降伏点を超えるとひずみ度は急激に大きくなり，かつ力を取り除いてももとの形に戻らない．材料のばらつき，施工の不完全さなどを考慮し，構造物が安全であるようにするために，作用することが許される応力度の限度が材料ごとに決められている．これを材料の許容応力度という．これは，材料の強度を一定の安全率で割ることによって決められている．設計をする際には，各部材に対して計算した応力度が以下の関係を満足している必要がある．

$$応力度 < 許容応力度 = \frac{材料の強度}{安全率}$$

3.4 断面の性質

3.4.1 断面の諸係数

構造部材の応力度やひずみ度を求めるためには，その材料と形状を特定する必要がある．材料の特徴を表す指標にはヤング係数，せん断弾性係数などがあることは前述した．構造物の基本的な形状は長さと断面形状によって求められる．

引張り材や短い圧縮材の応力度とひずみ度は，ヤング係数（材料の特徴）・長さ・断面積がわかれば求めることができた．しかし，曲げ変形や細長い部材に圧縮力が加わる場合の座屈などは，同じ断面積でも力が加わる方向や部材の長さによってひずみが異なる．建築の分野で構造物の断面形状を表すために必要な係数は断面積だけではな

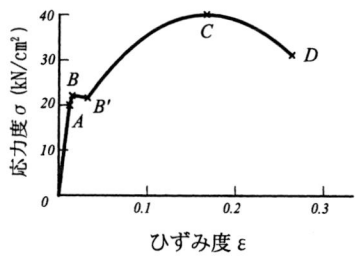

図3.14 応力度-ひずみ度曲線
A：比例限度，B：弾性限度，B'：降伏点，C：最大応力度点，D：破壊点．

表 3.1

名　称	記号と定義	おもな使用
断面一次モーメント	$S_x = \int_A y dA$ $S_y = \int_A x dA$	図心
断面二次モーメント	$I_x = \int_A y^2 dA$ $I_y = \int_A y^2 dA$	剛性・たわみ
断面相乗モーメント	$I_{xy} = \int_A xy dA$	主軸
断面極二次モーメント	$I_p = \int_A r^2 dA$	ねじり
断面係数	$Z_x = \dfrac{I_x}{y}$ $Z_y = \dfrac{I_y}{x}$	曲げ応力度
断面二次半径	$i_x = \sqrt{\dfrac{I_x}{A}}$ $i_y = \sqrt{\dfrac{I_y}{A}}$	核・座屈

く，表 3.1 に示すようなさまざまなものがある．本節では，断面の性質を表す諸係数について，その求め方と用い方について学ぶ．

3.4.2 断面一次モーメント

断面の性質を表す最も基本的なものに，「図心」がある．図心は，断面の中心のことであり，どのような断面にも存在し，かつ，ただ一つしかない．同じ断面形状で均一の厚さの物体があれば，図心は重心と等しくなる．円，正方形，長方形のように対称性のある図形では，図心は対称軸上にあるため，図 3.15 のように簡単かつ直感的に図心を求めることができる．しかし，非対称または複雑な形状の断面になると，図心の位置を直感的に求めることはできない．

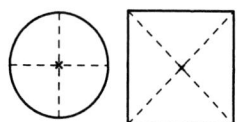

図 3.15　基本的な形状の図心

任意の断面形状に対して，断面一次モーメントという断面の係数を用いると図心を求めることができる．

1) 図心を求める　断面の図心は，物体の重心位置に相当する．つまり，断面と同じ形状を均一

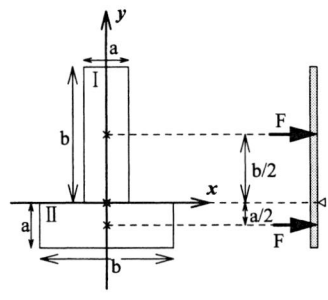

図 3.16

な材料と厚さの板で作り，図心位置で支えればどの方向にも傾かないはずである．

【例題 3.8】 図 3.16 のように長方形が二つ組み合わさった形の板がある．この板の重心を求めなさい．ただし，板の材料・厚さは均一であるとする．

[解] まず，対称性から重心は y 軸上にあることがわかる．そこで，同じ形状の長方形ⅠとⅡの接している原点での，y 方向のつり合いを考える．ⅠとⅡは，材料と厚さが同じで，断面積も等しいため，それぞれの質量は等しくなり，ⅠとⅡの重心に等しい力 F が作用する．原点でのモーメント M を考えると，

$$M = F \times \frac{b}{2} - F \times \frac{a}{2} = F\left(\frac{b-a}{2}\right)$$

図 3.16 より，$b > a$ であるため，重心はⅠとⅡの接している点よりもⅠの方にあることがわかる．そこで，原点よりも y だけ上に移動した点が重心であると仮定すると，重心位置ではモーメントがつり合うため，以下のように求めることができる（図 3.17）．ただし，Ⅰ, Ⅱ, Ⅲの部分の面積をそれぞれ $A_Ⅰ$, $A_Ⅱ$, $A_Ⅲ$，図心を $y_Ⅰ$, $y_Ⅱ$, $y_Ⅲ$ とする．

$$A_Ⅰ \times \frac{b-y}{2} - A_Ⅱ \times \frac{y}{2} - A_Ⅲ \times \left(y + \frac{a}{2}\right) = 0$$

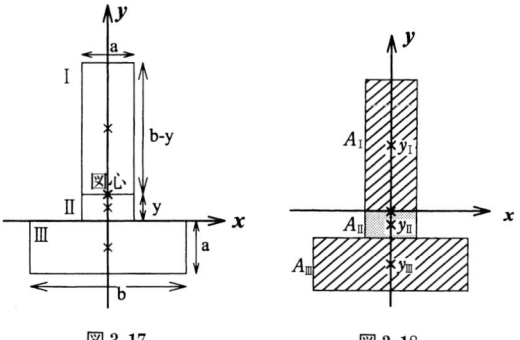

図 3.17　　　　　図 3.18

$$a(b-y) \times \frac{b-y}{2} - ay \times \frac{y}{2} - ba \times \left(y - \frac{a}{2}\right)$$
$$= \frac{a}{2}(y^2 - 2by + b^2 - y^2 - 2by - ab)$$
$$= \frac{ab}{2}(-4y + b - a) = 0$$
$$ab \neq 0$$
$$y = \frac{b-a}{4}$$

重心は $\left(0, \dfrac{b-a}{4}\right)$ で板の厚さの半分の点である.

一般的な断面の図心も例題 3.8 と同様であり, 断面を図心のわかる部分に分割し, その断面積 A_i と分割した部分と断面全体の図心の距離 y_i(符号含む)の積の和は 0 になる.

$$A_1 y_1 + A_2 y_2 + A_3 y_3 = 0 \tag{3.17}$$

この性質を利用して, 任意の断面の図心を求める. 断面を分割し断面積 A_i と軸 x からの距離 y_i(符号を含む)を乗じた値の総和を, x 軸に対する断面一次モーメント S_x と定義する. 同様に y 軸に対する断面一次モーメント S_y も求めることができる.

$$A_1 y_1 + A_2 y_2 + A_3 y_3 + \cdots = \sum A_i y_i = \int_A y\,dA = S_x$$
$$A_1 x_1 + A_2 x_2 + A_3 x_3 + \cdots = \sum A_i x_i = \int_A x\,dA = S_y$$
$$\tag{3.18}$$

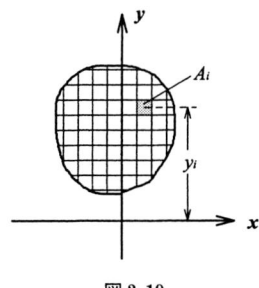

図 3.19

ここで, 図心の位置が (x_0, y_0) であるとすると, 式(3.18)は以下のように書き換えることができる.

$$A y_0 = S_x \qquad A x_0 = S_y \tag{3.19}$$
$$y_0 = \frac{S_x}{A} \qquad x_0 = \frac{S_y}{A} \tag{3.20}$$

したがって, 断面積 A と任意の x 軸, y 軸に対する断面一次モーメント S_x, S_y を算出すれば図心 (x_0, y_0) は, 式(3.20)から求めることがで

きる. また, 断面一次モーメントが 0 となるような軸は図心を通る.

2) 図心の求め方

① 任意の直交座標軸を設定する.

② 図心がわかる図形に断面を分割する.

③ 各軸に対して, 分割した図の面積 A_i と軸からの距離(符号含む)y_i, x_i を乗じた値の総和 S_x, S_y(断面一次モーメント)を算出する.

④ 断面一次モーメントを断面積で除した値が図心 (x_0, y_0).

$$x_0 = \frac{S_y}{A} \qquad y_0 = \frac{S_x}{A} \tag{3.20}$$

3) 断面一次モーメントの性質

・断面一次モーメントが 0 となる点が図心.

・断面一次モーメントは和差の法則が成立する.

【例題 3.9】 図 3.20 のような形状の断面がある. 図心の位置を求めよ.

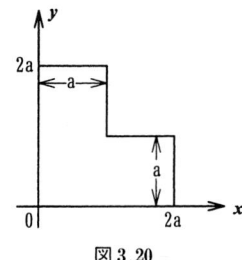

図 3.20

[解] 図 3.21 のように, 与えられた断面を長方形と正方形に分割する. それぞれの x 軸に対する断面一次モーメントを求めると,

$$S_1 = a \times 2a \times a = 2a^3$$
$$S_2 = a^2 \times \frac{1}{2}a = \frac{a^3}{2}$$

断面一次モーメントは和差の法則が成立するため, 断面全体の x 軸に対する断面一次モーメント S_x は,

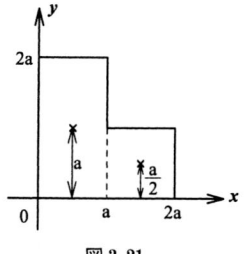

図 3.21

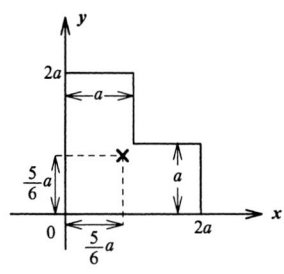

図3.22

$$S_x = S_1 + S_2 = 2a^3 + \frac{a^3}{2} = \frac{5}{2}a^3$$

式 (3.20) に上記の結果と，断面積の値を代入する．

$$y_0 = \frac{S_x}{A} = \frac{5}{2}a^3 \div (2a^2 + a^2) = \frac{5}{6}a$$

同様に y 軸に対する断面一次モーメント S_y から図心 x_0 を求める．図心は図3.22のようになる．

$$図心 = \left(\frac{5}{6}a, \frac{5}{6}a\right)$$

3.4.3 断面二次モーメント

曲げモーメントを受ける部材の応力度の分布を考える．曲げモーメントのみを受ける部材は図3.23のように片方の面が伸び，反対側の面が縮んでいる．つまり，断面のどこかには伸びも縮みもしないところがあり，これを「中立軸」という．本項の3）で説明するように，中立軸は図心を通る．変形が小さい範囲では，変形後の中立軸は円弧状であると仮定できる．

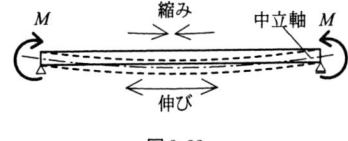

図3.23

そこで，微小長さ dx を取り出して，この部分の変形を考える．まず中立軸が描く円弧の半径を ρ（曲率半径と呼ぶ），中央の角度を $d\theta$ としたとき，中立軸から y 離れた面 AB のひずみ度を求める（図3.24）．

AB の変形後の長さを A'B' とすると，ひずみ度 ε は式 (3.3) より，

$$\varepsilon = \frac{A'B' - AB}{AB}$$

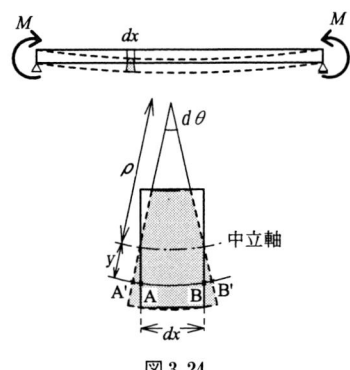

図3.24

$$\begin{aligned} AB &= \rho d\theta = dx \\ A'B' &= (\rho + y) d\theta \\ \varepsilon &= \frac{(\rho + y)d\theta - \rho d\theta}{\rho d\theta} = \frac{y d\theta}{\rho d\theta} = \frac{y}{\rho} \end{aligned} \quad (3.21)$$

中立軸から y 離れた位置（AB）での応力度 σ は式 (3.21) から以下のように求めることができる．

$$\sigma = E\varepsilon = \frac{E}{\rho}y \quad (3.22)$$

つまり，応力度 σ は中立軸からの距離 y に比例して断面内で直線的に分布していると考えることができる（図3.25）．

微小な断面に作用する微小な力 σdA の中立軸に対するモーメントの総和 M が，この断面に生じている曲げモーメントであるため，

$$\begin{aligned} M &= \int_A \sigma \times y \times dA \\ \sigma &= \frac{E}{\rho}y \\ M &= \int_A \frac{E}{\rho}y^2 dA = \frac{E}{\rho}\int_A y^2 dA \end{aligned} \quad (3.23)$$

ここで，x 軸に対する断面二次モーメント I_x を次のように定義する

$$I_x = \int_A y^2 dA$$

式 (3.23) は次のように書き換えることができる．

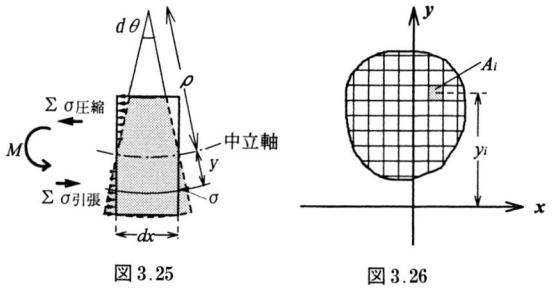

図3.25　　　　　図3.26

3.4 断面の性質

$$M = \frac{E}{\rho} I_x \qquad (3.24)$$

$$\rho = \frac{EI_x}{M} \qquad (3.25)$$

つまり，曲げモーメント M を受けた材の中立軸の曲率半径 ρ は，曲げモーメント M に反比例し，ヤング係数 E と断面二次モーメント I_x に比例する．

断面二次モーメントはこのように部材の曲げモーメントと変形（曲率半径）の関係，つまり曲げ剛性や曲げ変形を算出するのに必要な係数であり，x 軸，y 軸に対してそれぞれ I_x，I_y という記号で表し，式 (3.26) のように定義される．

$$I_x = \int_A y^2 dA = \sum A_i y_i^2$$
$$I_y = \int_A x^2 dA = \sum A_i x_i^2 \qquad (3.26)$$

【例題 3.10】 図 3.27 のような長方形断面の x 軸に対する断面二次モーメント I_x を求めよ．

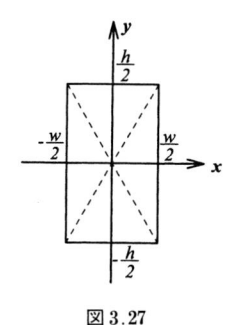

図 3.27

[解] まず，x 軸に対する断面二次モーメント I_x を求める．図 3.28 のように，x 軸から y 離れた微小面積 dA を考える．

$$dA = w \times dy$$

式 (3.26) より，x 軸に対する断面二次モーメント I_x は以下のように求めることができる．

$$I_x = \int_{-\frac{h}{2}}^{\frac{h}{2}} y^2 \times w \times dy = w \int_{-\frac{h}{2}}^{\frac{h}{2}} y^2 dy$$
$$= w \left[\frac{1}{3} y^3 \right]_{-\frac{h}{2}}^{\frac{h}{2}} = \frac{w}{3} \left(\frac{h^3}{8} + \frac{h^3}{8} \right) = \frac{wh^3}{12}$$

次に図 3.29 のような，任意の断面形状に対して断面二次モーメントをどう求めるかを考える．

図心の位置が Y_0 となる X 軸に対する断面二次モーメント I_X を求める．ただし，図心を通る

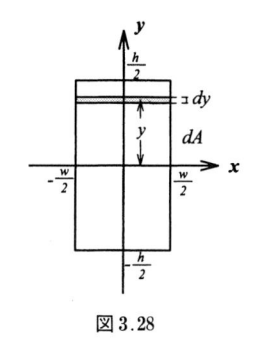

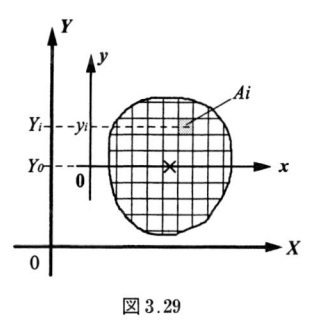

図 3.28

図 3.29

x 軸に対する断面二次モーメントを I_x とする．定義より，X 軸，x 軸に対する断面二次モーメントはそれぞれ，

$$I_X = \int_A Y^2 dA \qquad I_x = \int_A y^2 dA$$

$Y = y + Y_0$ を代入すると

$$I_X = \int_A Y^2 dA = \int_A (y + Y_0)^2 dA$$
$$= \int_A (Y_0^2 + 2Y_0 y + y^2) dA$$
$$= \int_A Y_0^2 dA + \int_A y^2 dA + \int_A 2yY_0 dA$$
$$= Y_0^2 \int_A dA + I_x + 2Y_0 \int_A y dA$$
$$= Y_0^2 A + I_x + 2Y_0 S_x$$

ここで，図心を通る軸に対する断面一次モーメントは 0 になるため，

$$S_x = 0$$
$$I_X = I_x + AY_0^2 \qquad (3.27)$$

つまり，任意の X 軸に対する断面二次モーメント I_X は図心を通る x 軸に対する断面二次モーメント I_x と AY_0^2 の和として求められる（Y_0：図心の位置，A：断面積）．これは同時に，図心軸に対する断面二次モーメントはこれと平行なすべての軸に対するもののうち最小であることを意味する．これを，**平行軸定理**という．

1) 断面二次モーメントの性質

・図心軸に対する断面二次モーメントはこれと平行なすべての軸に対するもののうち最小になる．
・和差の法則が成立する．

2) 断面二次モーメントの求め方

① 図心の位置を求める．
② 断面二次モーメントがわかる図形に分割する．
③ それぞれの断面二次モーメント I_i を平行軸定理を用いて算出する．
④ 和差の法則を用いて I_x を求める．

【例題 3.11】 例題 3.8 の断面の x 軸に対する断面二次モーメント I_x を求めよ．

[解] x 軸に対する図心位置は，例題 3.8 の解答より $\left(0, \dfrac{b-a}{4}\right)$ である．

図 3.30 のように断面を二つの等しい長方形に分割し，x 軸に対する断面二次モーメントをそれぞれ算出する．ただし，長方形断面の図心軸に対する断面二次モーメントは，式（3.28）から求められることを利用する（例題 3.10 参照）．

$$I = \frac{wh^3}{12} \tag{3.28}$$

平行軸定理式（3.27）より，分割した長方形の x 軸に対する断面二次モーメントはそれぞれ以下のように求められる．

$$I_{X1} = \frac{ab^3}{12} + ab(Y_1 - Y_0)^2 = \frac{ab^3}{12} + ab\left(\frac{b}{2} - \frac{b-a}{4}\right)^2$$
$$= \frac{ab^3}{12} + ab\frac{(a+b)^2}{16}$$

$$I_{X2} = \frac{ba^3}{12} + ab(Y_2 - Y_0)^2$$
$$= \frac{ba^3}{12} + ab\left(-\frac{a}{2} - \frac{b-a}{4}\right)^2$$
$$= \frac{ba^3}{12} + ab\frac{(a+b)^2}{16}$$

$$I_X = I_{X1} + I_{X2} = \frac{ab^3}{12} + 2ab\frac{(a+b)^2}{16} + \frac{ba^3}{12}$$
$$= \frac{ab}{24}(5a^2 + 6ab + 5b^2)$$

3) 中立軸の位置

曲げモーメントのみを受ける材の中立軸はどこにあるかを考える．式（3.22）より，応力度 σ は中立軸からの距離 y に比例して断面内で直線的に分布していることがわかる．

$$\sigma = E\varepsilon = E\frac{y}{\rho}$$

部材は曲げモーメントのみ受けており，軸方向力は 0 であることから，

$$\int_A \sigma dA = 0 \tag{3.29}$$

式（3.22）を代入すると，

$$\int_A \sigma dA = \int_A \frac{E}{\rho} y dA = \frac{E}{\rho}\int_A y dA = 0$$

$$\frac{E}{\rho} \neq 0$$

$$\int_A y dA = S_x = 0$$

ここで，断面一次モーメントが 0 になる軸は図心を通るため，曲げモーメントのみを受ける材の中立軸は図心を通ることが証明された．

3.4.4 断面係数

曲げモーメントを受ける材には，垂直応力度が発生する．その分布は図 3.31 のとおりである．ここでは，断面に発生する最大の垂直応力度の値を求める．垂直応力度 σ は式（3.22）より

$$\sigma = \frac{E}{\rho}y$$

中立軸からの距離 y に比例するため，最大の垂

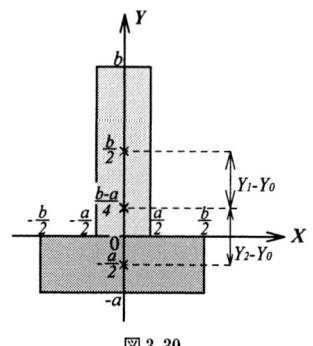

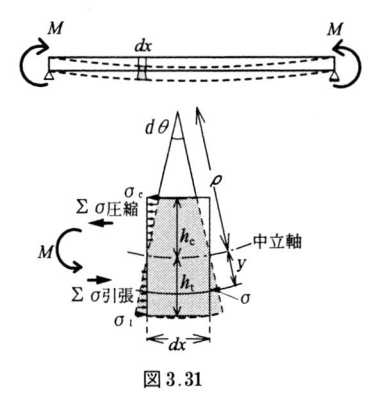

図 3.30

図 3.31

直応力度は断面の縁で発生する．このため，曲げモーメントによる最大の垂直応力度は「縁応力度」または，単に「曲げ応力度」と呼ばれる．

圧縮側の縁応力度を σ_c（c は compression：圧縮），引張側の縁応力度を σ_t（t は tension：引張）とし，中立軸から断面の縁までの距離をそれぞれ圧縮側を h_c，引張側を h_t とすると以下の関係が得られる．

$$\sigma_c = \frac{E}{\rho}h_c = \frac{M}{I_x}h_c = \frac{h_c}{I_x}M$$

$$\sigma_t = \frac{E}{\rho}h_t = \frac{M}{I_x}h_t = \frac{h_t}{I_x}M$$

ここで，h，I は断面形状に固有の値であるため，断面係数 Z を以下のように定義する．

$$Z_c = \frac{I_x}{h_c}$$
$$Z_t = \frac{I_x}{h_t} \quad (3.30)$$
$$\sigma_c = \frac{M}{Z_c}$$
$$\sigma_t = \frac{M}{Z_t} \quad (3.31)$$

つまり，曲げモーメント M を断面係数 Z で除した値が縁応力度（曲げ応力度）となり，断面に発生する最大の垂直応力度である．

断面係数は縁応力度（曲げ応力度）を求めるときに使用する係数で，以下の式より求められる．

$$Z_c = \frac{I_x}{h_c}$$
$$Z_t = \frac{I_x}{h_t}$$

【例題 3.12】 図 3.32 のような単純はりの中央点での，曲げ応力度（縁応力度）を求めなさい．ただし，断面は図のような長方形断面であるとする．

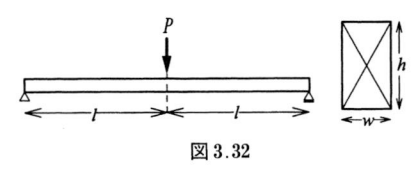

図 3.32

[解] 曲げモーメント図（M 図）より中央部での曲げモーメント M_C を求める．

$$M_C = \frac{Pl}{2}$$

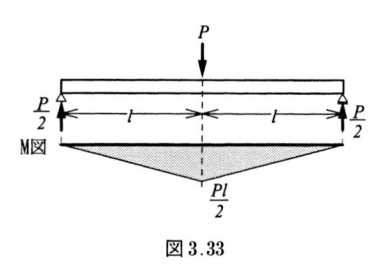

図 3.33

また，断面係数 Z を求める．ここで，中立軸は図心を通るため，

$$h_c = h_t = \frac{h}{2}$$

式（3.30）に代入すると，

$$Z_c = Z_t = \frac{I}{\frac{h}{2}} \quad (3.32)$$

長方形断面の断面二次モーメントは，$I = (wh^3)/12$ であるため，長方形断面の断面係数は，

$$Z = \frac{wh^3}{12} \times \frac{2}{h} = \frac{wh^2}{6} \quad (3.33)$$

これを，式（3.31）に代入すると，

$$\sigma = \frac{M}{Z}$$
$$\sigma = \frac{M}{Z} = \frac{Pl}{2} \times \frac{6}{wh^2} = \frac{3Pl}{wh^2}$$

●**縁応力度の求め方**
・曲げモーメント図を作成し，求める断面位置での曲げモーメント M を求める．
・断面係数 $Z = I/h$ を求める（ただし，引張側と圧縮側に分けて考える）．
・$\sigma = M/Z$ に代入する．

3.4.5 断面相乗モーメント

断面相乗モーメントは，**断面の主軸**（強軸と弱軸）を求めるために必要な係数であり，座屈の検討などにも用いられる．そして，図 3.34 のような

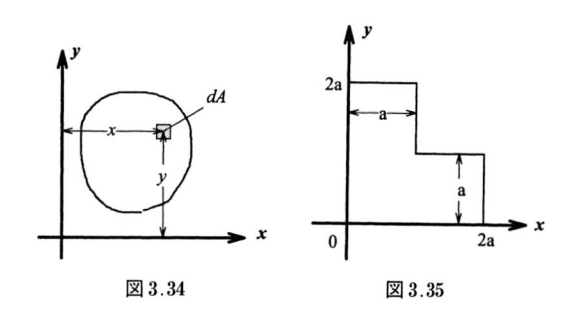

図 3.34   図 3.35

断面の微少要素 dA に x 軸, y 軸からの距離を乗じたものの総和であり, 以下のように定義される.

$$I_{xy} = \int_A xy\,dA \tag{3.34}$$

【例題 3.12】 図 3.35 のような断面の x, y 軸に対する断面相乗モーメントを求めなさい.

[解] 式 (3.34) より,

$$I_{xy} = \int_0^a \left(\int_0^{2a} xy\,dy \right) dx + \int_a^{2a} \left(\int_0^a xy\,dy \right) dx$$

$$= \int_0^a (2a^2 x)\,dx + \int_a^{2a} \left(\frac{a^2}{2} x \right) dx$$

$$= a^4 + \frac{3}{4} a^4 = \frac{7}{4} a^4$$

1) 断面の主軸 断面の主軸とは, 断面二次モーメントが最大・最小となる直交座標軸のことであり, 平行軸定理よりこれは中立軸を通る. そこで, 断面二次モーメントが最大最小となるような直交座標軸を求めるために, まず図心を通るある直交座標軸 (x, y) を考える. この座標軸に対する断面二次モーメント I_x, I_y を以下のとおりとする.

$$I_x = \int_A y^2 dA$$

$$I_y = \int_A x^2 dA$$

I_x, I_y が既知の場合, 任意の図心を通る直交座標軸 (X, Y) に対する断面二次モーメント I_X, I_Y を求める.

$$I_X = \int_A Y^2 dA$$
$$I_Y = \int_A X^2 dA \tag{3.35}$$

X, Y を x, y で記述すると幾何学的な関係から, 以下のとおりとなる (図 3.36).

$$X = x \cos\theta + y \sin\theta$$
$$Y = y \cos\theta - x \sin\theta \tag{3.36}$$

これを, 式 (3.35) に代入して整理すると,

$$I_X = \int_A (y \cos\theta - x \sin\theta)^2 dA$$

$$= \cos^2\theta \int_A y^2 dA + \sin^2\theta \int_A x^2 dA$$

$$- 2 \sin\theta \cos\theta \int_A xy\,dA$$

$$I_Y = \int_A (x \cos\theta + y \sin\theta)^2 dA$$

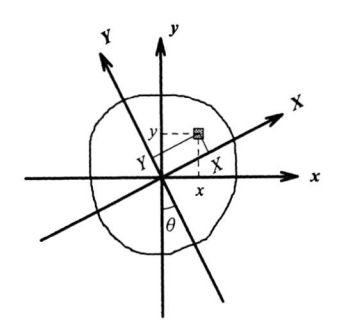

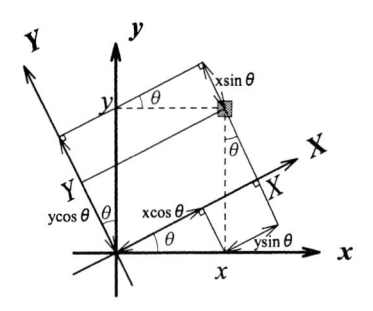

図 3.36

$$= \cos^2\theta \int_A x^2 dA + \sin^2\theta \int_A y^2 dA$$

$$+ 2 \sin\theta \cos\theta \int_A xy\,dA$$

ここで, x, y 軸に対する断面二次モーメント, 断面相乗モーメントを既知として代入し, 倍角の公式を用いて整理すると以下のようになる.

$$I_X = I_x \cos^2\theta + I_y \sin^2\theta - 2 I_{xy} \sin\theta \cos\theta$$
$$= \frac{I_x + I_y}{2} + \frac{I_x - I_y}{2} \cos 2\theta - I_{xy} \sin 2\theta$$
$$I_Y = I_y \cos^2\theta + I_x \sin^2\theta + 2 I_{xy} \sin\theta \cos\theta$$
$$= \frac{I_x + I_y}{2} - \frac{I_x - I_y}{2} \cos 2\theta + I_{xy} \sin 2\theta \tag{3.37}$$

X, Y 軸に対する断面相乗モーメントも同様に求めると以下のとおりとなる.

$$I_{XY} = \int_A XY\,dA = \frac{I_x - I_y}{2} \sin 2\theta + I_{xy} \cos 2\theta \tag{3.38}$$

式 (3.37) を以下のように書き換えることにより, I_X, I_Y の極値を求める.

$$I_X = \frac{I_x + I_y}{2} + \sqrt{\frac{(I_x - I_y)^2}{4} + I_{xy}^2} \sin(2\theta + \alpha)$$

$$I_Y = \frac{I_x + I_y}{2} - \sqrt{\frac{(I_x - I_y)^2}{4} + I_{xy}^2} \sin(2\theta + \alpha) \tag{3.39}$$

$$I_{XY} = \sqrt{\frac{(I_x - I_y)^2}{4} + I_{xy}^2} \sin(2\theta + \beta) \quad (3.40)$$

ただし，$\beta = \alpha - \dfrac{\pi}{2}$.

$I_{X,Y}$ の極値は，

$$I_{X,Y} = \frac{I_x + I_y}{2} \pm \sqrt{\frac{(I_x - I_y)^2}{4} + I_{xy}^2} \quad (3.41)$$

$$\tan 2\theta = \frac{2I_{xy}}{I_x - I_y} \quad (\text{時計回りを正}) \quad (3.42)$$

となり，I_X, I_Y の極値は I_x, I_y, I_{xy} と x 軸 y 軸の断面二次モーメント断面相乗モーメントから求めることができる．I_X, I_Y は $\tan 2\theta = (2I_{xy})/(I_x - I_y)$ において，同時に極値をとり，片方が最大のときもう一方は最小となる．このような，I_X, I_Y を主断面二次モーメントという．

つまり，ある点を通る直交座標軸を考えた場合，一方の軸に対する断面二次モーメントが最大となるとき，他方の軸に対する断面二次モーメントは最小となる．このような直交座標軸を**断面の主軸**という．最大値をとる方を**強軸**，他方を**弱軸**といい，座屈は弱軸方向に起きる．

では，I_X, I_Y が極値をとるような直交座標軸に対する断面相乗モーメントはどうなるか．

$$I_X = \frac{I_x + I_y}{2} + \sqrt{\frac{(I_x - I_y)^2}{4} + I_{xy}^2} \sin(2\theta + \alpha)$$

$$I_Y = \frac{I_x + I_y}{2} - \sqrt{\frac{(I_x - I_y)^2}{4} + I_{xy}^2} \sin(2\theta + \alpha)$$

が極値をとることから，

$$\sin(2\theta + \alpha) = \pm 1$$
$$2\theta + \alpha = \frac{2n+1}{2}\pi \quad (3.43)$$

ここで，式 (3.40) より

$$I_{XY} = \sqrt{\frac{(I_x - I_y)^2}{4} + I_{xy}^2} \sin(2\theta + \beta)$$

$$\beta = \alpha - \frac{\pi}{2}$$

式 (3.43) に代入すると，

$$2\theta + \beta = 2\theta + \left(\alpha - \frac{\pi}{2}\right) = \frac{2n+1}{2}\pi - \frac{\pi}{2} = n\pi$$

$$I_{XY} = \sqrt{\frac{(I_x - I_y)^2}{4} + I_{xy}^2} \sin(n\pi)$$

$$I_{XY} = 0$$

つまり，断面二次モーメント I_X, I_Y が極値をとるような直交座標軸（断面の主軸）に対する断面相乗モーメント I_{XY} は 0 になる．

2) 断面の主軸の求め方

① 任意の図心軸に対する断面二次モーメント (I_x, I_y) と断面相乗モーメント (I_{xy}) を求める．

② 式 (3.42) から主軸の角度 θ を求める．

$$\tan 2\theta = \frac{2I_{xy}}{I_x - I_y} \quad (\text{時計回りを正}) \quad (3.42)$$

【**例題 3.13**】 図 3.35 のような断面の主軸，および主断面二次モーメントを求めなさい．

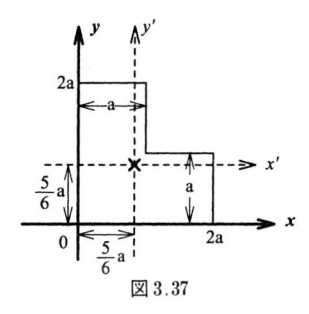

図 3.37

[解] 図心を通る x', y' 軸に対する断面二次モーメントおよび断面相乗モーメントを求める．

$$I_{x'} = I_{y'}$$
$$= \frac{1}{12} a \times 8a^3 + 2a^2 \times \left(\frac{a}{6}\right)^2 + \frac{1}{12} a^4 + a^2 \times \left(\frac{a}{3}\right)^2$$
$$= \frac{11}{12} a^4$$

$$I_{x'y'} = \int_{-\frac{5}{6}a}^{\frac{a}{6}} \int_{-\frac{5}{6}a}^{\frac{7}{6}a} xy\,dy\,dx + \int_{\frac{a}{6}}^{\frac{7}{6}a} \int_{-\frac{5}{6}a}^{\frac{a}{6}} xy\,dy\,dx$$
$$= \int_{-\frac{5}{6}a}^{\frac{a}{6}} \frac{a^2}{3} x\,dx + \int_{\frac{a}{6}}^{\frac{7}{6}a} -\frac{a^2}{3} x\,dx = -\frac{a^4}{3}$$

式 (3.42) に代入すると，

$$\tan 2\theta = \frac{2I_{x'y'}}{I_{x'} - I_{y'}} = -\infty$$

$$2\theta = -\frac{\pi}{2} \qquad \theta = -\frac{\pi}{4}$$

→ 反時計回り 45°

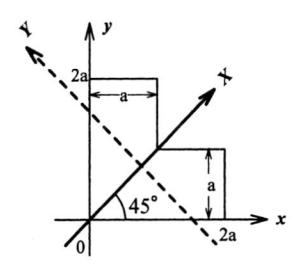

図 3.38

主断面二次モーメントを I_1, I_2 とすると, 式 (3.41) より,

$$I_{1,2} = \frac{1}{2}(I_{x'} + I_{y'}) \pm \sqrt{\frac{(I_{x'} - I_{y'})^2}{4} + I_{x'y'}^2}$$

$$= \frac{11}{12}a^4 \pm \sqrt{0 + \frac{a^8}{9}} = \frac{11}{12}a^4 \pm \frac{a^4}{3}$$

$$= \frac{5}{4}a^4, \ \frac{7}{12}a^4$$

したがって, 断面の主軸は反時計回り 45° 方向, 主断面二次モーメントは $\frac{5}{4}a^4$, $\frac{7}{12}a^4$.

3.4.6 断面二次半径

細長い部材が軸方向に圧縮力を受けた場合, 圧縮力が一定以上の値に達すると突然曲げ変形を起こし, 不安定な状態になる. この現象を**座屈**といい, 座屈が起きる荷重のことを**座屈荷重**, このとき, 部材内に生じる圧縮応力度を**座屈応力度**という. 座屈荷重は一般的に P_{cr} (critical, 極限の荷重の意) と表す.

座屈荷重は部材の形状 (細長比), 支点条件などにより決まり. 細長比 λ (後述) が 100 以下の範囲ではオイラーの座屈理論により, 座屈荷重は以下の式から求めることができる.

$$P_{cr} = \frac{\pi^2 EI}{l_k^2} \tag{3.44}$$

$$\sigma_{cr} = \frac{P_{cr}}{A} \tag{3.45}$$

$$\sigma_{cr} = \frac{P_{cr}}{A} = \frac{\pi^2 EI}{l_k^2 A} \tag{3.46}$$

ただし, P_{cr}:座屈荷重, E:ヤング係数, I:断面二次モーメント, l_k:座屈長さ, A:断面積, σ_{cr}:座屈応力度.

座屈長さ l_k は支点条件により図 3.39 のようになる.

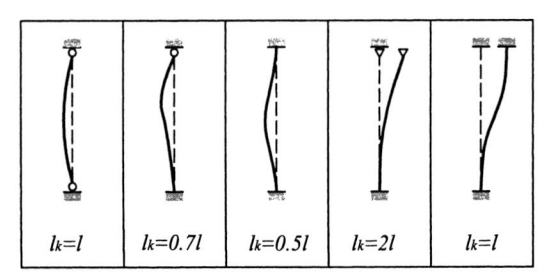

| $l_k=l$ | $l_k=0.7l$ | $l_k=0.5l$ | $l_k=2l$ | $l_k=l$ |

図 3.39

ここで, A, I は断面の形状から決まる値であることから, 断面二次半径 i を以下のように定義する.

$$i = \sqrt{\frac{I}{A}} \tag{3.47}$$

さらに, 部材の細長さを表す指標として, 細長比 λ を以下のように定義する.

$$\lambda = \frac{l_k}{i} \tag{3.48}$$

座屈応力度は下式から求めることができる.

$$\sigma_{cr} = \frac{\pi^2 EI}{l_k^2 A} = \frac{\pi^2 E}{\lambda^2} \tag{3.49}$$

x 軸, y 軸に対する断面二次モーメントをそれぞれ I_x, I_y, 断面積を A としたとき, 断面二次半径 i_x, i_y は下式のように求められる.

$$i_x = \sqrt{\frac{I_x}{A}}$$
$$i_y = \sqrt{\frac{I_y}{A}} \tag{3.50}$$

【例題 3.14】 図 3.40 のような長方形断面の x 軸に対する断面二次半径を求めなさい.

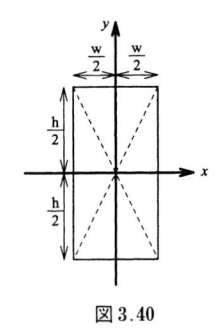

図 3.40

[解]

$$i_x = \sqrt{\frac{I_x}{A}} = \sqrt{\frac{\frac{wh^3}{12}}{wh}} = \frac{h}{\sqrt{12}}$$

3.4.7 断面極二次モーメント

断面極二次モーメント I_p は, 微小断面積 dA に原点からの距離 r の 2 乗を乗じて断面全体に加えたものである.

$$I_p = \int_A r^2 dA \tag{3.51}$$

ここで, $r^2 = x^2 + y^2$ より

$$I_p = \int_A (x^2 + y^2) dA = I_x + I_y \tag{3.52}$$

となり, 断面極二次モーメントは x 軸, y 軸に

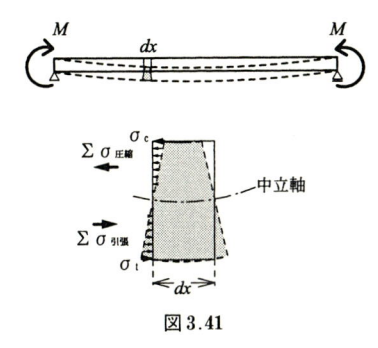

図 3.41

対する断面二次モーメントの和に等しい．つまり，直交座標軸に対する断面二次モーメントの和は一定値（断面極二次モーメント）となることがわかる．

3.5 部材内の応力状態

3.5.1 垂直応力度の分布

曲げモーメントのみを受けるはり内部で応力度がどのように分布しているか考える．曲げ応力度とは垂直応力度が特殊に分布した状態であり，一般的に「曲げ応力度」と呼んでいるのは，断面内の最大垂直応力度である縁応力度をさす．

3.5.2 せん断応力度の分布

せん断力を受けている材の材軸に直交方向のせん断応力度は図 3.42 のように分布している．

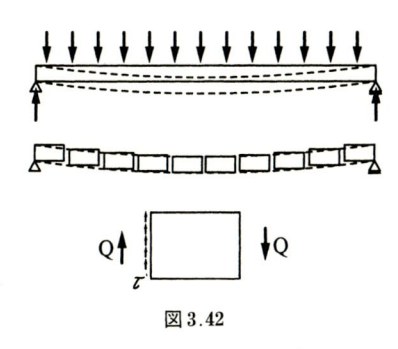

図 3.42

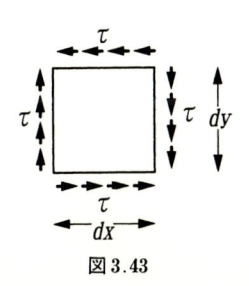

図 3.43

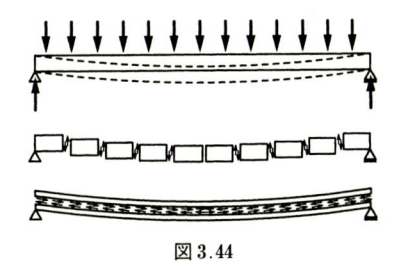

図 3.44

しかし，ここで鉛直方向のせん断応力度を τ とするとコーシーの共役則により，水平方向にも同じせん断応力度 τ が発生しているはずである（図 3.43）．

つまり，せん断応力度は鉛直方向だけでなく水平方向にも図 3.44 のように分布していることがわかる．

曲げモーメントとせん断力を受ける材は材軸に直角な方向と材軸方向にせん断力が作用しており，せん断応力度は直角方向と材軸方向で等しい．そこで，中立軸から y の距離にある部分のせん断応力度 τ を求める．

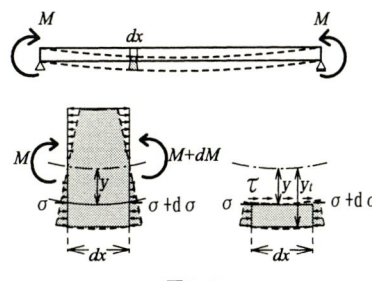

図 3.45

微小区間 dx の両側に，曲げモーメント M，$M+dM$ が生じている．M とせん断力 Q との関係は以下のとおりとなる．

$$\frac{dM}{dx} = Q \quad (3.53)$$

中立軸から y 離れた点での力のつり合いを考える．曲げ応力度 σ は式（3.31）より

$$\sigma = \frac{M}{I_x} y$$
$$\sigma + d\sigma = \frac{M+dM}{I_x} y \quad (3.54)$$

y の位置におけるせん断応力度を τ，断面の幅を b とすると，y の位置におけるせん断力は

$$\tau \times b \times dx = \int_y^{y_t} (\sigma + d\sigma) dA - \int_y^{y_t} \sigma dA$$

$$= \int_y^{yt} \frac{M+dM}{I_x} y dA - \int_y^{yt} \frac{M}{I_x} y dA$$

$$= \frac{dM}{I_x} \int_y^{yt} y dA = \frac{dM}{I_x} S_x$$

$$\tau = \frac{dM}{I_x} S_x \frac{1}{bdx} = \frac{QS_x}{bI_x}$$

まとめると,

$$\tau = \frac{QS_x}{bI_x} \tag{3.55}$$

$$S_x = \int_y^{yt} y dA \tag{3.56}$$

ここで,Q:断面に作用するせん断力,S_x:yより外側にある断面の中立軸に対する断面一次モーメント,b:yの位置での断面の幅,I_x:全断面の中立軸に対する断面二次モーメント.

通常は,せん断応力度の最大値が必要であるため,以下の式が用いられる.

$$\tau_{max} = \kappa \frac{Q}{A} \tag{3.57}$$

長方形断面の場合 $\kappa = 1.5$

【例題3.15】 図3.46のように,複数の木材の板を積層し接着剤で互いに固定して作った部材(集成材)ではりを作った.材軸に直交方向にせん断力 Q が作用している断面について共役性から,中立軸から距離 y の位置にある接着面 A での材軸方向のせん断応力度を求めなさい.また,長方形断面のせん断応力度分布を求めなさい.

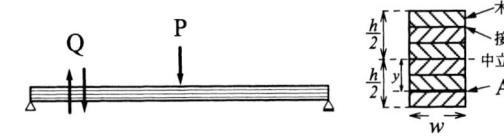

図3.46

[解] 式(3.55)に,断面の諸係数を代入する.

$$\tau = \frac{QS_x}{wI_x} = \frac{QS_x}{w} \times \frac{12}{wh^3} = \frac{12QS_x}{w^2h^3}$$

ここで,S_x は y より外側にある断面の中立軸に対する断面一次モーメントであるため,以下のように求める.

$$S_x = \int_y^{yt} y dA = \int_y^{h/2} y w dy = w\left[\frac{1}{2} y^2\right]_y^{h/2}$$

$$= \frac{w}{2}\left(\frac{h^2}{4} - y^2\right)$$

$$\tau = \frac{12QS_x}{w^2h^3} = \frac{6Q}{wh^3}\left(\frac{h^2}{4} - y^2\right)$$

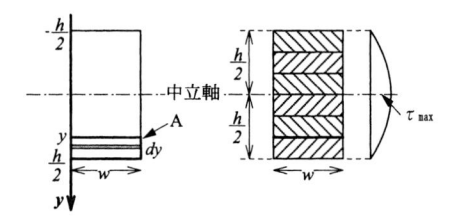

図3.47

また,せん断応力度の分布は y の二次曲線で表され,中立軸位置 ($y=0$) で最大値 τ_{max} となる.

$$\tau_{max} = \frac{3Q}{2wh} = \frac{3Q}{2A} \qquad A:断面積(wh)$$

したがって,せん断応力度の最大値はせん断力 Q と断面積 A から求めることができる(図3.47).

3.5.3 応力度間の関係

構造物はその部材に生じる最大の応力度に対して材料が安全であることが必要であるため,最大の応力度およびその作用する方向を求めることが重要である.この項では,微小要素の力のつり合いから,断面の応力度間の関係を考える.

軸方向力のみを受ける部材でも傾斜した切断面では,図3.48のように垂直応力度とせん断応力度が生じている.

【例題3.16】 材軸方向に P の引張力を受けている断面積 A(垂直応力度 σ)の部材を,図3.48のように θ の角度で切断した.この断面に対する垂直応力度 σ_θ とせん断応力度 τ_θ を求めよ.

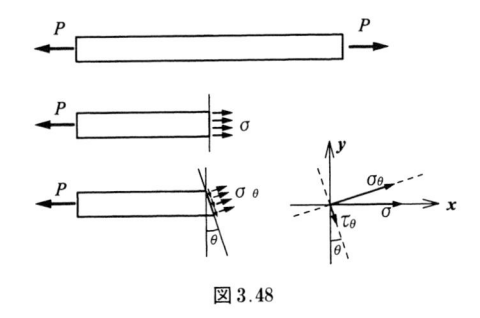

図3.48

[解] x 方向,y 方向の力のつり合いから

$$-\sigma A + \sigma_\theta A_\theta \cos\theta + \tau_\theta A_\theta \sin\theta = 0$$

$$\sigma_\theta A_\theta \sin\theta - \tau_\theta A_\theta \cos\theta = 0$$

ここで,幾何学的関係より

$$A_\theta \cos\theta = A$$

$$-\sigma A_\theta \cos\theta + \sigma_\theta A_\theta \cos\theta + \tau_\theta A_\theta \sin\theta = 0$$

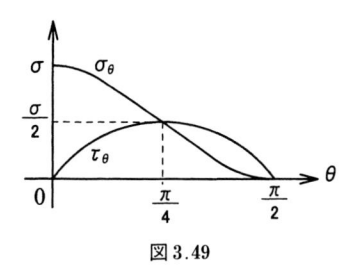

3.5 部材内の応力状態

図 3.49

$$\sigma_\theta A_\theta \sin\theta - \tau_\theta A_\theta \cos\theta = 0$$

となり，断面積 A，A_θ も 0 でないため両式の両辺を A_θ で除して以下の関係を得る．

$$-\sigma\cos\theta + \sigma_\theta \cos\theta + \tau_\theta \sin\theta = 0 \quad (3.58)$$

$$\sigma_\theta \sin\theta - \tau_\theta \cos\theta = 0 \quad (3.59)$$

式 (3.58) に $\cos\theta$，式 (3.59) $\sin\theta$ を乗じて加算すると

$$\sigma_\theta = \sigma\cos^2\theta = \sigma\frac{1+\cos 2\theta}{2} \quad (3.60)$$

式 (3.59) に代入

$$\sigma\cos^2\theta \sin\theta - \tau_\theta \cos\theta = 0 \quad (3.61)$$

$\cos\theta \neq 0$ の場合

$$\tau_\theta = \sigma\sin\theta\cos\theta = \sigma\frac{\sin 2\theta}{2}$$

$\cos\theta = 0$ の場合

$$\tau_\theta = \sigma\cos^2\theta \tan\theta = 0$$

以上より

$$\sigma_\theta = \sigma\frac{1+\cos 2\theta}{2}, \quad \tau_\theta = \sigma\frac{\sin 2\theta}{2}$$

となり，図 3.48 より θ の範囲は $0 \leq \theta \leq \pi/2$ であるため σ_θ と τ_θ を図示すると図 3.49 のようになる．はりなどでは，曲げモーメントとせん断力が同時に存在するため断面の応力度分布はさらに複雑になる．

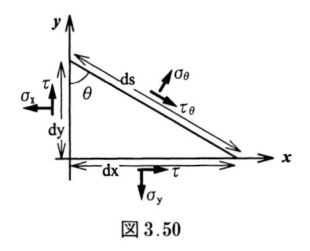

図 3.50

図 3.50 のように，x 方向，y 方向にそれぞれ垂直応力度およびせん断応力度が作用している微小断面を考える．y 軸に θ の傾きをもつ断面の応力度の関係は，各方向の力のつり合いから

$$\sum x = 0$$

$$-\sigma_x dy + \tau dx + \sigma_\theta ds \cos\theta + \tau_\theta ds \sin\theta = 0$$

$$\sum y = 0$$

$$-\sigma_y dx + \tau dy + \sigma_\theta ds \sin\theta - \tau_\theta ds \cos\theta = 0$$

$$dx = ds \sin\theta$$

$$dy = ds \cos\theta$$

$$-\sigma_x ds \cos\theta + \tau ds \sin\theta + \sigma_\theta ds \cos\theta + \tau_\theta ds \sin\theta = 0$$

$$-\sigma_y ds \sin\theta + \tau ds \cos\theta + \sigma_\theta ds \sin\theta - \tau_\theta ds \cos\theta = 0$$

$$ds \neq 0$$

$$-\sigma_x \cos\theta + \tau \sin\theta + \sigma_\theta \cos\theta + \tau_\theta \sin\theta = 0$$

$$-\sigma_y \sin\theta + \tau \cos\theta + \sigma_\theta \sin\theta - \tau_\theta \cos\theta = 0$$

となる．ここで両式にそれぞれ $\cos\theta$，$\sin\theta$ を乗じて，倍角の公式を利用し整理すると

$$\sigma_\theta = \frac{\sigma_x + \sigma_y}{2} + \frac{\sigma_x - \sigma_y}{2}\cos 2\theta - \tau\sin 2\theta \quad (3.62)$$

$$\tau_\theta = \frac{\sigma_x - \sigma_y}{2}\sin 2\theta + \tau\cos 2\theta \quad (3.63)$$

両辺を 2 乗し，二つの式を加算，減算すると式 (3.64) となる．

$$\left(\sigma_\theta - \frac{\sigma_x+\sigma_y}{2}\right)^2 + \tau_\theta^2 = \left(\frac{\sigma_x-\sigma_y}{2}\right)^2 + \tau^2 \quad (3.64)$$

これは，横軸 σ，縦軸 τ とした際の図 3.51 のような条件の円の公式を表している．

$$\text{中心}:\left(\frac{\sigma_x+\sigma_y}{2}, 0\right) \quad \text{半径}:\sqrt{\left(\frac{\sigma_x-\sigma_y}{2}\right)^2 + \tau^2}$$

これより，任意角度 θ の切断面における垂直応力度 σ_θ とせん断応力度 τ_θ の関係は，横軸 σ，縦軸 τ とした際の図 3.51 のような円上の任意の一点で表すことができ，このような円をモールの応力円という．

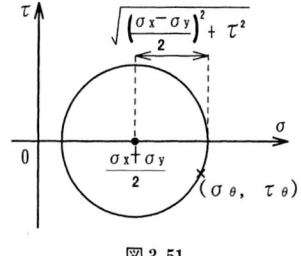

図 3.51

【例題 3.17】 $\tau_\theta = \pm\tau$ となるときの σ_θ を求め，モールの円上に図示しなさい．

[解] 式 (3.64) に $\tau_\theta = \pm\tau$ を代入すると

$$\left(\sigma_\theta - \frac{\sigma_x + \sigma_y}{2}\right)^2 + \tau^2 = \left(\frac{\sigma_x - \sigma_y}{2}\right)^2 + \tau^2$$

$$\left(\sigma_\theta - \frac{\sigma_x + \sigma_y}{2}\right)^2 - \left(\frac{\sigma_x - \sigma_y}{2}\right)^2 = 0$$

$$(\sigma_\theta - \sigma_x)(\sigma_\theta - \sigma_y) = 0$$

$\sigma_\theta = \sigma_x$ または，$\sigma_\theta = \sigma_y$ となる．

つまり，(σ_x, τ)，$(\sigma_y, -\tau)$ の 2 点を直径とする円を描けばそれがモールの応力円になるということもできる．また，σ 軸と (σ_x, τ)，$(\sigma_y, -\tau)$ がなす角度は，幾何学的関係より式 (3.65) を得る（図 3.52）．

$$\frac{2\tau}{\sigma_x - \sigma_y} = \tan 2\theta \qquad (3.65)$$

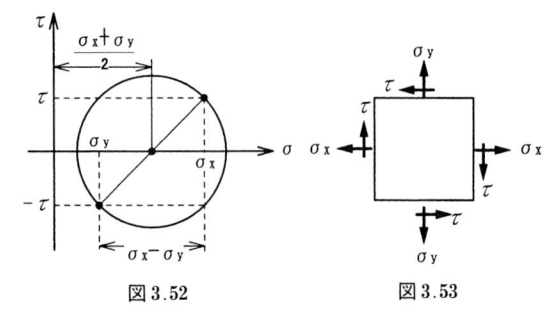

図 3.52　　図 3.53

【例題 3.18】 垂直応力度 σ_x, σ_y, せん断応力度 τ を受ける微小要素について，θ を変化させるとせん断応力度 τ_θ が 0 になる互いに直角な 2 方向の面が存在する（図 3.53）．このときの σ_θ をモールの応力円から求めなさい．

[解] 図 3.54 より，$\tau_\theta = 0$ のときの垂直応力度 σ_θ は，

$$\sigma_\theta = \frac{\sigma_x + \sigma_y}{2} \pm \sqrt{\left(\frac{\sigma_x - \sigma_y}{2}\right)^2 + \tau^2}$$

となり，σ_θ は最大値と最小値をとることがわかる．

このように，せん断応力度が 0 となるような互

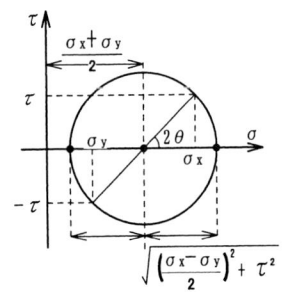

図 3.54

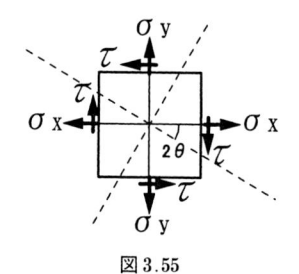

いに直交する二つの面を主応力面といい，その際の垂直応力度 σ_θ を主応力度という．主応力面は，(σ_x, τ)，$(\sigma_y, -\tau)$ から時計回りに 2θ 回転した σ 軸との交点であることから，垂直応力面は，x，y 軸から時計回りに 2θ 回転した方向であり，その角度は，以下のとおりとなる（図 3.55）．

$$\tan 2\theta = \frac{2\tau}{\sigma_x - \sigma_y} \qquad (3.65)$$

図 3.55

● **主応力度・主応力面のまとめ**　垂直応力度 σ_x, σ_y, せん断応力度 τ を受ける微小要素について，θ を変化させるとせん断応力度 τ_θ が 0 になる互いに直角な 2 方向の面（主応力面）が存在する．このときの σ_θ を主応力度といい，その大きさと方向は以下の式から求められる．

$$\sigma_\theta = \frac{\sigma_x + \sigma_y}{2} \pm \sqrt{\left(\frac{\sigma_x - \sigma_y}{2}\right)^2 + \tau^2}$$

$$\tan 2\theta = \frac{2\tau}{\sigma_x - \sigma_y} \quad \text{（時計回りを正とする）}$$

3.5.4 部材内の応力度分布

部材内の応力度の分布・主応力度とその方向は，その点の曲げモーメントとせん断力から垂直応力度とせん断応力度を求め，モールの応力円を描くことで求めることができる．

【例題 3.19】 図 3.56 のような等分布荷重 w を受ける単純はりの左端から x の距離の点での垂直応力度とせん断応力度の分布を求め，断面の上端，中央，下端での主応力度とその方向を求めなさい．

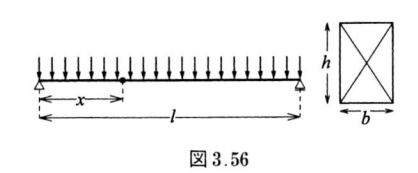

図 3.56

[解] まず，曲げモーメント図，せん断力図を描

く．A 点での断面内の垂直応力度，せん断応力度の分布は図 3.57 のようになる．

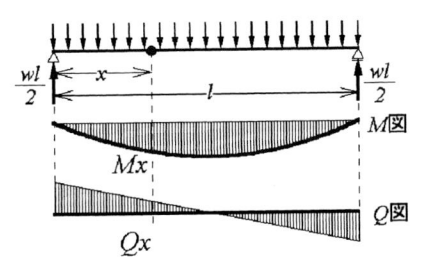

図 3.57

$$M_x = \frac{wl}{2}x - wx\frac{x}{2} = \frac{w}{2}(lx - x^2)$$

$$Q_x = \frac{wl}{2} - wx = w\left(\frac{l}{2} - x\right)$$

垂直応力度とせん断応力度の最大値は，以下のとおりとなる（図 3.58）．

$$\sigma_{\max} = \frac{M_x}{Z} = \frac{6M_x}{bh}$$

$$\tau_{\max} = \frac{3Q_x}{2A} = \frac{3Q_x}{2bh}$$

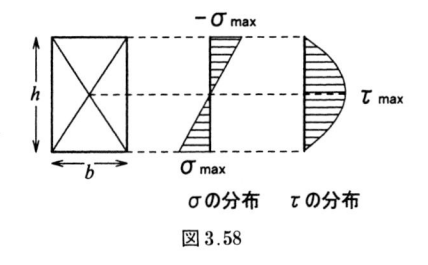

図 3.58

上端，中央，下端での垂直応力度，せん断応力度の値を用いてそれぞれの点でのモールの応力円を描く（図 3.59）．

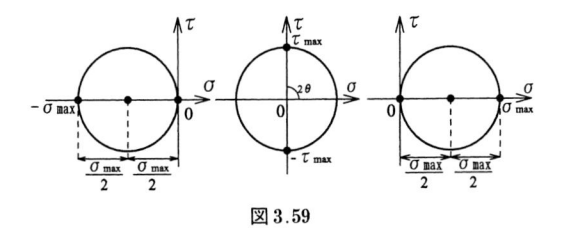

図 3.59

上端：$\sigma_x = -\sigma_{\max}$, $\sigma_y = 0$, $\tau = 0$
中央：$\sigma_x = 0$, $\sigma_y = 0$, $\tau = \tau_{\max}$
下端：$\sigma_x = \sigma_{\max}$, $\sigma_y = 0$, $\tau = 0$

モールの応力円より，それぞれの主応力度（せん断応力度が 0 のときの垂直応力度）およびその方向は，以下のとおりとなる．

上端：0, $-\sigma_{\max} = -\frac{6M_x}{bh} = -\frac{3w}{bh}(lx - x^2)$

$2\theta = 0$ より，$\theta = 0$

中央：$\pm \tau_{\max} = \frac{3Q_x}{2bh} = \frac{3w}{2bh}\left(\frac{l}{2} - x\right)$

$2\theta = \frac{\pi}{2}$ より $\theta = \frac{\pi}{4}$

下端：0, $\sigma_{\max} = \frac{6M_x}{bh} = \frac{3w}{bh}(lx - x^2)$

$2\theta = 0$ より，$\theta = 0$

このようにして求めた，部材内の各点での主応力度の方向をつなぎ合わせて得られた曲線を**主応力線**という．

部材内の応力度分布は，以下のような手順で求める．

① 曲げモーメント図，せん断力図を描く．
② 断面形状から，求めたい一点の垂直応力度，せん断応力度を求める．
③ モールの応力円を描く．
④ 主応力度，およびその方向を式（3.65）から求める．

3.6 部材の変形

本節では，部材の変形のうちとくにはりなどの直線部材の曲げモーメントによる変形の求め方を学ぶ．部材がもとの位置から変形した量を**変位（たわみ）**と呼び，変形後の部材の接線がもとの方向となす角度を**たわみ角**という．たわみ，たわみ角の求め方にはいろいろな方法があるが，ここでははりの基本式，モールの定理の 2 種類の方法について解説する．

3.6.1 はりの基本式

力と変位の関係は変形が比較的小さい弾性範囲においては，フックの法則と呼ばれる比例関係が成立することは前述した（3.3 節）．

$$F = kx$$

ここで，F：力，k：弾性係数，x：変位．

曲げモーメントと曲げ変形（曲率）の関係も，変位が小さい範囲では，同様の比例関係が成立する．

$$M = EI\frac{1}{\rho} = EI\varPhi \tag{3.66}$$

図 3.60

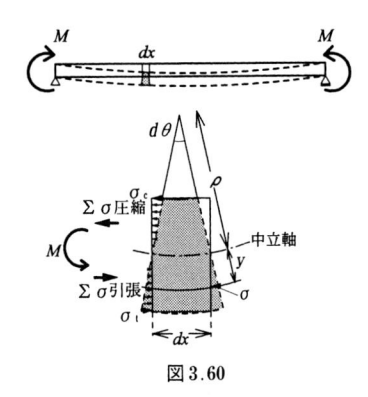

ここで，M：曲げモーメント，ρ：曲率半径，Φ：曲率 ($1/\rho$)，E：ヤング係数，I：断面二次モーメント．

さらに，変形が十分小さい範囲では曲げモーメントとたわみ（変位）yの間に以下の関係が成立し，これを**はりの基本式**という．

$$\frac{M}{EI}=\frac{d^2y}{dx^2} \quad (3.67)$$

まず，この式の誘導をする．図 3.60 のように，曲げモーメントを受けるはりの微小部分 (dx) を取り出しこの変形を考える．dx が十分小さい範囲では，変形後の形状は円弧の一部であると仮定できる．この円の半径を ρ（曲率半径），取り出した部分の角度を $d\theta$ とする．

中立軸から距離 y の位置 GH の変形後の形状が (G'H') であるとし，この部分のひずみ度 ε と応力度 σ の関係を求める．

$$\varepsilon=\frac{\text{G'H'}-\text{GH}}{\text{GH}}=\frac{(\rho+y)d\theta-\rho d\theta}{\rho d\theta}$$
$$=\frac{yd\theta}{\rho d\theta}=\frac{y}{\rho} \quad (3.68)$$
$$\sigma=E\varepsilon=E\frac{y}{\rho}$$

σ と y の積の総和が曲げモーメント M とつり合っていることから，以下の関係が成立する．

$$M=\int_A(\sigma dA\times y) \quad (3.69)$$

式 (3.68) を代入して整理すると

$$M=\int_A(\sigma dA\times y)=\int_A\frac{E}{\rho}y\times y dA$$
$$=\frac{E}{\rho}\int_A y^2 dA=\frac{E}{\rho}I_x \quad (3.70)$$
$$M=EI_x\frac{1}{\rho}=EI_x\Phi$$

となる．ここで，E は材料，I_x は断面形状からそれぞれ決まる値であり，EI はフックの法則の k（弾性係数）に相当し，EI が大きいほど同じ曲げモーメントに対して曲率 Φ が小さくなる（曲がりにくくなる）．

次に，曲率 Φ ($1/\rho$) と変位 y の関係は幾何学的に以下のように求めることができる．

$$\frac{1}{\rho}=\frac{d^2y}{dx^2}\frac{1}{\left[1+\left(\frac{dy}{dx}\right)^2\right]^{\frac{3}{2}}} \quad (3.71)$$

ここで，変位が十分微小な範囲では，

$$\left(\frac{dy}{dx}\right)^2\ll 1 \quad \frac{1}{\rho}\approx\frac{d^2y}{dx^2} \quad (3.72)$$

式 (3.71) に代入すると以下のようにはりの基本式を得る．

$$M=EI_x\frac{1}{\rho}=EI_x\frac{d^2y}{dx^2}$$
$$\frac{M}{EI_x}=\frac{d^2y}{dx^2} \quad (3.73)$$

ここで，曲げモーメントと変位の符号に注意が必要である．本書では曲げモーメントは図 3.61 のように定義しているため，$(d^2y)/(dx^2)$ と符号が逆になる．

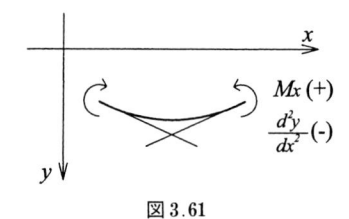

図 3.61

したがって，式 (3.73) は以下のように符号の補正を行う．

$$\frac{d^2y}{dx^2}=-\frac{M}{EI_x} \quad (3.74)$$

通常，曲げモーメント M は x の関数として表すことができるため，変位 y は式 (3.74) の両辺を 2 回積分することにより求めることができる．また，M_x を 1 度積分した値 $(dy)/(dx)$ は，接線の傾き θ であり**たわみ角**と呼ぶ．

$$\frac{dy}{dx}=\theta=-\int\frac{M_x}{EI_x}dx+C_1$$
$$y=-\iint\frac{M_x}{EI_x}dx+C_1x+C_2$$

ここで，C_1，C_2 は積分定数であり，はり端の境界条件および変位の連続性などから求めることができる．また，I_x は x の関数ではなく x 軸に対する断面二次モーメントであるため，曲げ剛性 EI_x は材料および断面形状が一様であれば定数として扱うことができる．

【例題 3.20】 図 3.62 のような片持ちはりの端に集中荷重が作用したときの端部の変位 y をはりの基本式を用いて求めよ．ただし，EI は全長一様であるものとする．

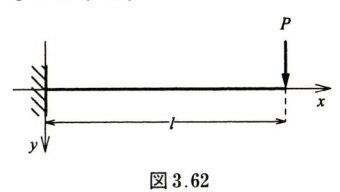

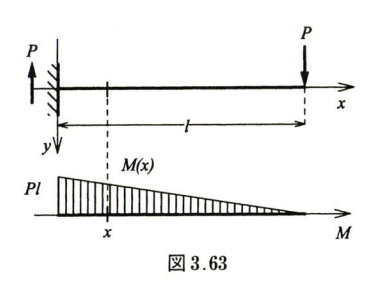

図 3.62

図 3.63

［解］ まずモーメント図を描き，曲げモーメント M を x の関数として表す（図 3.63）．

$$M_x = -Pl + Px = P(-l + x)$$

はりの基本式に代入し，微分方程式を解く

$$\frac{d^2y}{dx^2} = -\frac{M_x}{EI} = -\frac{P}{EI}(-l + x)$$

$$\theta = \frac{dy}{dx} = -\int \frac{P}{EI}(-l + x)\,dx + C_1$$

$$= \frac{P}{EI}\left(lx - \frac{1}{2}x^2\right) + C_1$$

$$y = \int \frac{P}{EI}\left(lx - \frac{1}{2}x^2\right)dx + C_1 x + C_2$$

$$= \frac{P}{EI}\left(\frac{l}{2}x^2 - \frac{1}{6}x^3\right) + C_1 x + C_2$$

境界条件から積分定数を求める．固定端 ($x=0$) では，変位 y，たわみ角 θ ともに 0 であることから，以下の二つの関係が成立する．

$$x = 0,\ y = 0 \quad \cdots\cdots ①$$
$$x = 0,\ \theta = 0 \quad \cdots\cdots ②$$

未知数は，C_1，C_2 の二つであるため，二つ式があれば解を求めることができる．

② より，
$$0 = 0 + C_1 \qquad C_1 = 0$$

① より，
$$0 = 0 + C_1 x + C_2 \qquad C_2 = 0$$

となるため，片持ちはりのたわみ角 θ，変位 y は以下の式で表すことができる．

$$\theta = \frac{P}{EI}\left(-\frac{1}{2}x^2 + lx\right)$$

$$y = \frac{P}{EI}\left(-\frac{1}{6}x^3 + \frac{l}{2}x^2\right)$$

したがって，片持ちはりの先端（$x = l$）のたわみとたわみ角は以下のように求めることができる．

$$\theta_{x=l} = \frac{Pl^2}{2EI} \qquad y_{x=l} = \frac{Pl^3}{3EI}$$

はりの基本式を用いてたわみおよびたわみ角を求めるには，以下の手順で行う．

① モーメント図を描く．
② 曲げモーメントを x の関数 M_x として記述する．
③ はりの基本式に M_x を代入し，積分する．
④ 境界条件から積分定数を求める．
⑤ 求めたい位置（x の値）を式に代入する．

3.6.2 モールの定理

はりの基本式では微分方程式を解くことにより，たわみを求めた．ここでは，直線部材が曲げモーメントを受けたときのたわみを算出する簡便な方法について説明する．これは，はりの基本式と分布荷重―せん断―曲げモーメントの関係が類似していることを利用し，微分方程式を使うことなく変位，たわみ角を求める方法である．

● はりの基本式

$$\frac{d^2y}{dx^2} = \frac{d}{dx}\left(\frac{dy}{dx}\right) = \frac{d\theta}{dx} = -\frac{M}{EI}$$

● 曲げモーメント，せん断力，分布荷重

$$\frac{d^2M_x}{dx^2} = \frac{d}{dx}\left(\frac{dM_x}{dx}\right) = \frac{dQ}{dx} = -w_x$$

両者を比較すると

$$y \Leftrightarrow M$$
$$\theta \Leftrightarrow Q$$

$$-\frac{M}{EI} \Leftrightarrow -w$$

がそれぞれ対応していることがわかる．そこで，$-(M/EI)$ を荷重とみなしてせん断力を求めるとたわみ角 (θ) に相当，曲げモーメントを求めると変位 (y) に相当することを利用したのが**モールの定理**である．このときの，$-(M/EI)$ を仮想荷重という．これは，積分をしなくてすむために，特定の位置における変位およびたわみ角を簡単に求めることができる．

【例題 3.21】 図 3.64 のような単純はりの端にモーメント M が作用している．両端 A，B のたわみ角 θ_A，θ_B および中央の変位 y_C を求めなさい．

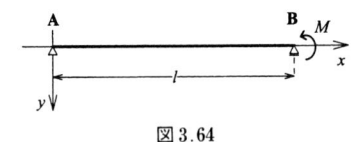

図 3.64

[解] まず，支点反力 R_A，R_B を求める．B 点でのつり合いより，

$$R_A l - M = 0 \quad R_A = \frac{M}{l}$$

鉛直方向の力のつり合いより

$$R_B = -R_A = -\frac{M}{l}$$

曲げモーメント図は図 3.65 のようになる．

得られた曲げモーメントを $-(1/EI)$ 倍した仮想荷重が同じ単純はりに作用したときのせん断力がたわみ角，曲げモーメントが変位になる（図 3.66）．

仮想荷重の合計を P とする．

$$P = \frac{M}{EI} \times l \times \frac{1}{2} = \frac{Ml}{2EI}$$

三角形分布荷重であることから，P は三角形の重心位置に作用していると考えられることを利用して，支点反力 P_A，P_B を求める．A 点でのつり合いより，

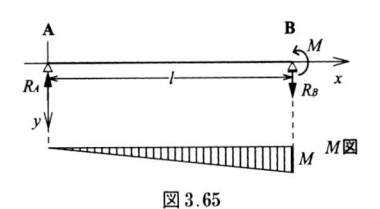

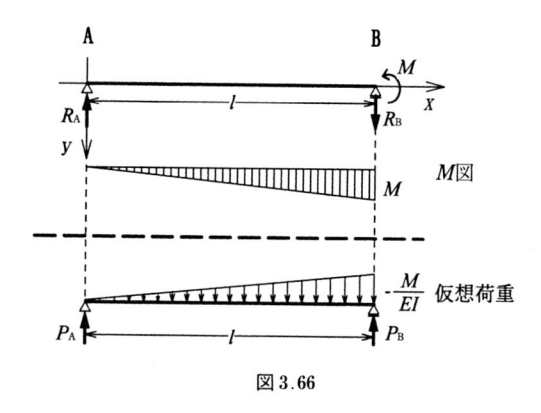

図 3.65

図 3.66

$$P \times \frac{2}{3} l - P_B \times l = 0$$

$$P_B = \frac{2}{3} P = \frac{2}{3} \times \frac{Ml}{2EI} = \frac{Ml}{3EI}$$

B 点でのつり合いより，

$$P_A l - P \times \frac{l}{3} = 0$$

$$P_A = \frac{P}{3} = \frac{Ml}{6EI}$$

仮想荷重に対するせん断力図および曲げモーメント図を描く（図 3.67）．

せん断力図より，両端のたわみ角は

$$\theta_A = \frac{P}{3} = \frac{Ml}{6EI} \quad \theta_B = -\frac{2}{3}P = -\frac{Ml}{3EI}$$

曲げモーメント図より中央の変位は M_C と等しいため，

$$y_C = M_C = \frac{P}{3} \times \frac{l}{2} - \frac{M}{2EI} \times \frac{l}{2} \times \frac{1}{2} \times \frac{l}{6}$$

$$= \frac{l}{6} \times \frac{Ml}{2EI} - \frac{Ml^2}{48EI} = \frac{Ml^2}{16EI}$$

●**共役はり** 単純はりの場合，同じ支持条件の単純はりに仮想荷重を作用させることにより，たわみ角とたわみを求めることができた．しかし，

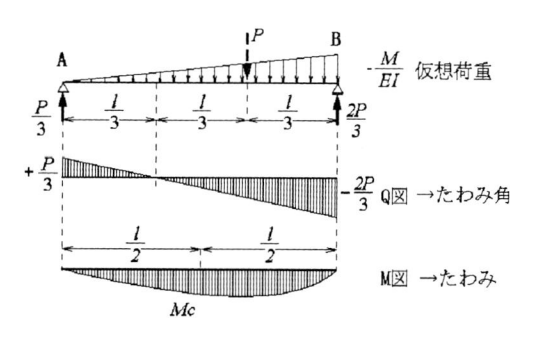

図 3.67

3.6 部材の変形

もとのはり	共役はり
単純支持	単純支持
片持ち(固定-自由)	片持ち(自由-固定)
一端固定他端支持	ゲルバー(支持-ヒンジ-固定)

図 3.68

幾何学的な境界条件と力学的な境界条件は必ずしも一致しないため，モールの定理を利用するにあたり，境界条件を修正したはりに仮想荷重を作用させる必要がある．これを共役はりと呼ぶ．図 3.68 に共役はりの例を示す．

●モールの定理のまとめ
1. モーメント図を描く
2. 共役はりに，M 図を上下逆転した形の荷重分布を描く→仮想荷重（$-M/EI$）
3. 仮想荷重による Q 図（せん断力図）と曲げモーメント図（M 図）を描く．
4. 各点の　せん断力→たわみ角
　　　　　曲げモーメント→変位

【例題 3.22】 図 3.69 のような片持ちはりの端に集中荷重が作用したときの端部の変位 y_A，たわみ角 θ_A をモールの定理を用いて求めなさい．ただし，EI は全長一様であるものとする

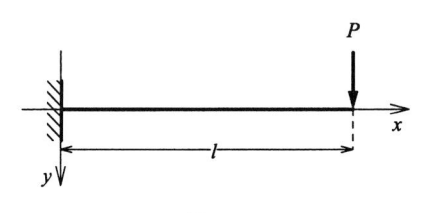

図 3.69

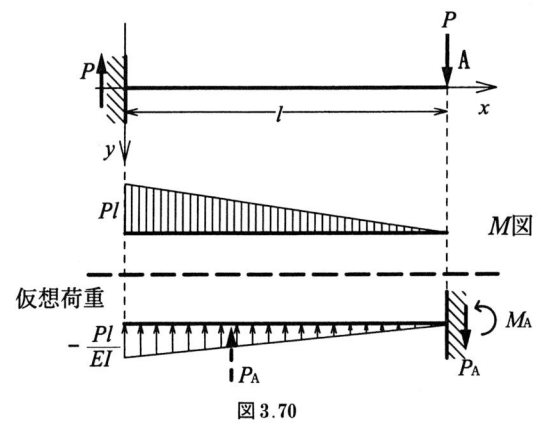

図 3.70

[解] まず，はりの基本式同様にモーメント図を描き，共役はりに，仮想荷重を作用させる．

求めるのは A 点でのたわみ角 θ_A，たわみ y_A，であるから，

$$\theta_A = +P_A = \frac{Pl}{EI} \times l \times \frac{1}{2} = \frac{Pl^2}{2EI}$$

$$y_A = +M_A = P_A \times \frac{2}{3}l = \frac{Pl}{EI} \times l \times \frac{1}{2} \times \frac{2}{3}l = \frac{Pl^3}{3EI}$$

4. 仕事とエネルギー

4.1 仕事（外力のする仕事，外力仕事）の定義

n 個の外力 P_i が作用している系において，力 P_i の作用点の作用方向の変位成分（対応する変位という）を Δ_i とする．その力と対応する変位の関係を模式的に図4.1に示す．この外力 P_i のなす**仕事**（work）は図4.1の力-変位曲線で囲まれる下の部分，すなわち縦線部分の面積 W_i で定義される．すなわち，

$$W_i = \int f(\Delta)\, d\Delta$$

で表される．とくに線形系の場合には $f(\Delta)$ が直線となるので，簡単に

$$W_i = \frac{1}{2} \times P_i \times \Delta_i$$

と表現できる．

全外力により系に与えられる仕事は

$$W = \sum W_i$$

となる．一方，

$$W_i^* = \int f(P)\, dP$$

で表される部分，すなわち図4.1の横線部分の面積に等しいものを**補足仕事**（complementary work）という．線形系の場合

$$W_i^* = \frac{1}{2} \times \Delta_i \times P_i$$

となり，$W_i = W_i^*$ で $W = W^*$ である．

また，いま力 P_i を一定に保ち，系に任意の仮想変位 $\delta\Delta i$ を与えるときなされる仕事を**仮想仕事**（virtual work）δW_i という．

$$\delta W_i = P_i \times \delta\Delta_i$$

さらに，変位 Δ_i を一定に保ち，仮想の力 δP_i を与えるときなされる仕事，

$$\delta W_i^* = \Delta_i \times \delta P_i$$

を**補足仮想仕事**（complementary virtual work）という．

4.2 ひずみエネルギー（内力のする仕事，内力仕事）の定義

骨組各部材に生じる応力，軸力 N，曲げモーメント M，せん断力 Q に対応する変形を，それぞれ**軸方向変形，曲げ変形，せん断変形**と呼ぶ．いま，材のある点のそれぞれ N, M, Q に対応する材軸方向変位，回転角，および材軸に直角な変位を u, θ, v とし，部材の単位材長間のそれぞれの応力に対応する相対変形を u', θ', γ で表すと

$$u' = \frac{du}{dx} \qquad \theta' = \frac{d\theta}{dx} \qquad \gamma = \frac{dv}{dx} + \theta$$

となるので，各応力のなす仕事を部材全長，骨組全体にわたって求めると

$$U = \iint N du'\, dx + \iint M d\theta'\, dx + \iint Q d\gamma\, dx \quad (4.1)$$

と表される．なお，u' はひずみ度に，θ' は曲率に，γ はせん断変形角にそれぞれ対応する．第1積分が骨組全体にわたるもの，第2積分が単位長さ当たりの仕事を表している．これをひずみエネルギーといい，応力のなす仕事に対応する．当然のことながら外力のなす仕事と内力のなす仕事と

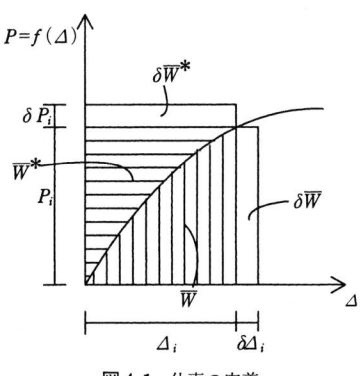

図4.1 仕事の定義

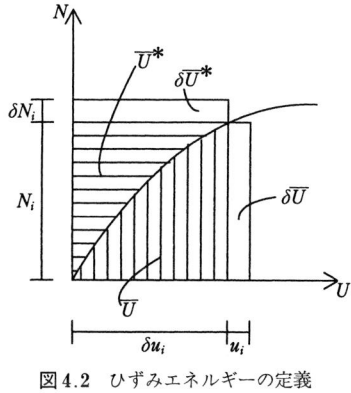

図4.2 ひずみエネルギーの定義（軸力による場合）

は等しいから

$$W = U$$

である.

外力による仕事と同様に，たとえば軸力によるひずみエネルギーを例にとり，模式的に図4.2にその概念図を示すが，軸力-軸変形関係図において縦線で囲った部分がひずみエネルギーで，横線で示した部分が補足ひずみエネルギーと呼ばれるものである．さらに曲げモーメント，せん断力を考えたときの補足ひずみエネルギーは，式(4.1)と同様なかたちで

$$U^* = \iint u' dN dx + \iint \theta' dM dx + \iint \gamma dQ dx \quad (4.2)$$

となる．線形系の場合には，外力による仕事の場合と同様に

$$U = U^*$$

であり，式(4.1)は次のように表現できる．

$$U = \frac{1}{2}\left(\int Nu' dx + \int M\theta' dx + \int Q\gamma dx\right) \quad (4.3)$$

ここで，$N = EAu'$, $M = EI\theta'$, $Q = GA\gamma/\varkappa$, E：ヤング係数，I：断面二次モーメント，A：断面積，G：せん断弾性係数，$\varkappa$：形状係数.

この関係を考慮すると式(4.3)は

$$U = \frac{1}{2}\left(\int \frac{N^2}{EA} dx + \int \frac{M^2}{EI} dx + \int \frac{\varkappa Q^2}{GA} dx\right) \quad (4.4)$$

となる.

また，図4.2においてたとえば，N一定で仮想ひずみ$\delta u'$を与えたときの仕事を仮想ひずみエネルギー，同様にu'一定で仮想軸力δNを与えたときの仕事を補足仮想ひずみエネルギーと呼ぶ.

曲げモーメント，せん断力に関しても同様である．すると，

仮想ひずみエネルギー：

$$\delta U = \int N\delta u' dx + \int M\delta \theta' dx + \int Q\delta \gamma dx$$

補足仮想ひずみエネルギー：

$$\delta U^* = \int u' \delta N dx + \int \theta' \delta M dx + \int \gamma \delta Q dx$$

と表される.

4.3 仮想仕事に関する諸定理

前節で定義した各種エネルギー間には，種々の法則が存在するが，ここでは構造力学上重要な法則（反力を計算したり，変形を計算したりするための）である仮想仕事に関する定理，原理を説明する.

4.3.1 仮想仕事の原理

力のつり合い条件を満足している系に変形の適合条件を満足すべき任意の変位（仮想変位）を与えたとき，なされる仮想仕事の総量は0である．別の言い方をすると仮想外力仕事と仮想内力仕事とは等しい．つまり

$$\delta W = \delta U \quad \text{あるいは} \quad \delta W - \delta U = 0$$

である．この関係は反力の計算に利用される．なお，剛体の場合は$\delta U = 0$である．また，逆の表現をすれば変形の適合条件を満足した変位を生じている系につり合い条件を満足すべき任意の力（仮想力）を与えたとき，その系のなす仕事の総量は0である．すなわち仮想仕事の総和は同様に0である．この関係は変形計算に利用される.

このようにこの原理は任意点の反力または変位を求めるのに非常に有効な原理であり，骨組の弾塑性解析，平面問題の解析などにも多く用いられる.

a. 反力の計算への応用

たとえば，節点反力が未知である場合には，変形の適合条件を満足するように，その節点に仮想

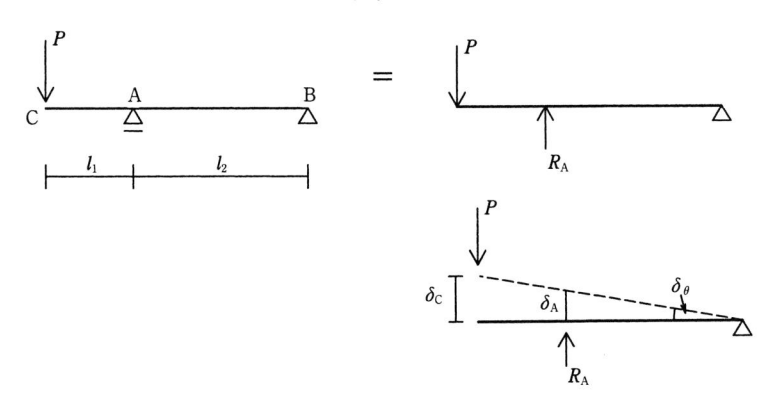

仮想変位　$\delta_A = \delta_\theta \times l_2$　$\delta_C = \delta_\theta (l_1 + l_2)$
仮想仕事　$-P \times \delta_C + R_A \times \delta_A = 0$（反力の計算では部材を剛体とみなしているので，内力の仕事$=0$となる）
$-P \times \delta_\theta (l_1 + l_2) + R_A \times \delta_\theta \times l_2 = 0$
$\therefore R_A = \dfrac{l_1 + l_2}{l_2} \times P$

図4.3 A点の反力を求める例

変形を与えることにより反力を求めることができる．仮想仕事の原理より，力のつり合いを満足している系に適合条件を満足する仮想変位を与えたときなされる仕事の総和は0，つまり$\delta W = \delta U$であるが，具体的には

仮想外力仕事（δW）＝（仮想節点変位）×（節点力）

仮想内力仕事（δU）＝（仮想内変位）×（内力）

より，

　　　　　　　　　　─（つり合い）─
（仮想節点変位）×（節点力）＝（仮想内変位）×（内力）
　　　　　　─（適合）─

と表され，適合とつり合いの関係が理解できる．

図4.3に反力の計算例を示すが，反力の計算の場合には1章で述べたように，部材を剛体と見なすので仮想変位による仮想内変位は0，すなわち仮想内仕事は0となり，仮想外力仕事のみ考えればよいことになる．

A点に仮想変位δ_Aを与えると，B点の回転角はδ_A / l_2となる．仮想内力仕事は0であるので，仮想外力仕事の総和は

$$-P \times \delta_C + R_A \times \delta_A = 0$$

となる．よって

$$-P \times \dfrac{\delta_A}{l_2} \times (l_1 + l_2) + R_A \times \delta_A = 0$$

から

$$R_A = \dfrac{l_1 + l_2}{l_2} \times P$$

となる．なお，力の向きと変位の向きとが同じときには仕事はプラス，力の向きと変位の向きとが逆のときには仕事はマイナスとなることに注意する必要がある．

b. 変形計算への応用

変位を求めたい場合には，変位を求めたい位置に求めたい変位の方向に仮想荷重を与えることにより計算できる．つまり，a項の反力計算の場合と同様に，その中味は次のように表される．

仮想外力仕事（δW）＝（仮想外力）×（節点変位）
仮想内力仕事（δU）＝（仮想内力）×（内変位）

より

　　　　　　　　　　─（適合）─
（仮想外力）×（節点変位）＝（仮想内力）×（内変位）
　　　　　　─（つり合い）─

と表され，同様に適合，つり合いの関係が理解できるであろう．これらの計算例を図4.4に示しているので参照されたい．

外力による部材内力は
$$M_0 = P \times (l_1 - x) \quad (0 \leq x \leq l_1)$$
であり，外力による内変位はM_0 / EIとなる．また，仮想外力を1とすると仮想外力による応力は
$$M_1 = 1 \times (l - x)$$
である．よって

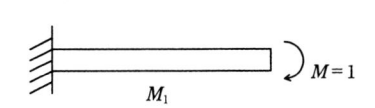

$$\delta_c = \int_0^l \frac{M_0 M_1}{EI} dx = \int_0^l \frac{P(l_1-x)}{EI} \times (l-x)\, dx$$
$$= \frac{Pl_1^2}{2EI}\left(l - \frac{l_1}{3}\right)$$

と計算される．

4.3.2 仮想仕事の原理の応用

仮想仕事の原理を応用したものとして仮想補足仕事の原理（仮想力の原理）がよく用いられる．その原理とは，「荷重や自己ひずみのもとに変位と変形が適合条件を満足している場合，つり合い条件を満足する任意の仮想力，または仮想応力を与えるときなされる外力の仮想補足仕事は，仮想補足ひずみエネルギーに等しい」とするものである．すなわち，

$$\delta W^* = \delta U^*$$

線形弾性の場合は，

$$\sum \Delta_i \delta P_i = \int u' \delta N dx + \int \theta' \delta M dx + \int \gamma \delta Q dx$$
$$= \int \frac{N\delta N}{EA} dx + \int \frac{M \delta M}{EI} dx + \int \frac{\kappa Q \delta Q}{GA} dx \quad (4.5)$$

$M_0 = P \times (l_1 - x) \quad 0 \le x \le l_1$
$M_1 = 1 \times (l - x)$

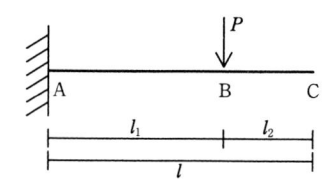

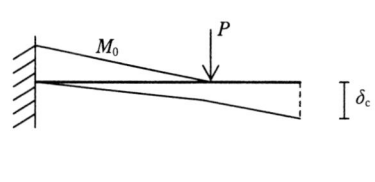

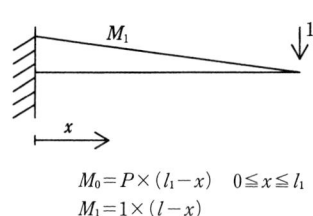

図 4.4 たわみの計算

外部仮想仕事：$WE = $（仮想外力）$\times$（節点変位）
$= 1 \times \delta_c$

内部仮想仕事：$WI = $（仮想内力）$\times$（内変位）
$= \int \frac{M_1 \times M_0}{EI} dx$

となる．$WE = WI$ より

(a) A 点のたわみを求める $\Rightarrow$ 対応する仮想力 $\Rightarrow$ A 点に集中力 $P = 1$
$$\delta_A = \int_0^l \frac{M_0 M_1}{EI} dx = \int_0^l \frac{P \times x \times x}{EI} dx = \frac{Pl^3}{3EI}$$

(b) A 点の回転角を求める $\Rightarrow$ 対応する仮想力 $\Rightarrow$ A 点に単位のモーメント
$$\delta_{\theta A} = \int_0^l \frac{M_0 M_1}{EI} dx = \int_0^l \frac{P \times x \times 1}{EI} dx = \frac{Pl^2}{2EI}$$

(c) B 点のたわみを求める $\Rightarrow$ 対応する仮想力 $\Rightarrow$ B 点に単位の集中力
$$\delta_B = \int_{l/2}^l \frac{M_0 M_1}{EI} dx = \int_{l/2}^l \frac{P \times x \times \left(x - \frac{l}{2}\right)}{EI} dx = \frac{5Pl^3}{48EI}$$

図 4.5 はりの変形の計算例

D 点に P が図のように作用したとき
(1) D 点の鉛直方向の変位
(2) C 点の水平方向の変位
を求めてみる．

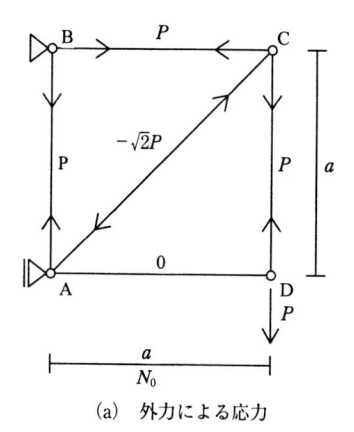

(a) 外力による応力

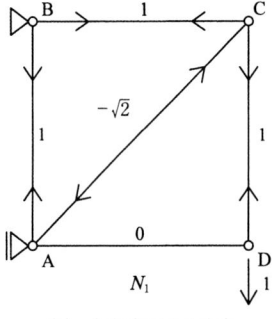

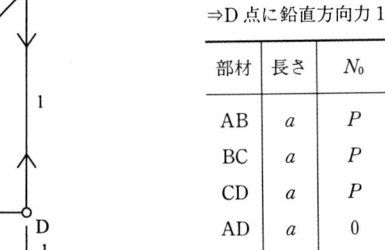

(b) 仮想力による応力

(c) D 点の鉛直方向の変位⇒対応する仮想力
⇒D 点に鉛直方向力 1

部材	長さ	N_0	N_1	N_0N_1S
AB	a	P	1	aP
BC	a	P	1	aP
CD	a	P	1	aP
AD	a	0	0	0
AC	$\sqrt{2}a$	$-\sqrt{2}P$	$-\sqrt{2}$	$2\sqrt{2}aP$

$$\sum \frac{N_0N_1S}{EA} = \frac{(3+2\sqrt{2})aP}{EA}$$

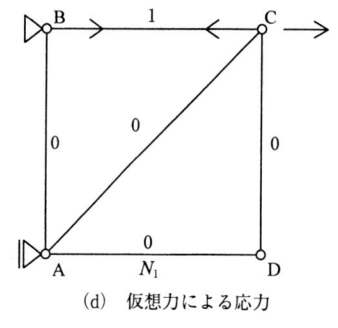

(d) 仮想力による応力

(e) C 点の右方向への変位⇒対応する仮想力⇒C 点に図のような力

部材	長さ	N_0	N_1	N_0N_1S
AB	a	P	0	0
BC	a	P	1	aP
CD	a	P	0	0
AD	a	P	0	0
AC	$\sqrt{2}a$	$-\sqrt{2}P$	0	0

$$\sum \frac{N_0N_1S}{EA} = \frac{aP}{EA}$$

図 4.6 静定トラスの変形の計算例

となる．これから線形，弾性体にのみ用いる定理として単位荷重の定理（仮想力の定理）が導かれよく用いられる．

任意点の変位 $\varDelta_i$ は，これに対応する単位仮想力 $\delta P_i=1$ を与え，そのときに骨組に生じる応力すなわち，軸力，曲げモーメント，せん断力をそれぞれを，N_1, M_1, Q_1 とすると，式 (4.5) より

$$\varDelta_i = \int \frac{NN_1}{EA}dx + \int \frac{MM_1}{EI}dx + \int \frac{\kappa QQ_1}{GA}dx \quad (4.6)$$

となり，この式は構造解析で変形計算にしばしば用いられる式である．したがってこの定理を単に仮想仕事の定理ということも多い．なお，N, M, Q は外力に対応する応力である．単位力による応力に 1 のサフィックスを付したので，外力による応力には 0 のサフィックスを付し，N_0, M_0, Q_0 と書くことも多い．本書では以下そのよ

4.3 仮想仕事に関する諸定理

うな表現をしている．すなわち

$$\Delta_i = \int \frac{N_0 N_1}{EA} dx + \int \frac{M_0 M_1}{EI} dx + \int \frac{x Q_0 Q_1}{GA} dx \quad (4.7)$$

図 4.5，図 4.6 の単位荷重の原理による変形計算の例を参照されたい．図 4.5 がはり，図 4.6 がトラスである．

図 4.5 ははりの先端 A に集中荷重 P が作用したときの A 点のたわみと A 点の回転角，はりの中央点 B のたわみを求める問題である．

荷重 P によるモーメントは $M_0 = P \times x$ である．なお，この場合 x は図に示したように，はりの先端から固定端に向かう方向に仮定している．もちろん固定端から先端に向かうように仮定してもよい．そのときはモーメントの式は変わってくるので注意が必要である．A 点のたわみを求める場合，図 4.4 の例と同様に A 点に仮想力 1 を作用させそのときのモーメント M_1 を求め，たわみを求める公式，式 (4.6) あるいは式 (4.7) に代入することになる．この場合曲げモーメントのみを考慮しているので M_0 と M_1 とを

$$\delta_A = \int_0^l \frac{M_0 M_1}{EI} dx$$

に代入する．$M_1 = x$ であるので

$$\delta_A = \int_0^l \frac{P \times x \times x}{EI} dx = \frac{Pl^3}{3EI}$$

となる．

仮想力を作用荷重と同じ方向に仮定し，計算結果が正である場合，変形の方向は仮想力と同じ方向になる．負の場合は仮定する仮想力と反対方向の変形となる．よってこの例の場合 A 点の鉛直方向のたわみは下向きということになる．

A 点の回転角を求める場合には，A 点に回転を起こさせる仮想力，すなわち単位のモーメント M_1 を与える（ここでは時計回りと仮定した）．すると $M_1 = 1$ より式 (4.7) を用いて

$$\theta_A = \int_0^l \frac{M_0 M_1}{EI} dx = \int_0^l \frac{P \times x \times 1}{EI} dx = \frac{Pl^2}{2EI}$$

が得られる．回転の方向は仮想力と同じく時計回りである．

B 点のたわみについては図 4.5 中の解答を参照されたい．

次に図 4.6 のトラスの変形計算について解説する．

トラス部材には軸力（それぞれ部材内では一様な軸力）しか作用しない．したがってトラスのたわみは

$$\delta_i = \int \frac{N_0 N_1}{EA} dx = \sum_1^n \left(\frac{N_0 N_1}{EA}\right)_i \times S_i \quad (4.8)$$

と表される．ここで，S_i：i 部材の長さ，n：総部材数，$(EA)_i$：部材断面定数，E：ヤング係数，A：断面積．

D 点の（たわみ）を求めるためには，外力による部材応力（軸力）と，D 点に単位の仮想力を作用させたときの仮想力による部材応力を求める必要がある．図中 (a) が荷重 P による部材応力を，(b) が仮想力（単位荷重）による応力を示している．正が引張で負が圧縮である．各部材の応力をもとに表形式で計算したのが (c) である．式 (4.8) と (c) の表計算とを対比しながら理解してほしい．

また，C 点の水平方向の変位は図 4.6 (d) に示したように，C 点に水平方向の仮想力 1 を作用させたときの応力と外力による応力とから (e) に示した表計算から求めることができる．この場合両方とも結果は正の符号であるので，変形の方向は仮定した仮想力と同じ方向となる．

5. 骨組の応力と変形

5.1 静定骨組の応力と変形

5.1.1 応力の求め方

静定骨組の例を図5.1に示す．(a) は点Aがピン支持，点Dがローラー支持の単純はり式骨組（フレーム）で，反力の総数は3である．1章で見たように反力を求めるためには，水平方向の力のつり合い，鉛直方向の力のつり合いおよび任意の点まわりのモーメントのつり合い，の3条件を用いればよい．すなわち変数3個に対して条件も三つあるので，連立方程式を解くことができる．反力が求められると，2章で説明したように任意の断面で切断したFree Body（自由体）の力のつり合いから断面応力を求めることができる．このように静定骨組では力のつり合い条件のみを用いて断面応力を求めることが可能である．

図5.1 (b) は両側の支点がピンであり，反力総数が4となる．この場合には力のつり合いだけでは解けないのでは？と心配するかもしれない．しかし点Eがピンであることに注意すると，後述するように力のつり合い条件のみによって解くことができる．このような構造を**3ヒンジ構造**と呼ぶ．同図 (c) は点Aは固定支持で点Dがローラー支持であるが，点Eがピンであることから3ヒンジ構造の類型と判断してよい．

それでは，いくつかの例題によって静定骨組の応力の求め方を勉強しよう．

a. 単純はり式骨組の場合

図5.2 (a) のように等分布荷重と集中荷重とが作用する場合を例にする．まず反力を求めよう．ピン支点Aには水平方向の反力H_Aおよび鉛直方向の反力V_Aが生じ，ローラー支点Eには鉛直方向の反力V_Eが生じる．等分布荷重は集中荷重に置き換える（図5.2 (b)）．応力のつり合いより次式を得る．

水平方向：右向きを正とする
$$H_A - 15\,\text{kN} = 0$$

鉛直方向：上向きを正とする
$$V_A + V_E - 120\,\text{kN} = 0$$

点Aまわりのモーメント：時計回りを正とする
$$(120\,\text{kN} \times 3\,\text{m}) - (15\,\text{kN} \times 2\,\text{m}) - (V_E \times 6\,\text{m}) = 0$$

これを解くと反力が求められ，図5.2 (b) のようになる．

つづいて断面応力を求めるために，任意の位置で切断してFree Bodyのつり合いを考える．このような骨組の場合には，集中荷重が作用する位置（点D）や部材が折れ曲がる位置（点Bおよび点C）を境界として切断することになる．すなわちAB間，BC間，CD間およびDE間の4か

(a) 単純はり式骨組　　**(b) 3ヒンジ構造**　　**(c) 3ヒンジ構造の類型**

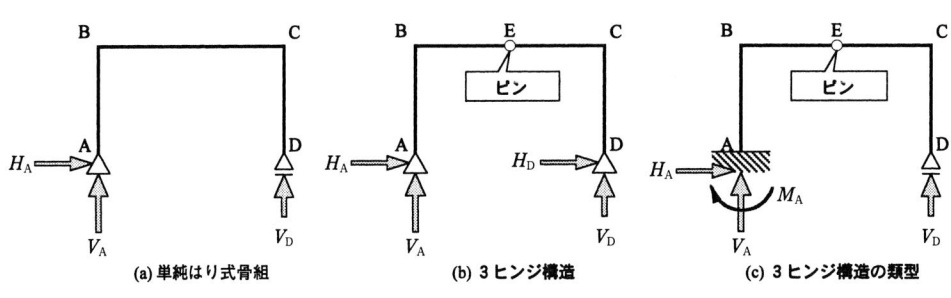

図5.1 静定骨組の例

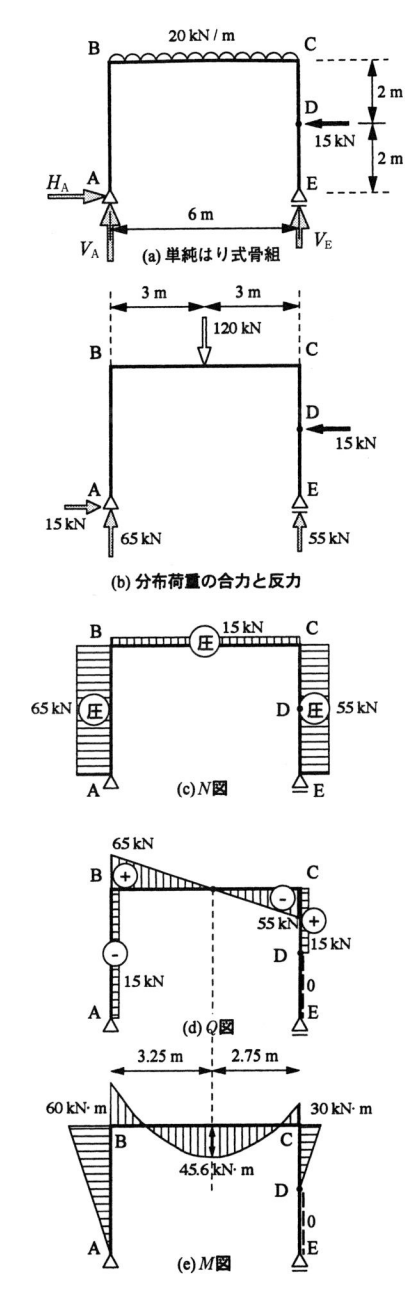

5.1 静定骨組の応力と変形

図5.2 単純はり式骨組の例題
(a) 単純はり式骨組
(b) 分布荷重の合力と反力
(c) N図
(d) Q図
(e) M図

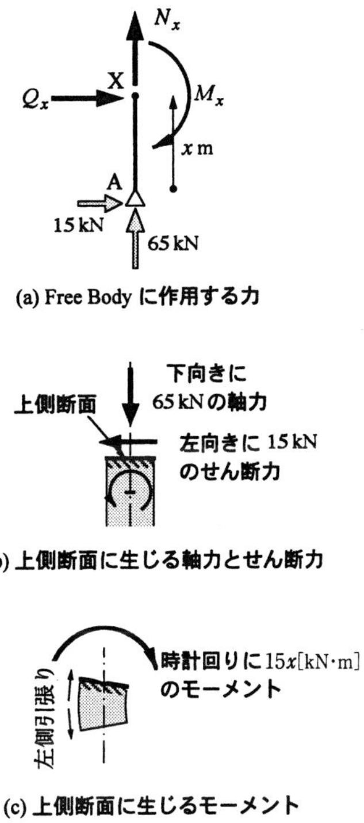

図5.3 AB間で切断したFree Bodyに作用する力
(a) Free Bodyに作用する力
(b) 上側断面に生じる軸力とせん断力
(c) 上側断面に生じるモーメント

所で切断する．

では，AB間で切断した場合を考えよう．切断によってFree Bodyは二つできるが，作用する力の総数が少ない方が簡単なので，ここでは図5.3 (a) のように支点Aを含む柱を考える．点Aから上向きに距離 x[m]（$0 \leq x \leq 4$ m）の点Xで切断して，上側断面に生じる断面応力（N_x，Q_x および M_x）を忘れずに記入しよう．

水平方向の力のつり合いより，上側断面には左向きに15 kNのせん断力が生じる（図5.3 (b)）．このとき仮想の微小体は反時計回りに回転するので，せん断力の符号は負である．鉛直方向の力のつり合いから，上側断面には下向きに65 kNの軸力が生じる（図5.3 (b)）．これは圧縮力である．点Xまわりのモーメントのつり合いから，時計回りを正とすると，

$$M_x - (15\text{ kN} \times x[\text{m}]) = 0$$

これより，

$$M_x = 15x [\text{kN·m}]$$

モーメント M_x の符号は正であるので，時計回りである．これは図5.3 (c) のように柱の左側を引張るようなモーメントなので，モーメント図は柱の左側に描くことになる．以上を図示すると，図5.2 (c)，(d)，(e) のAB間を得る．

次に図5.4 (a) のようにBC間で切断した場合の右側のFree Bodyを考える．点Eから左側に距離 x[m]をとった．点Xで切断した断面はこの場合には左側断面となることに注意しよう．等分布荷重による合力の大きさは $20x$[kN]である．

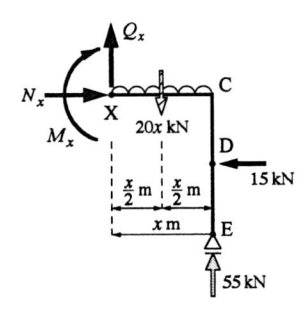

(a) Free Body に作用する力

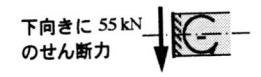

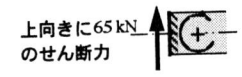

(b) $x=0$ でのせん断力
下向きに 55 kN のせん断力

(c) $x=6$ m でのせん断力
上向きに 65 kN のせん断力

(d) $x=2.75$ m でのモーメント
時計回りに 45.6 kN·m のモーメント
下側引張り

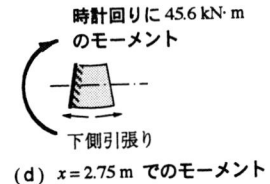

図 5.4 BC 間で切断した Free Body に作用する力

水平方向の力のつり合いから，軸力 N_x は左向きに 15 kN となり，これは圧縮力である．

鉛直方向の力のつり合いから，上向きを正として，
$$Q_x - 20x[\text{kN}] + 55\,\text{kN} = 0$$
これより，
$$Q_x = 20x[\text{kN}] - 55\,\text{kN}$$
すなわちせん断力 Q_x は線形に変化して，$x=0$ のとき $Q_0=-55$ kN，$x=6$ m のとき（すなわち点 B）$Q_6=65$ kN となる．せん断力としての符号は図 5.4 (b)，(c) のようになる．なお，せん断力が 0 となるのは点 C から 2.75 m のところであり，この点でモーメントが極値をもつ可能性がある．

切断した点 X まわりのモーメントのつり合いより，時計回りを正として，

$$M_x + \left(20x[\text{kN}] \times \frac{x}{2}\text{m}\right) + 15\,\text{kN} \times 2\,\text{m} - (55\,\text{kN} \times x[\text{m}]) = 0$$

これより，
$$M_x = -10x^2 + 55x - 30\,\text{kN·m}$$
$$= -10(x - 2.75)^2 + 45.6\,\text{kN·m}$$

すなわちモーメント M_x は放物線を描く．また $x=2.75$ m においてモーメントは最大となり，その値は 45.6 kN·m である．この最大モーメントの向きは左側断面に対して時計回りであるので，下側引張りとなる（図 5.4 (d)）．よってモーメント図は下側に描く．そのほか，

$x=0$ のとき，$M_0 = -30$ kN·m
$x=6$ m のとき，$M_6 = -60$ kN·m

となり，いずれも上側引張りとなるので，モーメント図は上側に描く．以上を図示すると図 5.2 (c)，(d)，(e) の BC 間を得る．せん断力が 0 となる点でモーメントが極値をとることを確認しよう．

つづいて CD 間あるいは DE 間で切断した場合には，Free Body としてローラー支点 E を含む柱部分を取り出して考えると簡単である．こうして図 5.2 (c)，(d)，(e) のように応力図が完成する．ここで点 B（あるいは点 C）のような隅角部のモーメント図を見てみよう．図 5.5 (a) に示すように柱の点 B におけるモーメントとはりの点 B におけるモーメントは大きさはともに 60

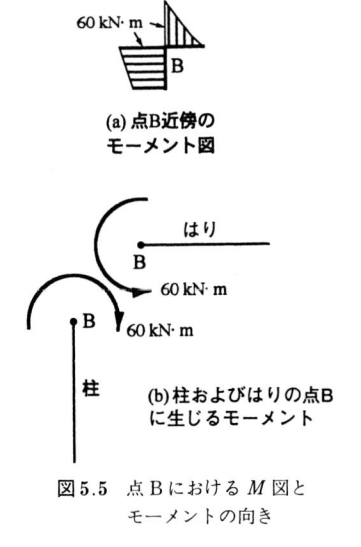

(a) 点 B 近傍のモーメント図

(b) 柱およびはりの点 B に生じるモーメント

図 5.5 点 B における M 図とモーメントの向き

kN·m で同じである（同じ点 B なので当り前である）．しかし向きを見ると図 5.5（b）のように両者は反対である．これは作用・反作用の法則から説明できる．このように 1 本の柱と 1 本のはりとが会する点においては，一方のモーメントの大きさと向きがわかれば他方もわかる，という性質があるので，M 図の作成や確認に利用できる．

b. 3 ヒンジ構造の場合

図 5.6（a）のように二つの支点がピンであり，骨組内部の点 D がピンである 3 ヒンジ骨組を例にする．

1） 反力の求め方　　反力はピン支点 A において V_A および H_A，ピン支点 G において V_G および H_G の計 4 個である．前述のようにこのままでは変数 4 個に対してつり合い条件が三つしかない

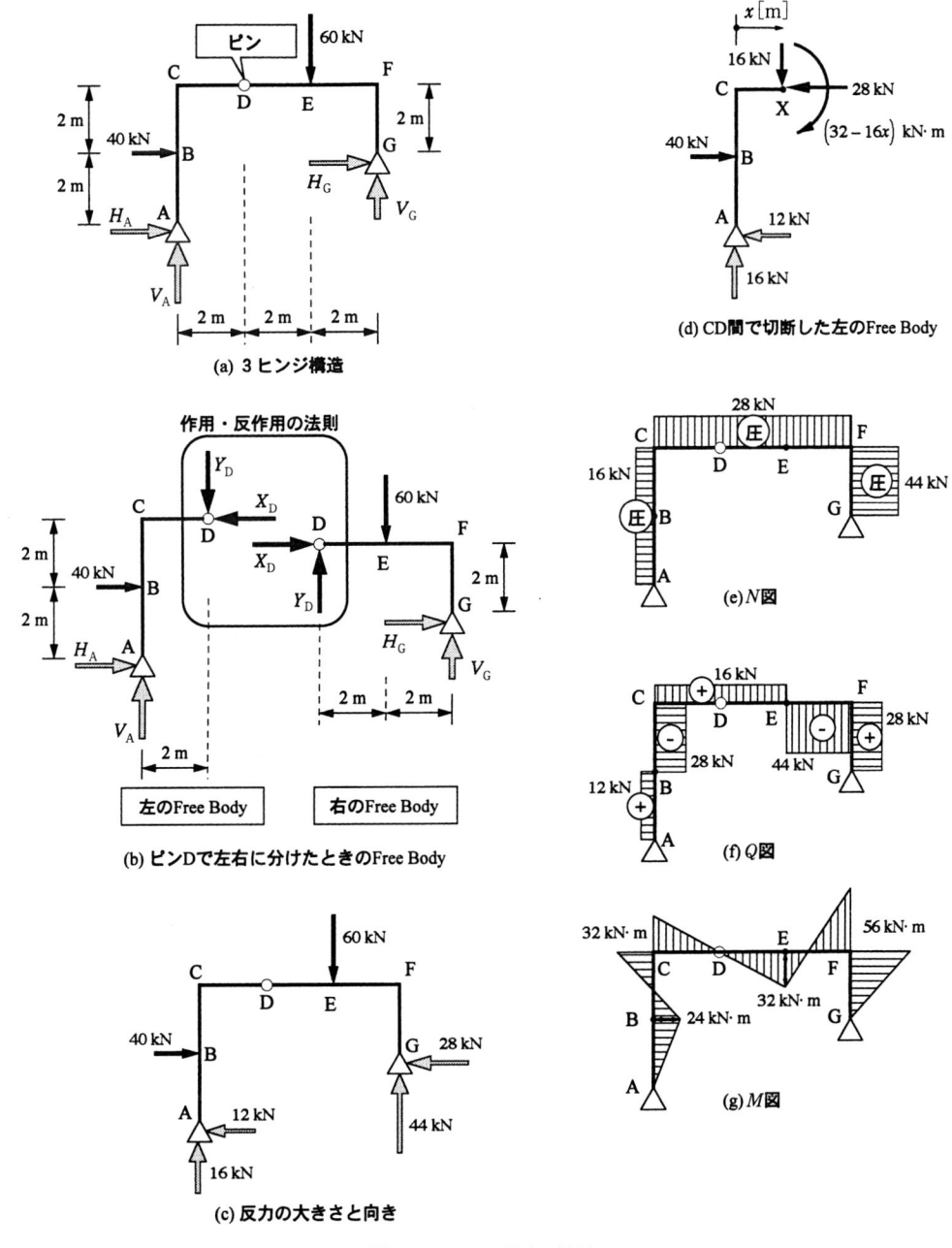

図 5.6　3 ヒンジ構造の例題

ので解けない．

そこで，図 5.6 (b) のようにピンである点 D を境として左右に分けて，それぞれの Free Body を考えてみよう．このとき，点 D には水平力 X_D および鉛直力 Y_D が生じるが，ピンなのでモーメントは 0 になることに注意する．左右の Free Body の点 D には作用・反作用の法則により，大きさが同じで向きが逆となる一対の力が生じる．ここで左右の Free Body ごとに力のつり合いを考えよう．

左の Free Body のつり合いより以下の三つの式を得る．右向き力，上向き力，時計回りモーメントをそれぞれ正とした．またモーメントのつり合いは点 D まわりについて考えた．

水　　平：$40\,\text{kN} + H_A - X_D = 0$
鉛　　直：$V_A - Y_D = 0$
点 D まわり：$V_A \times 2\,\text{m} - H_A \times 4\,\text{m}$
$\qquad - 40\,\text{kN} \times 2\,\text{m} = 0$ (5.1)

同様に右の Free Body のつり合いより次式を得る．

水　　平：$X_D + H_G = 0$
鉛　　直：$Y_D - 60\,\text{kN} + V_G = 0$
点 D まわり：$60\,\text{kN} \times 2\,\text{m} - H_G \times 2\,\text{m}$
$\qquad - V_G \times 4\,\text{m} = 0$ (5.2)

以上の六つの式を連立させて解くことによって，6 個の未知数 V_A，H_A，V_G，H_G，X_D および Y_D を求めることができる．

原理的には上述のとおりであるが，6 元連立方程式を解くのは大変である．また，変数 X_D および Y_D はとくに求める必要もない．そこで図 5.6 (a) を見ながら，骨組全体において水平方向の力のつり合いと鉛直方向の力のつり合いとから以下の 2 式を得る．

$H_A + H_G + 40\,\text{kN} = 0$ (5.3)
$V_A + V_G - 60\,\text{kN} = 0$ (5.4)

この 2 式と式 (5.1) および式 (5.2) の 4 元連立方程式を解くことによって，必要な反力 V_A，H_A，V_G および H_G を求めることができる（計算が少し楽になった）．これを解くと，以下を得る．

$H_A = -12\,\text{kN}$
$H_G = -28\,\text{kN}$
$V_A = 16\,\text{kN}$
$V_G = 44\,\text{kN}$

これらの反力を図示したのが図 5.6 (c) である*．

---

*：3 ヒンジ構造の反力を求めるためには，骨組内のピンの位置で構造物を二つに分けて，二つの Free Body それぞれについてつり合いを考える．

---

2) 応力の求め方　反力が求められたので，ここから先はいままでと同じである．すなわち，AB 間，BC 間，CE 間，EF 間および FG 間でそれぞれ切断して，Free Body の力のつり合いを考えればよい．たとえば CE 間で切断したときの左の Free Body のつり合い状態を図 5.6 (d) に示す．切断した右側断面におけるモーメントの向きは，点 C から点 D までの範囲は時計回り，点 D から点 E までの範囲は反時計回りである．図 5.6 (d) をもとにして CE 間の応力図を描いてみよう．

こうして図 5.6 (e)，(f)，(g) のような応力図を得ることができる．

5.1.2 変形の求め方

骨組の変形（各位置での変位およびたわみ角）を求めるためには，4.3 節で説明した仮想仕事の原理を用いるのが便利である．ここでは静定骨組について，いくつかの例題で説明する．

a. 片持ちはり式構造の場合

図 5.7 (a) のように，片持ち柱にはりが取り付いた構造について点 A の鉛直変位 δ_A およびたわみ角 θ_A を求めてみよう．柱およびはりの曲げ剛性はともに EI とする．はじめに，外力によるモーメントを求めると図 5.7 (b) のようになる．これを M_0 として，数式で表現しよう．AB 間では点 A より右側に距離 x をとり，BC 間では点 B より下側に距離 x をとる．1.1.3 節で説明したように変形を求める際には，曲げモーメントの符号を図 1.6 のように決めておく．そうすると機械的にモーメントの符号を割り当てることができて便利である．はり AB ではモーメントが上に描かれるので符号は負となり，柱 BC ではモーメン

(a) 片持ちはり式構造

(b) 外力によるモーメント図 (M_0)

(c) 単位荷重によるモーメント図 (M_1)

(d) 単位モーメントによるモーメント図 (M_1)

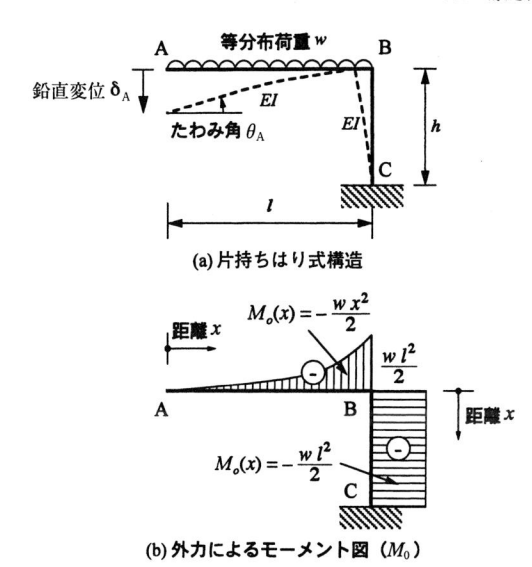

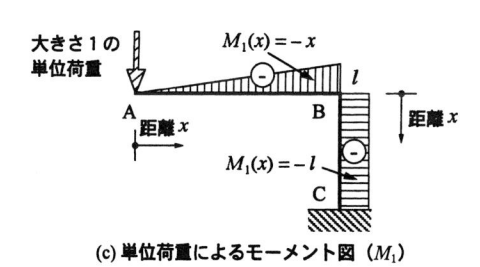

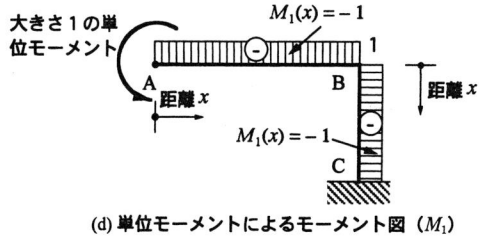

図 5.7 片持ちはり式構造の変形

トが右に描かれるので符号は負である．よって，

はり AB：$M_0(x) = -\dfrac{wx^2}{2}$

柱 BC：$M_0(x) = -\dfrac{wl^2}{2}$

となる．なお，距離 x はモーメントの数式表現が簡単になるように任意に選んでよい．

① 鉛直変位 δ_A：点 A の鉛直方向の変位を求めるために，点 A に大きさ 1 の単位荷重を下向きに加える．そのときのモーメントを求めると図 5.7 (c) のようになる．これを M_1 として上述と同様にして数式表現すると，

はり AB：$M_1(x) = -x$

柱 BC：$M_1(x) = -l$

これより仮想仕事の原理によって，鉛直変位 δ_A は以下のように計算できる．

$$\delta_A = \int_0^l \frac{M_0(x) \times M_1(x)}{EI} dx + \int_0^h \frac{M_0(x) \times M_1(x)}{EI} dx$$
$$\quad \underbrace{\qquad}_{\text{はり AB}} \quad \underbrace{\qquad}_{\text{柱 BC}}$$

$$= \int_0^l \frac{\left(-\dfrac{wx^2}{2}\right) \times (-x)}{EI} dx + \int_0^h \frac{\left(-\dfrac{wl^2}{2}\right) \times (-l)}{EI} dx$$

$$= \frac{wl^4}{8EI} + \frac{wl^3 h}{2EI}$$

上記の鉛直変位 δ_A の符号は正である．一方，単位荷重は下向きに加えたので，鉛直変位の符号は下向きが正となる．よって，鉛直変位 δ_A は下側にたわむと判断できる（この問題では直感的に理解できるであろう）．

② たわみ角 θ_A：点 A のたわみ角を求めるために，点 A に大きさ 1 の単位モーメントを反時計回りに加える．そのときのモーメントを求めると図 5.7 (d) のようになる．これを M_1 として数式表現すると，

はり AB，柱 BC ともに

$$M_1(x) = -1$$

となる．仮想仕事の原理より，たわみ角 θ_A は以下によって求めることができる．

$$\theta_A = \int_0^l \frac{M_0(x) \times M_1(x)}{EI} dx + \int_0^h \frac{M_0(x) \times M_1(x)}{EI} dx$$
$$\quad \underbrace{\qquad}_{\text{はり AB}} \quad \underbrace{\qquad}_{\text{柱 BC}}$$

$$= \int_0^l \frac{\left(-\dfrac{wx^2}{2}\right) \times (-1)}{EI} dx + \int_0^h \frac{\left(-\dfrac{wl^2}{2}\right) \times (-1)}{EI} dx$$

$$= \frac{wl^3}{6EI} + \frac{wl^2 h}{2EI}$$

上記のようにたわみ角 θ_A の符号は正である．単位モーメントは反時計回りに加えたので，たわみ角の符号は反時計回りが正となる．よって，たわみ角 θ_A は反時計回りの角度である．

b. 単純はり式構造の場合

図 5.8 (a) のように，単純はりに柱が取り付いた構造について点 C の水平変位 δ_C および点 D の鉛直変位 δ_D を求めてみよう．はりおよび柱の曲げ剛性はともに EI とする．点 D の鉛直変位は上下どちら側なのか，すぐにはわからないので，計算における符号で判断することになる．

外力によるモーメントは図 5.8 (b) である．

はり BD：$M_0(x) = Px$

① 点Cの水平変位 δ_C：点Cの水平方向の変位を求めるために，点Cに大きさ1の単位荷重を右向きに加える．そのときのモーメントを求めると図5.8 (c)のようになる．これを M_1 として上述と同様にして数式表現すると，

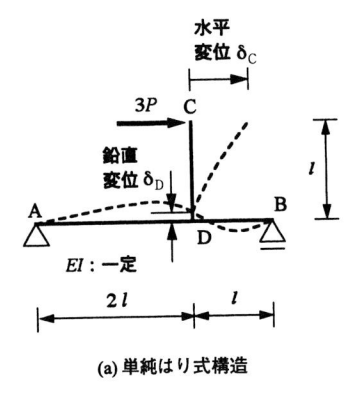

柱 CD：$M_1(x) = x$

はり AD：$M_1(x) = -\dfrac{1}{3}x$

はり BD：$M_1(x) = \dfrac{1}{3}x$

となる．これより仮想仕事の原理から，水平変位 δ_C は以下によって計算できる．

$$\delta_C = \int_0^l \frac{3Px \times x}{EI}dx + \int_0^{2l} \frac{(-Px)\times\left(-\dfrac{1}{3}x\right)}{EI}dx + \int_0^l \frac{Px \times \dfrac{1}{3}x}{EI}dx$$
$$\quad\ \ \llcorner\text{柱CD}\lrcorner\qquad\ \ \llcorner\text{はりAD}\lrcorner\qquad\ \ \llcorner\text{はりBD}\lrcorner$$

$$= 2\frac{Pl^3}{EI}$$

これは右側への水平変位である．

② 点Dの鉛直変位 δ_D：点Dの鉛直方向の変位を求めるために，点Dに大きさ1の単位荷重を下向きに加える（もちろん，上向きに加えてもよい）．そのときのモーメントを求めると図5.8 (d)のようになる．これを M_1' として同様に数式表現すると，

柱 CD：$M_1'(x) = 0$

はり AD：$M_1'(x) = \dfrac{1}{3}x$

はり BD：$M_1'(x) = \dfrac{2}{3}x$

となる．よって，仮想仕事の原理から鉛直変位 δ_D は以下となる．

$$\delta_D = \int_0^l \frac{3Px \times 0}{EI}dx + \int_0^{2l} \frac{(-Px)\times \dfrac{1}{3}x}{EI}dx + \int_0^l \frac{Px \times \dfrac{2}{3}x}{EI}dx$$
$$\quad\ \ \llcorner\text{柱CD}\lrcorner\qquad\ \ \llcorner\text{はりAD}\lrcorner\qquad\ \ \llcorner\text{はりBD}\lrcorner$$

$$= -\frac{2}{3}\frac{Pl^3}{EI}$$

鉛直変位 δ_D の符号は上記のように負である．一方，点Dに加えた単位荷重は下向きなので，鉛直変位の符号は下向きが正である．よって点Dは上側に変位することになる．すなわちこの構造の変形の概形は，図5.8 (a)の破線で示したようになる．

図5.8　単純はり式構造の変形

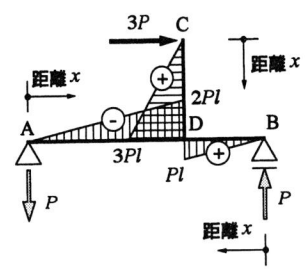

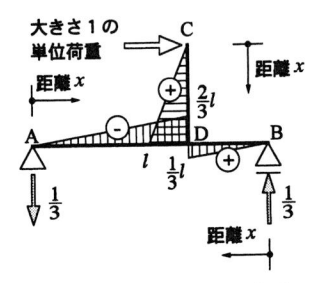

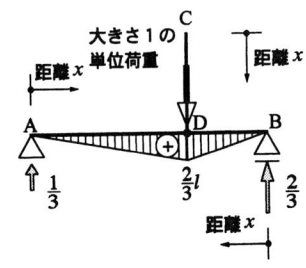

これを M_0 として，数式で表現する．CD間では点Cより下側に距離 x をとり，AD間では点Aより右側に，BD間では点Bより左側にそれぞれ距離 x をとる．このとき，各部材のモーメントの数式表現は以下のようになる．

柱 CD：$M_0(x) = 3Px$

はり AD：$M_0(x) = -Px$

5.2 静定トラスの応力と変形

部材を三角形に構成し，その節点がピン接合になっている構造物を**トラス**（truss）と呼ぶ．トラスは空間構成の方法により平面トラスと立体トラスに分類され，不静定次数により静定トラスと不静定トラスに分類される．通常，トラスには外力が節点にのみ作用するものとして差し障りなく，この場合，トラス部材に生じる応力は軸方向力のみとなるため，曲げモーメントやせん断力は発生しない．

本節では，静定平面トラスをとり上げ，その部材応力と変形の求め方について説明する．

5.2.1 応力の求め方

静定トラスの解法は**節点法**と**切断法**に大別される．節点法は各節点ごとにその点に作用する部材応力，外力，支点反力についてつり合い条件式をたてて部材応力を求める方法で，切断法はトラスを任意の箇所で切断し，部材応力，外力，支点反力についてのつり合い条件式から切断した部材の応力を求める方法である．いずれの方法にも数式解法と図式解法があるが，ここでは数式解法について説明する．

a. 節点法

節点法は各節点ごとにその点に作用する部材応力，外力，支点反力について，水平方向および鉛直方向のつり合い条件式をたて，それを解くことによって部材応力を求める方法である．その解法を理解するために，図 5.9 に示す静定トラスの各部材の応力を節点法で求めてみよう．

【例題 5.1】 節点法により図 5.9 に示すトラスの応力を求めなさい．

[解]

●**支点反力**： まず，トラスの支点反力 V_A，V_A' を求める．節点 A はピン支持なので水平方向と鉛直方向に支点反力が生じうるが，トラスには外力として鉛直力のみが作用しているため，水平方向の支点反力は 0 となる．よって，鉛直方向の力のつり合いのみを考慮すればよいので，

$$V_A + V_A' - 4P = 0$$

左右対称であるから，各支点に作用する反力 V_A，V_A' は以下のようになる．

$$V_A = V_A' = 2P$$

●**部材応力**： 次に各節点に作用する応力のつり合い条件式をたてる．トラスの支点反力がすでに求められているため，節点に作用する応力で未知数となるのは部材応力のみである．つり合い条件式は水平方向および鉛直方向について，二つの式を独立に定義することができるため，解が求まるための条件は節点のつり合い条件式に含まれる未知数が二つ以下ということになる．以上から，接合されているトラス部材が二つ以下の節点，すなわち節点 A から解き始めることとする．

① 節点 A での応力のつり合い：トラス部材に作用する応力は現段階では圧縮力か引張力か不明なため，図 5.10 に示したように節点に向かう力（圧縮力）として定義し，つり合い条件式をたてることとする．このつり合い条件式を解いた結果，部材応力が負となった場合には，仮定した力の方向が逆であることを意味する．すなわち，その部材応力は圧縮ではなく，引張力ということになる．なお，つり合い条件式に用いる力の符号は水平方向においては右，鉛直方向においては上を正側として式をたてることとする．

節点 A に作用する水平方向応力の和：$\sum X = 0$ より

$$-N_1 \cos\alpha - N_2 = 0 \qquad (5.5)$$

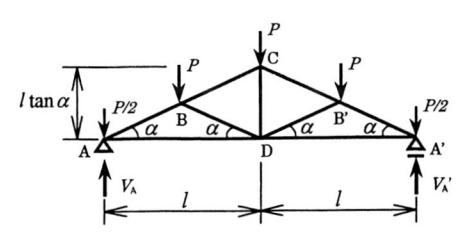

図 5.9 静定トラス（キングポストトラス）

図 5.10 節点 A への作用応力

同様に鉛直方向応力の和：$\sum Y=0$ より

$$2P-\frac{P}{2}-N_1 \sin \alpha=0 \qquad (5.6)$$

式 (5.5)，式 (5.6) より N_1 および N_2 を求めれば，

$$N_1=\frac{1.5P}{\sin \alpha} \quad [圧縮]$$
$$N_2=\frac{-1.5P}{\tan \alpha} \quad [引張] \qquad (5.7)$$

ここで，応力の符号は N_1 が正，N_2 が負となっているが，符号が負ということは先に仮定した部材応力の方向が逆であることを意味する．すなわち，N_2 は節点に対して引張方向に働く力（引張力）ということになる．

節点 A での検討により，部材 AB および部材 AD に作用する応力が求まったので，節点 B における応力が不明の接合部材数は 2 となり，節点における水平方向および鉛直方向のつり合い条件式により部材応力を求めることができる．

② 節点 B での応力のつり合い：節点 B における応力のつり合いを図 5.11 に示す．式 (5.7) より，AB 材の作用応力 N_1 は圧縮なので，作用反作用の関係から B 節点への AB 材の作用応力も N_1 で圧縮となる．

$\sum X=0$ より
$$N_1 \cos \alpha - N_3 \cos \alpha - N_4 \cos \alpha = 0 \qquad (5.8)$$

$\sum Y=0$ より
$$-P+N_1 \sin \alpha - N_3 \sin \alpha + N_4 \sin \alpha = 0 \qquad (5.9)$$

式 (5.7)～式 (5.9) より N_3, N_4 を求めれば，

$$N_3=\frac{P}{\sin \alpha} \quad [圧縮]$$
$$N_4=\frac{0.5P}{\sin \alpha} \quad [圧縮] \qquad (5.10)$$

③ 節点 C での応力のつり合い：節点 C における応力のつり合いを図 5.12 に示す．

左右対称より，$N_3=N_3{}'$

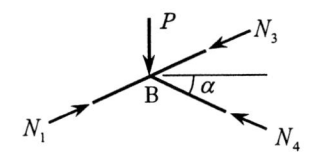

図 5.11 節点 B への作用応力

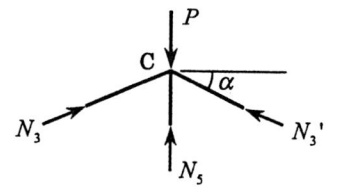

図 5.12 節点 C への作用応力

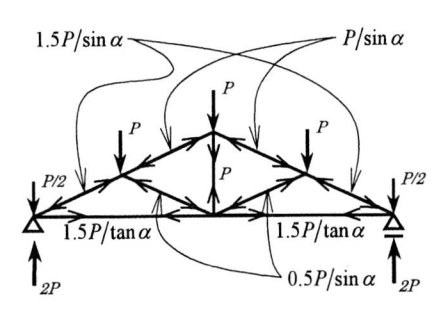

図 5.13 例題 5.1 の応力状態

$$N_3{}'=\frac{P}{\sin \alpha} \quad [圧縮]$$

$\sum Y=0$ より
$$-P+2N_3 \sin \alpha + N_5 = 0 \qquad (5.11)$$

式 (5.10)，式 (5.11) より N_5 を求めれば，
$$N_5=-P \quad [引張]$$

図 5.9 に示したトラスは外力条件も含めて左右対称なので，節点 D における応力のつり合いを検討することなくすべての部材応力が求まったことになる．以上の結果を外力，支点反力とともに図 5.13 にまとめる．部材応力が圧縮と判定された場合，節点に対して向かう方向に矢印を描き込んである．また，引張の場合はその逆方向である．

b. 切断法

切断法はトラスを任意の箇所で切断し，部材応力，外力，支点反力についてのつり合い条件式から切断した部材の応力を求める方法であるが，解法を理解するために，例題 5.1 に示したトラスの部材応力を切断法で求めてみよう．

【例題 5.2】 例題 5.1 に示したトラス（図 5.9）の部材応力を切断法により求めなさい．

[解]

● 支点反力： 例題 5.1 と同様にいずれの支点反力も $2P$ である．

● 部材応力： 図 5.14 に示す E-E' 断面でトラ

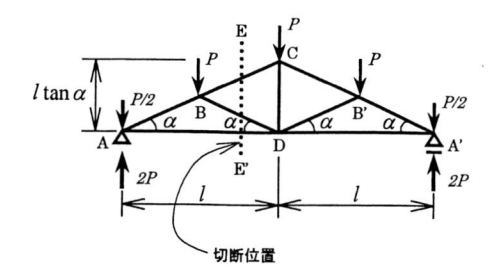

図 5.14 切断法によるトラスの解法

スを切断した場合，その左右に分割される各部分を Free Body として考えることができる．すなわち，切断したトラス部材の作用応力，外力，支点反力を考慮すれば，水平方向および鉛直方向の力と任意の点におけるモーメントがそれぞれ 0 となり，つり合うことになる．E-E′ 断面で分断されたトラスの左側の Free Body を作用する応力とともに図 5.15 に示す．これらの応力について，水平方向，鉛直方向，モーメントのつり合い条件式をたて，それらを解くことにより，切断したトラス部材の応力を求める．ここでは例題 5.1 とは逆に部材応力を引張力としてつり合い条件式をたててみる．

$\sum X = 0$ より
$$N_1 \cos\alpha + N_2 \cos\alpha + N_3 = 0 \quad (5.12)$$

$\sum Y = 0$ より
$$-\frac{3P}{2} + 2P + N_1 \sin\alpha - N_2 \sin\alpha = 0 \quad (5.13)$$
$$0.5P + N_1 \sin\alpha - N_2 \sin\alpha = 0$$

次にモーメントのつり合い条件式だが，図 5.15 によれば，N_1 と N_2 は節点 B で交差し，N_2 と N_3 は節点 D で交差している．また，同様に N_1 と N_3 は節点 A で交差していることから，切断したトラス部材の作用応力，外力，支点反力による節点 A，B，D におけるモーメント M_A, M_B, M_D のいずれか一つを 0 とおいた式を用いる．ここでは節点 D におけるモーメントを 0 としてつり合い条件式をたてた場合について説明する．なお，モーメントの符号は時計回りを正として式をたてることとする．

$\sum M_D = 0$ より
$$2Pl - \frac{P}{2}l - P\frac{l}{2} + N_1 l \sin\alpha = 0 \quad (5.14)$$
$$\therefore N_1 = \frac{-P}{\sin\alpha} \quad [圧縮]$$

式 (5.12)〜式 (5.14) より N_2, N_3 を求めれば，
$$N_2 = \frac{-0.5P}{\sin\alpha} \quad [圧縮]$$
$$N_3 = \frac{1.5}{\tan\alpha} \quad [引張]$$

これで切断したトラス部材の応力がすべて求まったことになり，残りのトラス部材の応力は各節点の応力のつり合いからそれぞれ求めることができる．

また，切断されたトラス部材の作用応力，外力，支点反力による節点 A，B，D におけるモーメント M_A, M_B, M_D をそれぞれ 0 とおいて解くことによっても，残りの切断されたトラス部材の作用応力である N_1, N_2, N_3 を求めることができる．以下に三つのモーメントつり合い式からの解法を示す．

$\sum M_A = 0$ より
$$N_2 l \sin\alpha + P\frac{l}{2} = 0$$
$$\therefore N_2 = \frac{-0.5P}{\sin\alpha} \quad [圧縮]$$

$\sum M_B = 0$ より
$$1.5P\frac{l}{2} - N_3 \frac{l}{2} \tan\alpha = 0$$
$$\therefore N_3 = \frac{1.5P}{\tan\alpha} \quad [引張]$$

$\sum M_D = 0$ より
$$Pl + N_1 l \sin\alpha = 0$$
$$\therefore N_1 = \frac{-P}{\sin\alpha} \quad [圧縮]$$

与えられた条件から容易に解を求められる方法を適宜選択することが肝要であるが，ある任意の部材応力のみを求めればよいような場合には，切

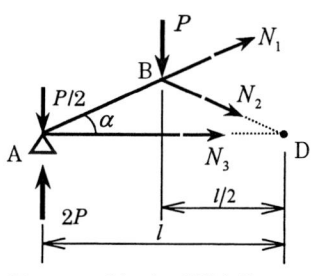

図 5.15 切断による部分トラスへの作用応力

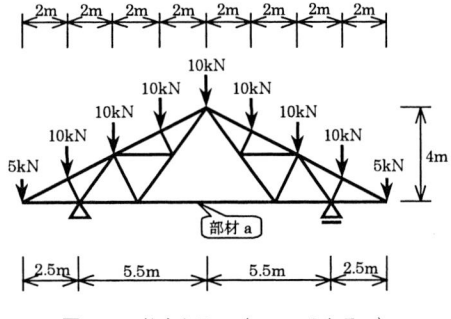

図 5.16 静定トラス（フィンクトラス）

断法が有効である．解法を理解するために，図 5.16 に示す静定トラスの部材 a の応力を切断法により求めてみよう．

【例題 5.3】 図 5.16 に示すフィンクトラスの部材 a の応力を求めなさい．

[解] 部材 a の応力だけがわかればよいので，このような場合，切断法は非常に適した解法である．節点法ではつり合い条件式を順番に解いていかなければならないため，部材 a の応力はなかなか求めることができないが，切断法を用いれば部材 a の応力を直接的に求めることが可能である．

ここで，左右対称性からそれぞれの支点反力を V_A とすれば，

$\sum Y = 0$ より

$-2 \times 5\,\mathrm{kN} - 7 \times 10\,\mathrm{kN} + 2V_A = 0$

$\therefore V_A = 40\,\mathrm{kN}$

まず，トラスを切断法で解くためにはトラスの切断位置を決定しなければならない．部材 a の応力を得るには部材 a を切断しなければならな

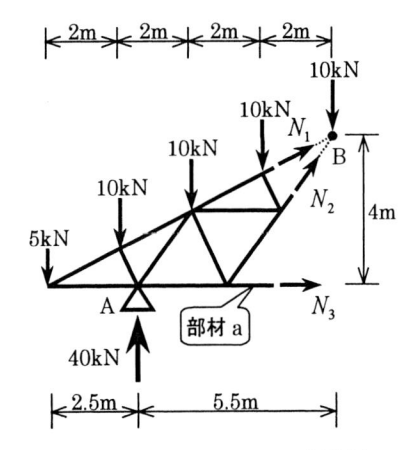

図 5.17 切断による部分トラスの作用応力

いが，切断したトラス部材の応力は未知数となるため，切断部材数をできるだけ少なく抑えることが肝要である．そこで，トラスの頂点の脇を垂直に切断することとする．切断による部分トラスへの作用応力を図 5.17 に示す．

節点 B でのモーメントのつり合いを考えると，切断したトラス部材の作用応力のうち部材 a に作用する応力のみがつり合い条件式に残ることになり，部材 a の応力を求めることができる．この部材 a の作用応力を N_3 とし，節点 B でのモーメントのつり合い条件式をたてると，

$\sum M_B = 0$ より

$40\,\mathrm{kN} \times 5.5\,\mathrm{m}$

$-10\,\mathrm{kN} \times (2+4+6)\,\mathrm{m}$

$-5\,\mathrm{kN} \times 8\,\mathrm{m} - N_3 \times 4\,\mathrm{m} = 0$

$\therefore N_3 = 15\,\mathrm{kN}$ ［引張］

この部材 a の応力を節点法で求めるとなると，いくつもの節点について応力のつり合いを求め，それを解くために計算を繰り返さなければならない．切断法による解法に比較して，かなり繁雑な演算処理を重ねていく必要があるため，途中計算における間違いも生じやすい．以上のように，任意の部材応力のみを求めるような場合には，切断法がきわめて有効であることがわかる．

5.2.2 変形の求め方

本節の冒頭でも述べたように，トラスには曲げモーメントやせん断力は発生しないのが一般的なので，トラスの変形を求めるにはトラス部材の軸方向変形のみを考慮すればよいことになる．構造物の変形を求めるにはいくつかの方法があるが，ここでは**仮想仕事法**によってトラスの変形を求める方法について説明する．

曲げ変形およびせん断変形が生じないので，**仮想仕事式**から軸方向変形に関わる項のみを取り出すと式 (5.15) のようになる．

$$\delta = \int \frac{N_0 N_1}{EA} dx \tag{5.15}$$

ここで，N_0：実際の荷重が加わった時の軸方向力，N_1：仮想荷重として単位荷重を加えたときの軸方向力，EA：トラス部材の軸方向剛性．な

5.2 静定トラスの応力と変形

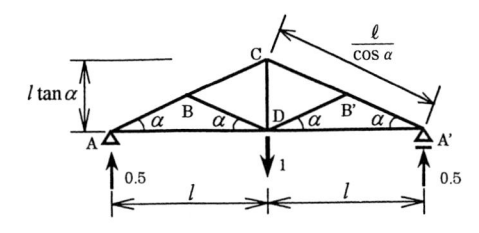

図 5.18 仮想荷重が作用した静定トラス

お，E：トラス部材のヤング係数，A：トラス部材の断面積．

また，一つの部材内での応力変化はないので，それぞれの部材長さを l_i とすれば，式 (5.15) は式 (5.16) となる．

$$\delta = \sum_{i=1}^{n} \frac{N_0 N_1}{EA} l_i \quad (5.16)$$

仮想仕事法によるトラスの変形の算出法を理解するために，例題 5.1 に示したトラスの変形を求めてみよう．

【例題 5.4】 例題 5.1 に示したトラス（図 5.9）の節点 D における鉛直変位を仮想仕事法により求めなさい．

[解] 例題 5.1 において，外力に対する各部材の応力はすでに求まっているので，節点 D の鉛直変位を求めるにあたり，図 5.18 に示したように節点 D に大きさ 1 の仮想荷重を作用させた場合の応力状態を求める．左右対称性からいずれの支点反力も 0.5 となる．

例題 5.1 と同様に節点 A における応力のつり合いから解いていくこととする．

① 節点 A での応力のつり合い

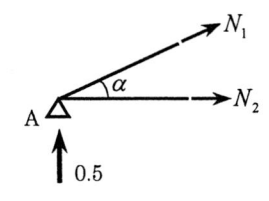

図 5.19 節点 A への作用応力

$\sum X = 0$ より

$$N_1 \cos \alpha + N_2 = 0$$

$\sum Y = 0$ より

$$0.5 + N_1 \sin \alpha = 0$$

$$\therefore N_1 = \frac{-0.5}{\sin \alpha} \quad [圧縮]$$

$$N_2 = \frac{0.5}{\tan \alpha} \quad [引張]$$

② 節点 B での応力のつり合い

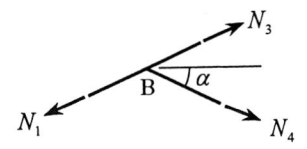

図 5.20 節点 B への作用応力

$\sum X = 0$ より

$$-N_1 \cos \alpha + N_3 \cos \alpha + N_4 \cos \alpha = 0$$

$\sum Y = 0$ より

$$-N_1 \sin \alpha + N_3 \sin \alpha - N_4 \sin \alpha = 0$$

$$\therefore N_3 = \frac{-0.5}{\sin \alpha} \quad [圧縮]$$

$$N_4 = 0$$

③ 節点 C での応力のつり合い

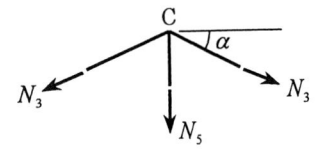

図 5.21 節点 C への作用応力

$\sum Y = 0$ より

$$-2N_3 \sin \alpha - N_5 = 0$$

$$\therefore N_5 = 1 \quad [引張]$$

以上の結果を図 5.22 にまとめる．

左右対称性より，部材 A'B'，A'D，B'C，B'D はそれぞれ部材 AB，AD，BC，BD に同じなので，これらの部材の諸元をまとめて表 5.1 に示す．

$$\delta = \frac{1}{EA} \sum N_0 N_1 l_i$$

$$= \frac{1}{EA} \{ 2 \times (N_0 N_1 l_{AB} + N_0 N_1 l_{AD} + N_0 N_1 l_{BC} + N_0 N_1 l_{BD}) + N_0 N_1 l_{CD} \}$$

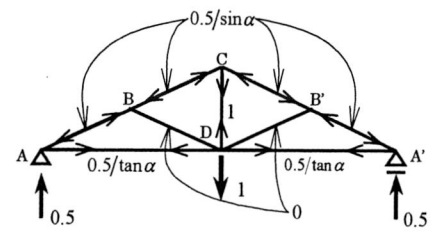

図 5.22 仮想荷重による応力状態

表5.1 各トラス部材の諸元

部材名	材長：l_i	実荷重時 応力：N_0	仮想荷重時 応力：N_1	$N_0 N_1 l_i$
AB, A'B'	$\dfrac{0.5l}{\cos\alpha}$	$\dfrac{-1.5P}{\sin\alpha}$	$\dfrac{-0.5}{\sin\alpha}$	$\dfrac{0.375Pl}{\sin^2\alpha\cos\alpha}$
AD, A'D	l	$\dfrac{1.5P}{\tan\alpha}$	$\dfrac{0.5}{\tan\alpha}$	$\dfrac{0.75Pl}{\tan^2\alpha}$
BC, B'C	$\dfrac{0.5l}{\cos\alpha}$	$\dfrac{-P}{\sin\alpha}$	$\dfrac{-0.5}{\sin\alpha}$	$\dfrac{0.25Pl}{\sin^2\alpha\cos\alpha}$
BD, B'D	$\dfrac{0.5l}{\cos\alpha}$	$\dfrac{-0.5P}{\sin\alpha}$	0	0
CD	$l\tan\alpha$	P	1	$Pl\tan\alpha$

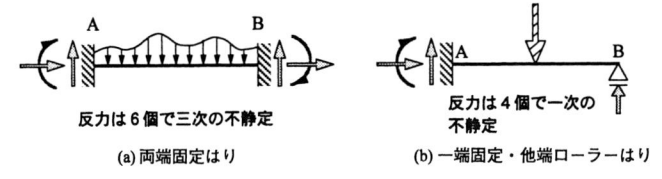

(a) 両端固定はり — 反力は6個で三次の不静定

(b) 一端固定・他端ローラーはり — 反力は4個で一次の不静定

図5.23 不静定はりの例

$$= \frac{1}{EA}\left\{\frac{0.75Pl}{\sin^2\alpha\cos\alpha}+\frac{1.5Pl}{\tan^2\alpha}+\frac{0.5Pl}{\sin^2\alpha\cos\alpha}+Pl\tan\alpha\right\}$$

$$= \frac{Pl}{EA}\left\{\frac{1.25}{\sin^2\alpha\cos\alpha}+\frac{1.5}{\tan^2\alpha}+\tan\alpha\right\}$$

たとえば，トラス形状を $\alpha=30°$，$l=4\,\mathrm{m}$，トラス材を $E=2.1\times10^5\,\mathrm{N/mm^2}$，$A=1000\,\mathrm{mm^2}$ とし，節点外力を $P=100\,\mathrm{kN}$ とすると，節点Dにおける鉛直変位は以下のようになる．

$$\delta = \frac{100\times10^3\,\mathrm{N}\times 4\times10^3\,\mathrm{mm}}{2.1\times10^5\,\mathrm{N/mm^2}\times1000\,\mathrm{mm^2}}$$
$$\times\left\{\frac{1.25}{\sin^2 30°\times\cos 30°}+\frac{1.5}{\tan^2 30°}+\tan 30°\right\}$$
$$= 1.90\,\mathrm{mm}\times 7.31$$
$$= 13.9\,\mathrm{mm}$$

5.3 不静定はりの応力

これまでは静定構造物の応力や変形を扱ったが，実際には不静定の構造物が多い．そこでここでは不静定構造を解くための基本として，図5.23のような不静定はりの応力を求める方法を考えてみよう．図5.23に例示した不静定はりの反力はいずれも4個以上である．これに対して，力のつり合い条件は，水平方向の力のつり合い，鉛直方向の力のつり合い，および任意の点まわりのモーメントのつり合いの三つである．すなわち不静定構造物の反力は，力のつり合い条件だけでは求めることができない．そこで導入するのが，以下に詳述する**変形の適合条件**である．

5.3.1 変形の適合条件

図5.23（a）を例として説明する．両端固定はりの変形のようすを図5.24（a）に太線で示す．外力が与えられないとはり中間の変形のようすはわからない．ただし，両固定端（点Aおよび点B）においては常に

・たわみ角は 0
・鉛直変位は 0

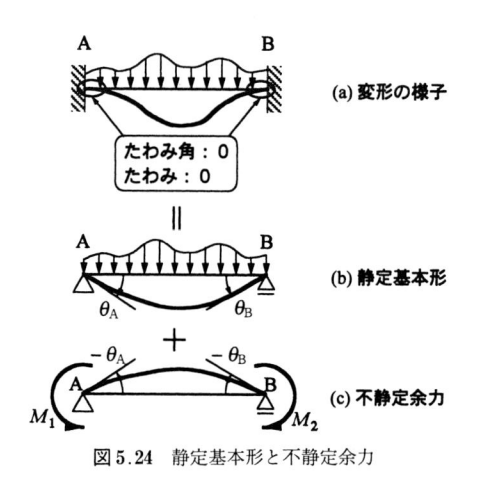

(a) 変形の様子 — たわみ角：0，たわみ：0

(b) 静定基本形

(c) 不静定余力

図5.24 静定基本形と不静定余力

となる（これは固定端の定義そのものである）．そこで，このような変形に関する自明の境界条件を利用することを考えてみよう．

とりあえず，両端固定はりの点Aをピン支持に置き換え，点Bをローラー支持に置き換えてみる（図5.24 (b)）．こうするとはりABは静定の単純はりとなる．このとき点Aおよび点Bには，それぞれたわみ角 θ_A および θ_B が発生するので，当然ながらもとの両端固定はりとは変形のようすが違っている．そこで外力を取り去った単純はりABの両端に曲げモーメント M_1 および M_2 を加えて，点Aのたわみ角を $-\theta_A$，点Bのたわみ角を $-\theta_B$ となるようにする（図5.24 (c)）．このようにして図5.24 (b) および図5.24 (c) を加え合わせれば，両端におけるたわみ角はともに0となるので，もとの両端固定はりと同じ境界条件を実現できる．ここでは点Aおよび点Bにおけるたわみ角が0である，という条件を使用しており，これを**変形の適合条件**と呼ぶ．

単純はりのたわみ角 θ_A および θ_B はモールの定理や仮想仕事の原理によって求めることができるので，これを満足するような外力モーメント M_1 および M_2 も求めることができる．これより，図5.24 (b) および図5.24 (c) の応力図を描くことができるので，この二つを足し合わせたものが両端固定はり（図5.24 (a)）の応力図となる．

図5.24 (b) のように不静定構造物を静定構造物に置き換えたものを**静定基本形**という．静定基本形は後述のように自由に設定してよい．また図5.24 (c) において，変形の適合条件を満足するように両端に与えた曲げモーメント M_1 および M_2 を**不静定余力**と呼ぶ．もっと一般的にいえば，不静定余力とは，変形の適合条件を満足するように静定基本形に与える力のことである．

5.3.2 不静定一般解法

原理的には上述のような方法によってどんな不静定構造でも解くことができる．これを**不静定一般解法**と呼ぶ．ここでは図5.24 (a) の両端固定はりについて，さらに具体的な解き方を説明しよう．

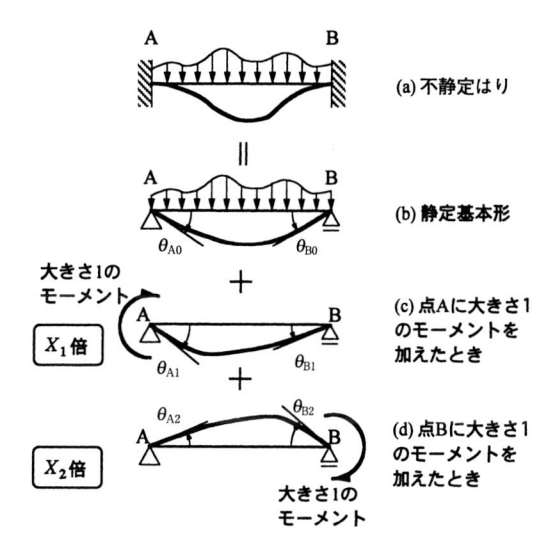

図5.25 具体的な解き方の例

手順1：まず図5.25 (b) の静定基本形を設定し，点Aおよび点Bのたわみ角 θ_{A0} および θ_{B0} を求める．

手順2：外力を取り去った静定基本形の点Aに大きさ1のモーメントを加えて（図5.25 (c)），このときの点Aおよび点Bのたわみ角 θ_{A1} および θ_{B1} を求める．その後，系全体を X_1 倍する．

手順3：同じく点Bに大きさ1のモーメントを加えて（図5.25 (d)），このときの点Aおよび点Bのたわみ角 θ_{A2} および θ_{B2} を求める．その後，系全体を X_2 倍する．以上の係数 X_1 および X_2 が不静定余力である．

手順4：手順1から手順3で求めたたわみ角を，点Aおよび点Bごとに加え合わせたものを0とおく．すなわち，

点Aにおいて：$\theta_{A0}+X_1\times\theta_{A1}+X_2\times\theta_{A2}=0$
(5.17)

点Bにおいて：$\theta_{B0}+X_1\times\theta_{B1}+X_2\times\theta_{B2}=0$
(5.18)

以上が変形の適合条件式である．未知数は不静定余力 X_1 および X_2 の二つである．これに対して，条件は式 (5.17) および式 (5.18) の二つであるので，連立方程式を解くことによって不静定余力 X_1 および X_2 を求めることができる．

ここまでは静定基本形として単純はりを設定した．しかし，静定基本形は自由に設定してよい．

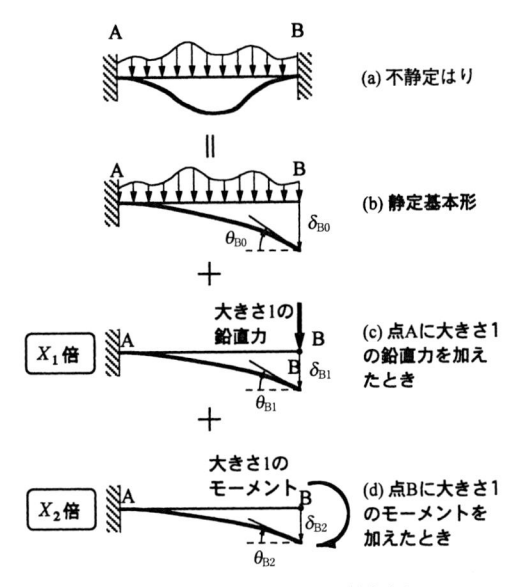

図 5.26　別の静定基本形と不静定余力

解法のテクニックとして，できるだけ簡単な静定基本形を選び出すのがポイントである．そのための眼力は問題を解くことによってのみ養われる．

いままでの例において（図 5.26 (a)），たとえば点 B の固定支持を解除して，図 5.26 (b) のような片持ちはりを設定することもできる．この片持ちはりは図 5.26 (b) の太線のように変形し，点 B には鉛直変位 δ_{B0} およびたわみ角 θ_{B0} が発生する．そこで変形の適合条件としては，

・点 B において鉛直変位が 0，およびたわみ角が 0 の二つの条件を使用すればよい．すなわち，図 5.26 (c) のように点 B に大きさ 1 の鉛直力を加えたときの鉛直変位 δ_{B1} およびたわみ角 θ_{B1} を X_1 倍したもの，および図 5.26 (d) のように点 B に大きさ 1 のモーメントを加えたときの鉛直変位 δ_{B2} およびたわみ角 θ_{B2} を X_2 倍したものをそれぞれ求めて，

点 B における鉛直変位が 0：
$$\delta_{B0} + X_1 \cdot \delta_{B1} + X_2 \cdot \delta_{B2} = 0$$

点 B におけるたわみ角が 0：
$$\theta_{B0} + X_1 \cdot \theta_{B1} + X_2 \cdot \theta_{B2} = 0$$

の二つの方程式を連立させることによって不静定余力 X_1（この場合には鉛直方向の力）および X_2（この場合には曲げモーメント）を求めることができる．

それでは具体的に図 5.27 (a) のような一次不静定のはりを対象として，反力を求めて応力図を作成しよう．はりの曲げ剛性は EI とする．変形の概形は図 5.27 (a) の太線のようになることをイメージできるとよい．

はじめに静定基本形を作ろう．ここでは点 A をピン支持に置き換えることによって，単純はりを設定した（図 5.27 (b)）．このとき変形の適合条件として「点 A におけるたわみ角は 0 である」ことを利用する．すなわち，静定基本形における点 A のたわみ角 θ_{A0}，および点 A に大きさ 1 のモーメントを加えたときのたわみ角 θ_{A1}（図 5.27 (c) 参照）を X_1 倍したものの二つの和が 0 になるという条件より，

$$\theta_{A0} + X_1 \times \theta_{A1} = 0 \quad (5.19)$$

よって，二つのたわみ角 θ_{A0} および θ_{A1} を求めれば，式 (5.19) より不静定余力 X_1 が定まる．

ここでは，モールの定理（3.6.2 節を参照）を用いて二つのたわみ角を求めてみよう．まず，図 5.28 (a) のように静定基本形の M 図を作成する．中央のモーメントは $Pl/4$ である．この下三角形の M 図をひっくり返して EI で除したものを荷重と見なす．これが仮想荷重である．この仮想荷重は三角形の分布荷重なので，この三角形の面積 $Pl^2/(8EI)$ が分布荷重の合力となり，その作用位置ははり中央である．点 A のたわみ角 θ_{A0}

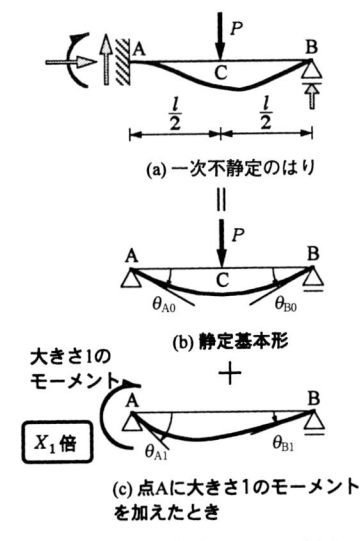

図 5.27　一次不静定はりによる例題

を求めるためには，仮想荷重によって点Aに生じるせん断力を求めればよい．これは点Aにおける鉛直方向の反力の大きさに等しいので，結局，

$$\theta_{A0} = \frac{Pl^2}{16EI}$$

これは図5.27（b）のように時計回りの角度である．

次に図5.28（c）のように点Aに大きさ1のモーメント加えたときのM図を作成する．仮想荷重は図5.28（d）のように，点Aでの分布荷重の大きさが$1/(EI)$の上三角形分布荷重となる．このときの合力は$l/(2EI)$である．合力の作用位置は三角形の重心を通ることから，点Aより右側に$l/3$離れたところである．この仮想荷重に対して点Aに生じるせん断力が，点Aのたわみ角θ_{A1}である．点Aの鉛直反力の大きさは$l/(3EI)$なので，

$$\theta_{A1} = \frac{l}{3EI}$$

これは図5.27（c）のように時計回りの角度である．

これより不静定余力X_1は以下となる．たわみ角θ_{A0}およびθ_{A1}はともに時計回りの角度なので，同符号としてよい．よって，

$$X_1 = -\frac{\theta_{A0}}{\theta_{A1}} = -\frac{3}{16}Pl \qquad (5.20)$$

点Aに加える不静定余力は，図5.27（c）のように時計回りのモーメントを正とした．式（5.20）では不静定余力の符号が負である．よって不静定余力X_1は反時計回りのモーメントで，その大きさは$3Pl/16$であることがわかる．点Aはもともと固定端だったので，この不静定余力$3Pl/16$は固定端Aでの反力に相当する．

ここまででわかったことを図示すると図5.29（a）のようになる．点Aにおける水平反力は明らかに0であるので，図中に記載した．同図では

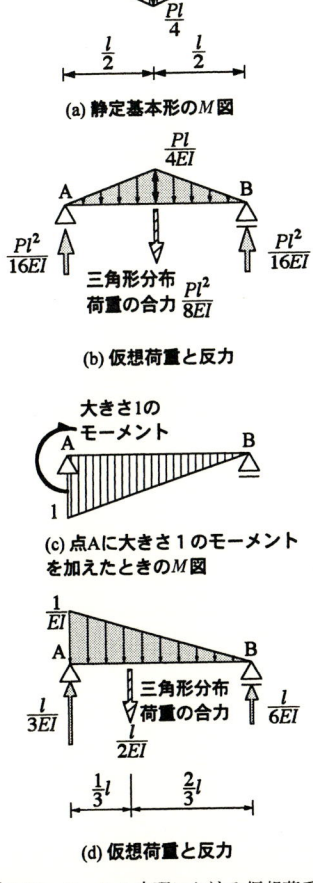

図5.28 モールの定理における仮想荷重

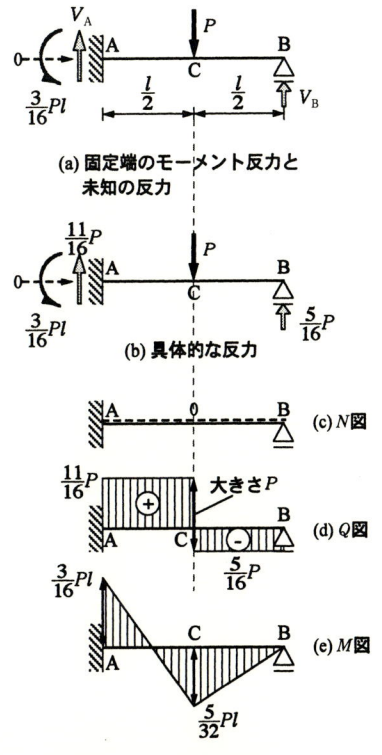

図5.29 反力と応力図

両端における鉛直反力 V_A および V_B はいまだ定まっていない．しかし点 A におけるモーメント反力がわかったため，系全体における鉛直方向の力のつり合いとモーメントのつり合いによって両者を求めることができる．すなわち，

● 鉛直方向の力のつり合い：上向きを正として，
$$V_A - P + V_B = 0$$

● 点 A 回りのモーメントのつり合い：時計回りを正として，
$$-\frac{3}{16}Pl + \left(P \times \frac{1}{2}l\right) - V_B \times l = 0$$

以上の 2 式を解いて，
$$V_A = \frac{11}{16}P$$
$$V_B = \frac{5}{16}P$$

これを図示すると図 5.29 (b) を得る．反力がすべて求められたので，ここから先は通常の応力図を求める手順と同じである．すなわち AC 間および CB 間で切断して，Free Body の力のつり合いを考えればよい．ただしこの場合には外力が集中荷重であるため，AC 間および CB 間の間のモーメントは直線状に変化することを利用すると簡単である．点 A ではモーメント反力が $3Pl/16$ であるから，モーメントの大きさは $3Pl/16$ である．あとは点 C におけるモーメントの大きさがわかればよい．CB 間のせん断力は $5P/16$ なので，点 B から点 C の間のモーメントの差分は
$$\frac{5}{16}P \times \frac{1}{2}l = \frac{5}{32}Pl$$

となる．また，右端の点 B はローラー支持のため明らかにモーメントは 0 である．よって点 C におけるモーメントは，
$$0 + \frac{5}{32}Pl = \frac{5}{32}Pl$$

となる．最後に，部材が凸に変形する側にモーメント図を描くことに注意しよう．以上より，図 5.29 (c), (d), (e) のような応力図を得ることができる．

以上の解答例では静定基本形を単純はりに設定した．しかし別の静定基本形として図 5.30 (b)

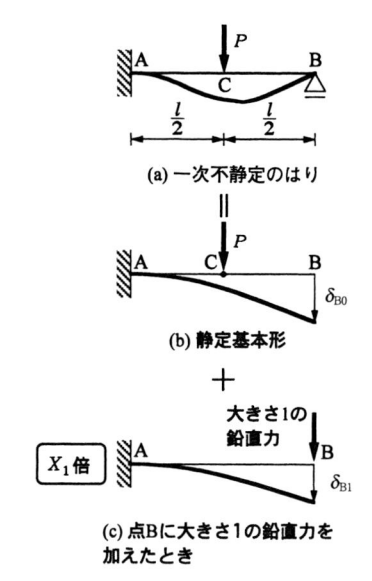

図 5.30 別の静定基本形と不静定余力

のように，点 B のローラー支持を解除して自由端とする片持ちはりも考えることができる．このときには，点 B における鉛直変位が 0 であることを変形の適合条件として使用すればよい．図 5.30 (b) および (c) のように点 B の鉛直変位 δ_{B0} および δ_{B1}，不静定余力 X_1 を設定すると，変形の適合条件より，
$$\delta_{B0} + X_1 \times \delta_{B1} = 0$$

各自，片持ちはりの鉛直変位 δ_{B0} および δ_{B1} を求めてみよう．その結果，点 B に作用する不静定余力 X_1 は上向きに $5P/16$ となれば正解である．この上向きの力 $5P/16$ が点 B における鉛直反力になる．

5.3.3 固定端モーメント

図 5.31 のように固定支持を有するはりの固定端において，反力として生じる曲げモーメントを固定端モーメントと呼ぶ．固定端モーメントは，後述のたわみ角法を用いて骨組を解く場合に必要となるので，ここで詳しく検討しておこう．なお固定端モーメントは時計回りを正とする．また固定端モーメントの表記は，たとえば図 5.31 (a) のように AB 材の点 A における固定端モーメントを C_{AB}，AB 材の点 B における固定端モーメントを C_{BA} というように，2 文字の添え字の列記によって表すのが慣例である．

5.3 不静定はりの応力

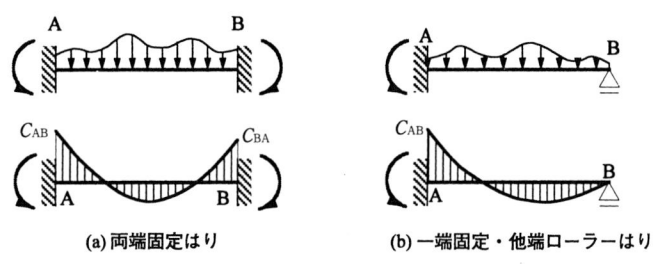

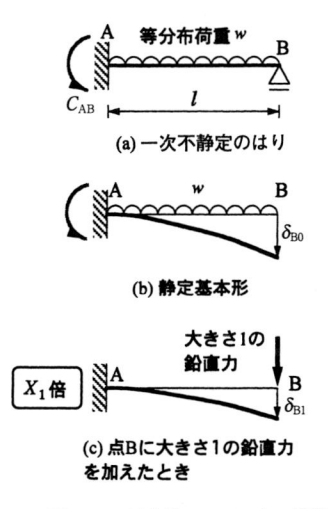

(a) 両端固定はり　**(b) 一端固定・他端ローラーはり**

図 5.31　固定端モーメントの例

　固定端モーメントはいままで学んできた仮想仕事の原理や不静定一般解法によって求めることができる．それでは例として，図 5.32 (a) のような等分布荷重を受ける一次不静定はりの固定端モーメントを求めてみよう．材の曲げ剛性は EI とする．

　静定基本形として，図 5.32 (b) に示す片持ちはりを設定した．このとき，点Bにおける鉛直変位 δ_{B0} が発生するが，実際にはローラー支持のために点Bの鉛直変位は 0 である．これを変形の適合条件として使えばよい．そこで，点Bに加える不静定余力の大きさを X_1 とする．イメージとしては，点Bは図 5.32 (b) のように下側にたわむので，点Bに上向きの力 X_1 を加えてこの点の鉛直変位が 0 になるようにする，と思えばよい．

　具体的な計算の手順は今までと同様である．点Bに大きさ 1 の下向きの力を加えたときの鉛直変位 δ_{B1}（図 5.32 (c) 参照）を求めてこれを X_1 倍したものと，鉛直変位 δ_{B0} との和は 0 であるから次式が成り立つ．

$$\delta_{B0} + X_1 \times \delta_{B1} = 0$$

鉛直変位 δ_{B0} および δ_{B1} は以下となる．

$$\delta_{B0} = \frac{wl^4}{8EI}$$

$$\delta_{B1} = \frac{l^3}{3EI}$$

両者とも下側の変位なので，同符号である．これより，

$$X_1 = -\frac{\delta_{B0}}{\delta_{B1}} = -\frac{3}{8}wl$$

点Bの不静定余力は図 5.32 (c) のように下向きに加えたので，下向きの力が正符号である．よって不静定余力は大きさ $3wl/8$ で，上向きの力であることがわかる．これが点Bにおける鉛直反力である．

　以上より系全体の力のつり合いを考えることによって，図 5.33 (a) のように反力を得ることができる．固定端モーメント C_{AB} は反時計回りであるから，

(a) 一次不静定のはり

(b) 静定基本形

(c) 点Bに大きさ 1 の鉛直力を加えたとき

図 5.32　固定端モーメントの例題

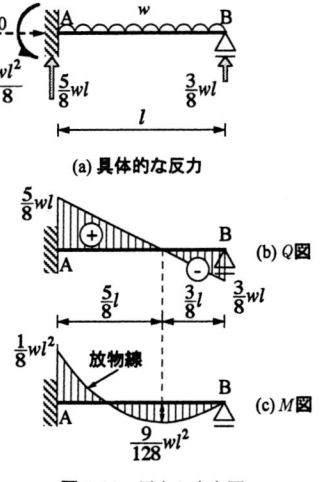

(a) 具体的な反力

(b) Q図

(c) M図

図 5.33　反力と応力図

表5.2 代表的な固定端モーメント

	固定端モーメント	単純はりとしたときの最大モーメント
等分布荷重 w、両端固定、スパン l	$C_{AB} = -\dfrac{wl^2}{12}$ $C_{BA} = +\dfrac{wl^2}{12}$	$M_0 = \dfrac{wl^2}{8}$
集中荷重 P（Aから a、Bから b）、両端固定	$C_{AB} = -\dfrac{Pab^2}{l^2}$ $C_{BA} = +\dfrac{Pa^2 b}{l^2}$	$M_0 = \dfrac{Pab}{l}$
等分布荷重 w、A端固定・B端ローラー	$C_{AB} = -\dfrac{wl^2}{8}$	$M_0 = \dfrac{wl^2}{8}$
集中荷重 P（Aから a、Bから b）、A端固定・B端ローラー	$C_{AB} = -\dfrac{Pb(l^2 - b^2)}{2l^2}$	$M_0 = \dfrac{Pab}{l}$

固定端モーメントは時計回りを正とする

$$C_{AB} = -\frac{1}{8}wl^2$$

である．なお，例題の Q 図を図5.33 (b) に，M 図を図5.33 (c) にそれぞれ示した．外力が等分布荷重なので，せん断力は直線で変化し，モーメントは二次関数（放物線）で変化することになる．各自で確認してみてほしい．

代表的な固定はりの固定端モーメントを表5.2 に示した．時計回りのモーメントを正としている．

5.4 不静定トラスの応力

5.2節では静定トラスの解法を勉強した．図5.34 (a) のような静定トラスは応力のつり合いのみによって解くことができる．しかし現実の構造物には不静定トラスも多く存在する．たとえば図5.34 (a) の静定トラスに斜材を1本でも追加すれば（図5.34 (b)），不静定トラスとなる．(b) のトラスはピンおよびローラーで支持されているので外的には静定だが，斜材を追加したことによ

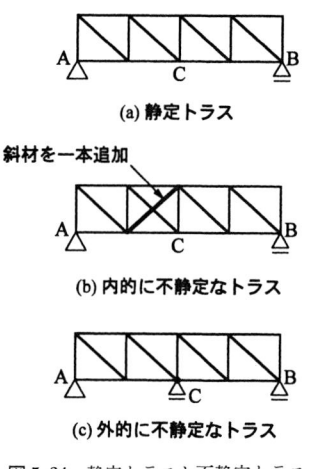

図5.34 静定トラスと不静定トラス

って内的に不静定となった．

また，(a) の静定トラスの点Cにローラー支点を挿入すると（図5.34 (c)），やはり不静定トラスとなる．これは内的には静定だが，外的に不静定となる例である．

このような不静定トラスの応力を求めるためには，前節で説明した不静定一般解法を応用すれば

よい．そこで外的不静定と内的不静定の場合について，それぞれ考えてみよう．

5.4.1 外的不静定トラスの応力

図5.35（a）のような一次の不静定トラスを例とする．この場合図5.35（b）のように，点Cのローラー支点を取り外すことによって静定基本形を設定できる（もちろん，点Bのローラーをはずしてもよい）．そして，静定基本形の点Cに生じた鉛直変位 δ_{C0} を打ち消すような不静定余力 X_1 を，点Cに与えればよい．すなわち，点Cに大きさ1の鉛直力を与えたときの鉛直変位を δ_{C1}（図5.35（c）参照）とすると，

$$\delta_{C0} + X_1 \times \delta_{C1} = 0$$

によって不静定余力 X_1 を求めることができる．静定基本形における i 番目の部材の応力を N_{0i}，図5.35（c）のように大きさ1の鉛直力を与えたときの i 番目の部材の応力を N_{1i} とすると，不静定トラスの i 番目の部材の応力 N_i は，

$$N_i = N_{0i} + X_1 \cdot N_{1i}$$

となる．なお，静定トラスにおける点Cの鉛直変位 δ_{C0} および δ_{C1} は，5.2.2節で説明した方法によって求めることができる．

5.4.2 内的不静定トラスの応力

図5.36（a）のような一次の不静定トラスを例とする．この場合には2本ある斜材のどちらかを取りはずすことによって，静定基本形を作ることができる．そこで，AC材を点Cの位置で切断して静定基本形としよう．部材切断によって，点Cでは図5.36（b）のように外枠側の点 C_1 と斜材側の点 C_2 とに離れてしまう．そこでその間隔を δ_{C0} とする．もとの不静定トラスでは点 C_1 と点 C_2 とは同じ点だったので，その距離は0でなければならない．これを変形の適合条件として使用

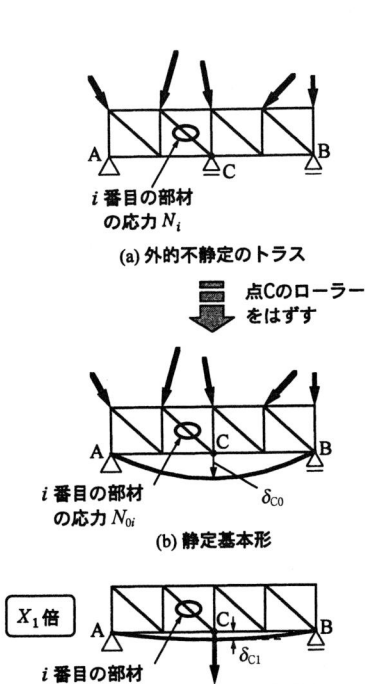

図5.35 外的不静定トラスの応力の求め方

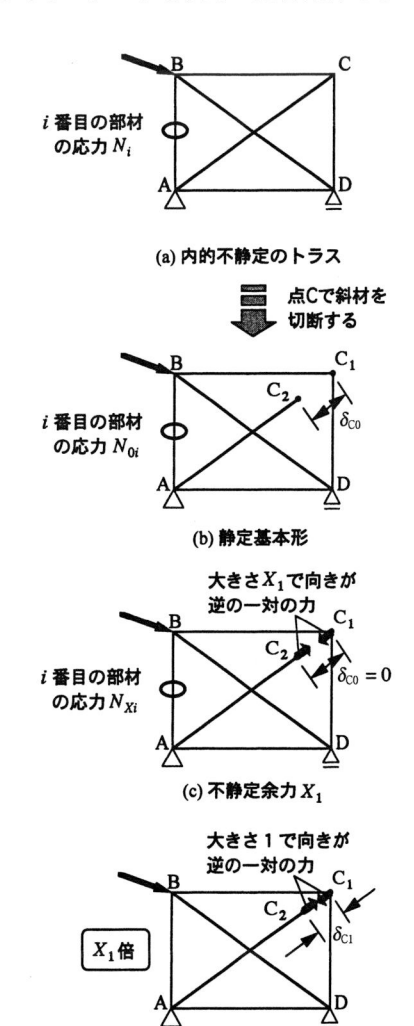

図5.36 内的不静定トラスの応力の求め方

すればよい．すなわち図5.36 (c) のように，点 C_1 および点 C_2 に大きさが同じで向き（斜材 AC と平行方向）が逆の一対の力 X_1 を与えて，δ_{C0} が 0 になるようにすればよい．このとき，点 C_1 および点 C_2 に向きが逆の不静定余力 X_1 を各々与えることに注意しよう．点 C_1 および点 C_2 はもともと同じ点 C であったので，作用・反作用の法則からこのようになる．

ここから先は外的不静定の場合と同じである．すなわち，静定基本形における i 番目の部材の応力を N_{0i}，図5.36 (c) のように不静定余力 X_1 を与えたときの i 番目の部材の応力を N_{Xi} とすると，不静定トラスの i 番目の部材の応力 N_i は，

$$N_i = N_{0i} + N_{Xi}$$

によって求めることができる．不静定余力 X_1 を求めるためには今までと同様に，点 C_1 および点 C_2 に大きさ 1 で向きが逆の一対の力を与えて（図5.36 (d) 参照），点 C_1 および点 C_2 間の距離 δ_{C1} を求めて，

$$\delta_{C0} + X_1 \times \delta_{C1} = 0$$

とすればよい．

5.5 不静定骨組の応力
—たわみ角法による解法—

不静定骨組の応力は種々の方法により求められるが，それらの解法は応力法と変形法に大別される．本節では，変形法の一つであるたわみ角法について説明する．この方法は不静定骨組の各部材の端部に作用するモーメント，すなわち**材端モーメント**を部材端部の変形角，部材角および固定端モーメントを用いて表し，応力を求めるものである．この部材端部の変形角はたわみ角ともいい，これが本解法をたわみ角法と称す所以である．

5.5.1 たわみ角法の基本仮定

たわみ角法はいくつかの仮定条件の下で成立するが，その基本仮定を以下に簡単にまとめる．

① 部材の軸線は断面の中心（図心）を通り，部材長さは断面寸法に比較して十分に長い（線材置換）．

② 各節点に集まる部材は互いに剛接されてい

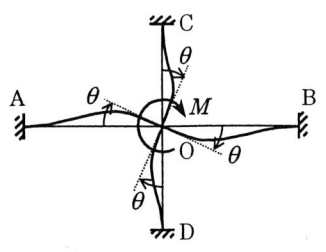

図5.37 節点モーメントを受ける剛接節点の変形状態

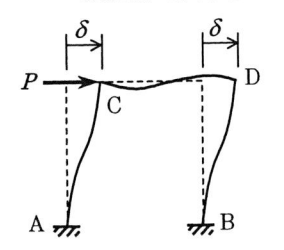

図5.38 節点の移動距離は同一

るものとし，節点が回転しても各部材間の角度に変化は生じない．

③ 曲げモーメントによる変形のみを考慮し，せん断力による変形（せん断変形）および軸方向力による変形（軸変形）は無視する．

④ 部材は伸び縮みしない（材長不変）．

⑤ 微小変形を取り扱う．

図5.37 は四つの部材が剛接されている節点 O にモーメント M が作用する場合の骨組の変形状態を示したものである．剛接節点は回転するが，節点 O での節点回転角はいずれの部材においても θ となり，各部材は変形した後も節点 O で直角に交わる（基本仮定②）．

図5.38 は水平力 P が頂部に作用する場合の門形骨組の変形状態を示したものである．節点 C，D は水平方向に移動するが，その移動距離はいずれも δ となり，骨組が変形した後もはり CD の長さは変化しない（基本仮定④）．

5.5.2 材端モーメントとたわみ角

具体的なたわみ角法の解法について学ぶ前に，材端モーメントとたわみ角の考え方を簡単に説明する．図5.39 に示すように，単純はりの節点 A に時計回りのモーメント M が作用している場合を考えてみよう．はりはモーメント M によって下端が凸になるように変形し，節点 A，B のい

ずれにもたわみ角 τ_A, τ_B が生じる．このたわみ角はモーメントが作用していない節点 B にも生じており，節点 A におけるものとはその大きさも符号も異なっていることに注意してほしい．通常，たわみ角の符号はもとの材軸 AB に対するたわみ角が時計回りに生じる場合を正，反時計回りの場合を負とする．

5.5.3 たわみ角法—節点の移動がない場合—

たわみ角法は図 5.38 に示した骨組のように外力によって節点の移動を伴う場合と図 5.39 に示した単純はりや連続はりのように節点の移動を伴わない場合では，材端モーメントとたわみ角の関係式に部材角を考慮するかどうかが異なる．ここでは，節点の移動を伴わない構造物，すなわち部材角を考慮しなくてよい場合について説明する．

a. 材端モーメントとたわみ角の関係式

まず，単一部材の材端モーメントとたわみ角の関係について簡単に説明する．

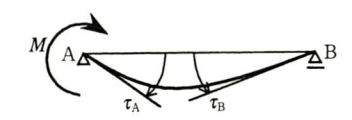

図 5.39 節点モーメントとたわみ角の関係

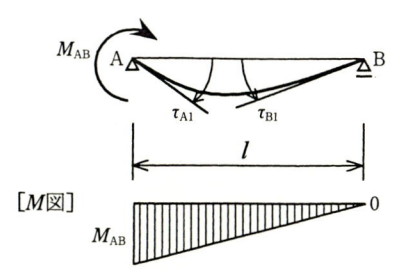

a) 左端にのみモーメントが作用する場合

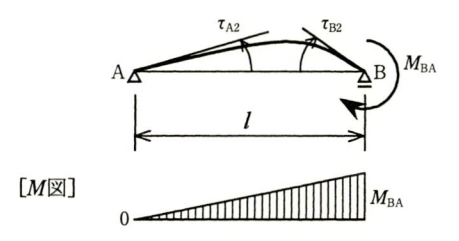

b) 右端にのみモーメントが作用する場合

図 5.40 一方の節点にモーメントが作用する場合のはりの変形状態

1) 一方の部材端にモーメントが作用する場合

単純はりの一方の部材端にモーメントが作用する図 5.40 のような場合を考える．ここで，M_{AB}，M_{BA} はそれぞれ部材 AB の節点 A, B に作用しているモーメントである．

はりの左端にのみモーメント M_{AB} が作用した場合の節点 A, B における部材のたわみ角 τ_{A1}, τ_{B1} はモールの定理より以下のように求められる．

$$\tau_{A1} = \frac{M_{AB}l}{2EI} \times \frac{2}{3} = \frac{M_{AB}}{3EI}l$$
$$\tau_{B1} = -\frac{M_{AB}l}{2EI} \times \frac{1}{3} = -\frac{M_{AB}}{6EI}l \quad (5.21)$$

ここで，E：部材のヤング係数，I：部材の断面二次モーメント，l：部材の長さ．

また，はりの右端にのみモーメント M_{BA} が作用した場合の節点 A, B における部材のたわみ角 τ_{A2}, τ_{B2} は式 (5.21) より以下のように表すことができる．

$$\tau_{A2} = -\frac{M_{BA}}{6EI}l$$
$$\tau_{B2} = \frac{M_{BA}}{3EI}l \quad (5.22)$$

2) 部材の両端にモーメントが作用する場合

はりの両端にモーメントが作用する図 5.41 のような場合を考える．

この状態は図 5.40 に示したはりの両端にそれぞれモーメント M_{AB}, M_{BA} が作用している状態を重ね合わせたものと考えることができる．すなわち，両節点における部材のたわみ角 τ_A, τ_B は式 (5.21) と式 (5.22) の和で表すことができ，以下の式により求められる．

$$\tau_A = \tau_{A1} + \tau_{A2}$$
$$= \frac{M_{AB}}{3EI}l - \frac{M_{BA}}{6EI}l = \frac{l}{6EI}(2M_{AB} - M_{BA})$$
$$\tau_B = \tau_{B1} + \tau_{B2} \quad (5.23)$$
$$= \frac{M_{BA}}{3EI}l - \frac{M_{AB}}{6EI}l$$
$$= \frac{l}{6EI}(2M_{BA} - M_{AB})$$

また，モーメントを求める形に式 (5.23) を変換すれば，

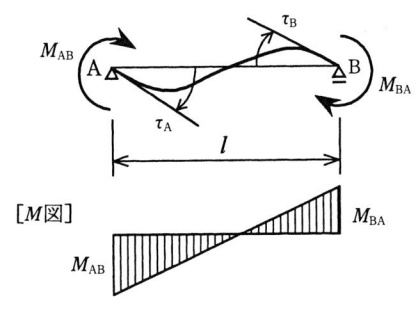

図5.41 両方の節点にモーメントが作用する場合のはりの変形状態

$$M_{AB} = \frac{2EI}{l}(2\tau_A + \tau_B)$$
$$M_{BA} = \frac{2EI}{l}(2\tau_B + \tau_A)$$
(5.24)

3) 中間荷重が作用する場合 たわみ角法の基本公式は，式 (5.24) のように部材のたわみ角と材端モーメントの関係式であるため，部材の節点間に作用する外力（中間荷重）に対しては，その影響を直接的には取り込むことができない．そのため，図5.42 に示すような部材に中間荷重が作用する場合，その荷重によって生じる材端のたわみ角を0にするのに必要な節点モーメント，すなわち固定端モーメントの形で，部材のたわみ角と材端モーメントの関係式に中間荷重を取り込んでいる．

図 5.42 (b) に示すように，A端のたわみ角 τ_A は $-M_{AB}$ によって，B端のたわみ角 τ_B は M_{BA} によって0となるが，この節点モーメントが中間荷重 P に対応した固定端モーメントであり C_{AB}，C_{BA} と表記する．

それでは，図 5.43 に示すような任意の分布荷重 $w(x)$ を受ける場合について，中間荷重を受ける場合のたわみ角法の基本公式について考えてみよう．

まず，分布荷重 $w(x)$ による曲げモーメントを EI で除して仮想荷重とし，モールの定理により節点 A, B でのはりのたわみ角を求める．曲げモーメント図の全面積を F とし，節点 A, B からの曲げモーメント図の重心距離をそれぞれ x_A，x_B とすると，仮想荷重に対する支点反力は以下のようになる．支点 A, B での反力はそれ

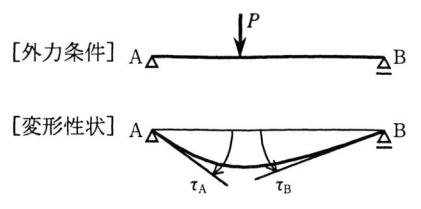

a) 節点モーメントが作用していない場合

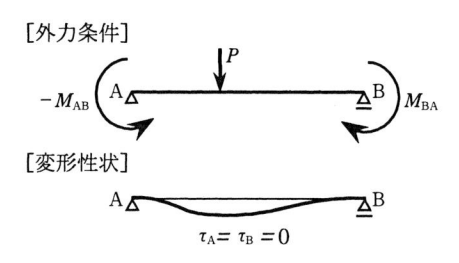

b) 節点モーメントが作用している場合

図5.42 集中荷重が節点間に作用する単純はり

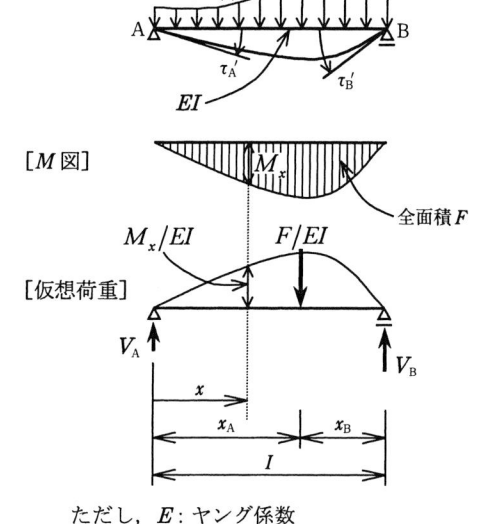

ただし，E：ヤング係数
I：断面二次モーメント
F：曲げモーメント図の全面積

図5.43 任意の分布荷重を受ける単純はり

ぞれ各節点でのたわみ角に対応するので，

$$V_A = \frac{F}{EI} \times \frac{x_B}{l} = \tau'_A$$
$$V_B = -\frac{F}{EI} \times \frac{x_A}{l} = \tau'_B$$
(5.25)

このたわみ角は中間荷重によって生じたものである．つまり，中間荷重を受ける場合には，材端モーメントとたわみ角の関係式にこの分のたわみ

角を加える必要がある．

式 (5.23) に式 (5.25) を加えると，中間荷重を受ける場合のたわみ角は以下のように表すことができる．

$$\tau_A = \frac{l}{6EI}(2M_{AB} - M_{BA}) + \frac{Fx_B}{EIl}$$
$$\tau_B = \frac{l}{6EI}(2M_{BA} - M_{AB}) - \frac{Fx_A}{EIl}$$

また，モーメントを求める形に変換すれば，

$$M_{AB} = \frac{2EI}{l}(2\tau_A + \tau_B) - \frac{2F(2l - 3x_A)}{l^2}$$
$$M_{BA} = \frac{2EI}{l}(2\tau_B + \tau_A) + \frac{2F(3x_A - l)}{l^2}$$
(5.26)

式 (5.26) と式 (5.24) とを比較すると，式 (5.26) の右辺に第 2 項が付加されている．これは両端固定はりに中間荷重が作用したときの固定端モーメントに対応する．そこで，

$$C_{AB} = -\frac{2F(2l - 3x_A)}{l^2}$$
$$C_{BA} = \frac{2F(3x_A - l)}{l^2}$$
(5.27)

とすると，式 (5.26) は以下のように簡略化できる．

$$M_{AB} = \frac{2EI}{l}(2\tau_A + \tau_B) + C_{AB}$$
$$M_{BA} = \frac{2EI}{l}(2\tau_B + \tau_A) + C_{BA}$$
(5.28)

b. 複数の部材からなる構造物の解法

複数の部材で構成される構造物を対象としたたわみ角法の解法について述べる．部材が複数になることにより検討すべき項目が新たに加わるため，まず，それらの項目，すなわち節点におけるモーメントのつり合い（節点方程式）および剛比について簡単に解説する．次に，節点モーメントが作用する場合，部材に中間荷重が作用する場合，部材の他端がピンの場合をとり上げ，たわみ角法の解法について具体的に説明する．

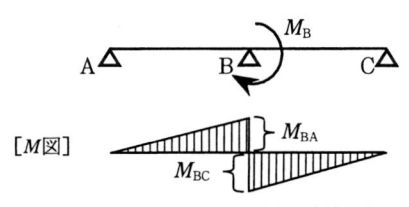

図 5.44 節点モーメントを受ける連続はり

1) 節点方程式　一つの節点に複数の部材が剛接している構造物においては，その節点におけるモーメントのつり合いが満足されていなければならない．たとえば，図 5.44 に示すような連続はりを考えてみよう．

節点 B で部材 AB と BC が剛接されており，節点モーメント M_B が外力として作用している．部材 AB，BC の B 端での材端モーメントをそれぞれ M_{BA}，M_{BC} とすると，これらのモーメントの和は節点 B に作用するモーメント M_B とつり合っていなければならない．その関係は下式のように表され，このつり合い式を**節点方程式**という．

$$M_{BA} + M_{BC} = M_B$$

節点方程式はある節点に接続するすべての部材の材端モーメントを足し合わせたものがその節点に外力として作用するモーメントとつり合うという条件により導出される．なお，節点にモーメントが作用していない場合は，その節点に接続する部材の材端モーメントの総和が 0 となる．

また，この節点方程式は**剛接合材数**が 1 以上となる節点の数だけ存在するが，最終的に求められた構造物の各部材応力はそれらの条件式をすべて満足することとなる．

2) 剛度および剛比　図 5.44 に示した連続はりにおいて，部材 AB と BC が同一の場合，すなわち，断面形状（断面二次モーメント），材質（ヤング係数）および長さ（スパン長）が同じ場合，部材 AB と BC の B 端の材端モーメント M_{BA}，M_{BC} は等しくなる．それでは，部材 BC の断面二次モーメントが部材 AB の 2 倍だったり，スパン長が半分だったりした場合，どのように考えればよいだろうか．図 5.41 に示したような単一部材では，両節点モーメント M_{AB}，M_{BA} と部材のたわみ角 τ_A，τ_B との関係のみを考慮すればよいが，図 5.44 に示すような複数部材からなる構造物では，部材間の構造特性の違いを節点モーメントとたわみ角の関係に考慮する必要がある．

断面二次モーメントをスパン長で除したもの，すなわち $K = I/l$ を**剛度**と呼び，ある基準となる剛度（標準剛度）K_0 に対する剛度の比，すなわち $k = K/K_0$ を**剛比**と呼ぶ．これらを用いて式

(5.24) を変換すれば,
$$M_{AB}=2EK(2\tau_A+\tau_B)=2EK_0k(2\tau_A+\tau_B)$$
$$M_{BA}=2EK(2\tau_B+\tau_A)=2EK_0k(2\tau_B+\tau_A) \quad (5.29)$$

関係式をより簡単にするために, $\varphi_i=2EK_0\tau_i$ とすると,
$$M_{AB}=k(2\varphi_A+\varphi_B)$$
$$M_{BA}=k(2\varphi_B+\varphi_A) \quad (5.30)$$

また, 中間荷重が作用している場合も同様で, 式 (5.28) は以下のように表すことができる.
$$M_{AB}=2EK_0k(2\tau_A+\tau_B)+C_{AB}$$
$$M_{BA}=2EK_0k(2\tau_B+\tau_A)+C_{BA}$$

または,
$$M_{AB}=k(2\varphi_A+\varphi_B)+C_{AB}$$
$$M_{BA}=k(2\varphi_B+\varphi_A)+C_{BA} \quad (5.31)$$

このように剛比を用いた関係式は材端モーメントの算定を容易にするため非常に便利である. 例題によってその実際を勉強しよう.

i) 節点モーメントが作用する場合：節点モーメントのみを受ける構造物の各部材の応力を求めてみよう.

【例題5.5】 たわみ角法により図5.45に示す構造物の応力を求めなさい. なお, すべての部材において, ヤング係数, 断面二次モーメントは等しいものとする.

OA材：$K_A=\dfrac{I}{4}=K_0$, $k_A=\dfrac{K_A}{K_0}=1$

OB材：$K_B=\dfrac{I}{2}$, $k_B=\dfrac{K_B}{K_0}=2$

OC材：$K_C=\dfrac{I}{1}$, $k_C=\dfrac{K_C}{K_0}=4$

式 (5.30) より, 材端モーメントの関係式は以下のようになる. ここで, M_{ij} は ij 材の i 端の材端モーメント, $\varphi_i=2EK_0\tau_i$ である.

$$\begin{aligned}M_{OA}&=k_A(2\varphi_O+\varphi_A)=2\varphi_O\\M_{OB}&=k_B(2\varphi_O+\varphi_B)=4\varphi_O\\M_{OC}&=k_C(2\varphi_O+\varphi_C)=8\varphi_O\\M_{AO}&=k_A(2\varphi_A+\varphi_O)=\varphi_O\\M_{BO}&=k_B(2\varphi_B+\varphi_O)=2\varphi_O\\M_{CO}&=k_C(2\varphi_C+\varphi_O)=4\varphi_O\end{aligned} \quad (5.32)$$

節点A, B, Cが固定端なので, これらの節点における各部材のたわみ角は0, すなわち, φ_A, φ_B, φ_C がすべて0となり, すべての材端モーメントは節点Oの項だけで表すことができる.

また, 節点Oにおける節点方程式は,
$$M_{OA}+M_{OB}+M_{OC}=7\,\text{kN}\cdot\text{m}$$

式 (5.32) を代入すれば,
$$(2+4+8)\times\varphi_O=7\,\text{kN}\cdot\text{m}$$
$$\therefore \varphi_O=0.5\,\text{kN}\cdot\text{m}$$

したがって,
$$M_{OA}=1\,\text{kN}\cdot\text{m},\ M_{OB}=2\,\text{kN}\cdot\text{m}$$
$$M_{OC}=4\,\text{kN}\cdot\text{m},\ M_{AO}=0.5\,\text{kN}\cdot\text{m}$$
$$M_{BO}=1\,\text{kN}\cdot\text{m},\ M_{CO}=2\,\text{kN}\cdot\text{m}$$

また, 各部材に作用するせん断力は両端の材端

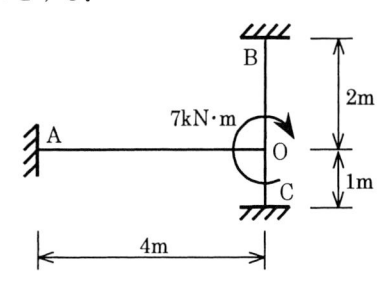

図5.45 節点モーメントを受ける不静定構造物

[解] A, B, Cの各支点が固定なので, 節点Oにのみ節点回転角が生じる構造物である. 断面二次モーメントを I とし, 各部材の剛度および剛比を求めると,

[M図] 単位：kN·m

[Q図] 単位：kN

図5.46 例題5.5の応力図

モーメントの総和を部材長さで除したもので表されるので，ij 材のせん断力および部材長さをそれぞれ Q_{ij}，l_{ij} とすると，

$$Q_{AO} = -\frac{M_{AO}+M_{OA}}{l_{AO}} = -0.375 \text{ kN}$$

$$Q_{BO} = -\frac{M_{BO}+M_{OB}}{l_{BO}} = -1.5 \text{ kN}$$

$$Q_{CO} = -\frac{M_{CO}+M_{OC}}{l_{CO}} = -6.0 \text{ kN}$$

以上の結果に基づき，構造物全体のモーメント図（M 図）およびせん断力図（Q 図）を図 5.46 にまとめる．

ii) 中間荷重が作用する場合：中間荷重を受ける連続はりの応力を求めてみよう．

【例題 5.6】 たわみ角法により図 5.47 に示す連続はりの応力を求めなさい．なお，AB 材と BC 材は剛度が等しいものとする．

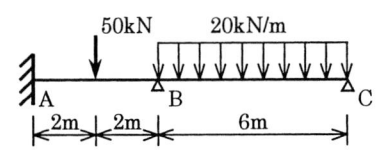

図 5.47 中間荷重を受ける連続はりの応力

[解] まず，集中荷重を受ける部材と等分布荷重を受ける場合の固定端モーメントを求め，材端モーメントとたわみ角の関係式を定める．

① 固定端モーメント：部材中央に集中荷重を受ける AB 材の固定端モーメントは表 5.2 より，

$$C_{AB} = -\frac{Pl}{8} = -\frac{50 \times 4}{8} = -25 \text{ kN·m}$$

$$C_{BA} = -C_{AB} = 25 \text{ kN·m}$$

分布荷重を受ける BC 材の固定端モーメントは表 5.2 より，

$$C_{BC} = -\frac{wl^2}{12} = -\frac{20 \times 6^2}{12} = -60 \text{ kN·m}$$

$$C_{CB} = -C_{BC} = 60 \text{ kN·m}$$

② 材端モーメント：中間荷重を考慮した材端モーメントの関係式を以下にまとめる．

$$M_{AB} = k_{AB}(2\varphi_A + \varphi_B) + C_{AB}$$
$$M_{BA} = k_{BA}(2\varphi_B + \varphi_A) + C_{BA}$$
$$M_{BC} = k_{BC}(2\varphi_B + \varphi_C) + C_{BC}$$
$$M_{CB} = k_{CB}(2\varphi_C + \varphi_B) + C_{CB}$$

ここで，節点 A が固定端なので $\varphi_A = 0$，AB 材と BC 材の剛度が等しいので剛比はすべて 1 となり，①の結果から，

$$\begin{aligned} M_{AB} &= \varphi_B + C_{AB} = \varphi_B - 25 \\ M_{BA} &= 2\varphi_B + C_{BA} = 2\varphi_B + 25 \\ M_{BC} &= 2\varphi_B + \varphi_C + C_{BC} = 2\varphi_B + \varphi_C - 60 \\ M_{CB} &= 2\varphi_C + \varphi_B + C_{CB} = 2\varphi_C + \varphi_B + 60 \end{aligned} \quad (5.33)$$

また，節点 C はピンなので，$M_{CB} = 0$ である．

$$2\varphi_C + \varphi_B + 60 = 0$$
$$\therefore \varphi_C = -\frac{\varphi_B}{2} - 30$$
$$M_{BC} = 2\varphi_B + \left(-\frac{\varphi_B}{2} - 30\right) - 60$$
$$= 1.5\varphi_B - 90$$
(5.34)

③ 節点方程式：

$$M_{BA} + M_{BC} = (2\varphi_B + 25) + (1.5\varphi_B - 90)$$
$$= 3.5\varphi_B - 65 = 0$$
$$\therefore \varphi_B = 65/3.5 = 18.57 \text{ kN·m}$$

これを式（5.33）に代入すると，

$$M_{AB} = 18.57 - 25 = -6.43 \text{ kN·m}$$
$$M_{BA} = 2 \times 18.57 + 25 = 62.14 \text{ kN·m}$$
$$M_{BC} = 1.5 \times 18.57 - 90 = -62.14 \text{ kN·m}$$

以上の結果を整理すると，各部材に作用する力のつり合い状態は図 5.48 のようになる．

AB 材の節点 A，B および BC 材の節点 B，C の反力を図 5.48 に基づき算定する．AB 材において，点 B（図 5.48 では点 B1 と表記）まわりのモーメントのつり合いを考えると，

a) 部材 AB

b) 部材 BC

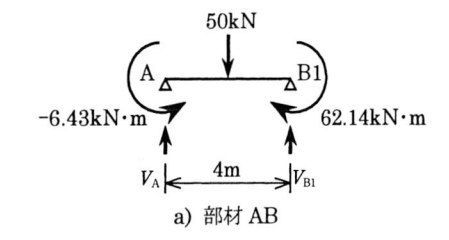

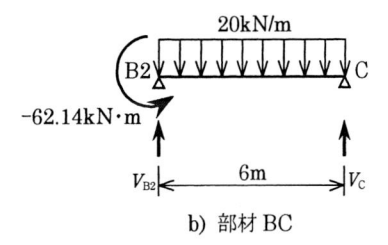

図 5.48 例題 5.6 の部材に作用する力のつり合い

76　　　　　　　　　　　　　　　　　　　　　　5. 骨組の応力と変形

$$\sum M_{B1} = 4V_A - 50 \times 2 + 62.14 - 6.43 = 0$$
$$\therefore V_A = \frac{100 - 62.14 + 6.43}{4} = 11.07 \text{ kN}$$

同様に，AB材における点Aまわりのモーメントのつり合いを考えると，

$$\sum M_A = -4V_{B1} + 50 \times 2 + 62.14 - 6.43 = 0$$
$$\therefore V_{B1} = \frac{100 + 62.14 - 6.43}{4} = 38.93 \text{ kN}$$

次にBC材において，点Cまわりのモーメントのつり合いを考えると，

$$\sum M_C = 6V_{B2} - 20 \times 6 \times 3 - 62.14 = 0$$
$$\therefore V_{B2} = \frac{360 + 62.14}{6} = 70.36 \text{ kN}$$

同様に，BC材における点B（図5.48では点B2と表記）まわりのモーメントのつり合いを考えると，

$$\sum M_{B2} = -6V_C + 20 \times 6 \times 3 - 62.14 = 0$$
$$\therefore V_C = \frac{360 - 62.14}{6} = 49.64 \text{ kN}$$

よって，連続はりの支点Bの反力V_Bは，

$$V_B = V_{B1} + V_{B2}$$
$$= 38.93 + 70.36 = 109.29 \text{ kN}$$

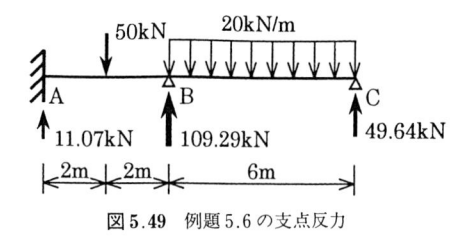

図5.49　例題5.6の支点反力

[M図] 単位：kN・m

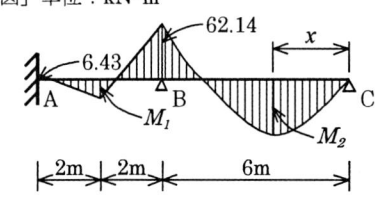

[Q図] 単位：kN

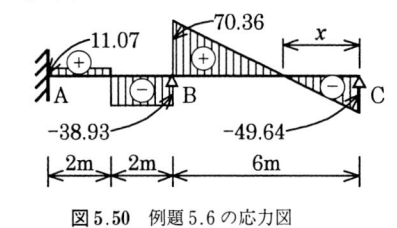

図5.50　例題5.6の応力図

(a) 部材AB左側　　(b) 部材BC右側

図5.51　例題5.6のFree Bodyのつり合い

各支点の反力を図5.49に示す．

以上の結果に基づき，M図およびQ図を図5.50にまとめる．M図では，AB材は集中荷重を受けているので折れ線，BC材は等分布荷重を受けているので放物線となる．また，Q図では，AB材は階段状になり，BC材は傾斜した直線となる．

BC間においてモーメントが最大となる距離xは，せん断力が0になる位置であるので，

$$x = \frac{49.64}{49.64 + 70.36} \times 6 = 2.482 \text{ m}$$

図5.50のM_1は部材ABの左側のFree Bodyにおける力のつり合いを考えると容易に求まる．また，M_2は部材BCの右側のFree Bodyについて力のつり合いを解けばよい．図5.51を参照し，それぞれ解いてみよう．

$$M_1 = 6.43 - 11.07 \times 2 = -15.71 \text{ kN} \cdot \text{m}$$
$$M_2 = -49.64 \times 2.482 + 20 \times 2.482 \times \frac{2.482}{2}$$
$$= -61.60 \text{ kN} \cdot \text{m}$$

iii) 他端がピンの場合：図5.52に示すように中間荷重を受ける部材の他端がピンの場合，ピン端のモーメントが0となる条件を考慮すると，材端モーメントとたわみ角の関係式をより簡略化することができる．

ピンである節点Bではモーメントが0となるため，

$$M_{BA} = 0$$

節点A，Bにおける固定端モーメントをそれ

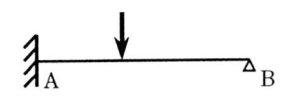

図5.52　中間荷重を受ける他端ピンの部材

それ C_{AB}, C_{BA} とすると,

$$M_{BA} = k(2\varphi_B + \varphi_A) + C_{BA} = 0$$
$$\therefore \varphi_B = -\frac{C_{BA}}{2k} - \frac{\varphi_A}{2}$$
$$M_{AB} = k(2\varphi_A + \varphi_B) + C_{AB}$$
$$= k\left(2\varphi_A - \frac{C_{BA}}{2k} - \frac{\varphi_A}{2}\right) + C_{AB}$$
$$= k(1.5\varphi_A) + H_{AB}$$

だだし, $H_{AB} = C_{AB} - \dfrac{C_{BA}}{2}$

なお,この関係式は例題5.6の解法で示した式(5.34)に対応するものである.

c. 節点の移動がない骨組の解法

節点の移動を伴わない骨組を対象としたたわみ角法の解法について説明する.

【例題5.7】 たわみ角法により図5.53に示す骨組の応力を求めなさい.なお,部材AB,BCの剛比をそれぞれ $k_{AB} = 1$, $k_{BC} = 2$ とする.

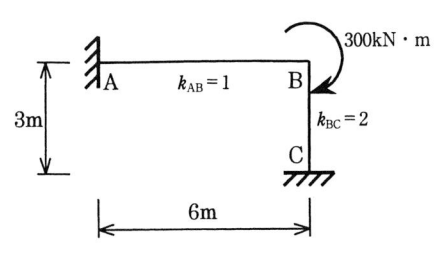

図5.53 節点モーメントを受ける骨組

[解] 節点A,Cが固定端なので $\varphi_A = \varphi_C = 0$ となり,材端モーメントとたわみ角の関係式は,

$$M_{AB} = 1 \times (2\varphi_A + \varphi_B) = \varphi_B$$
$$M_{BA} = 1 \times (2\varphi_B + \varphi_A) = 2\varphi_B$$
$$M_{BC} = 2 \times (2\varphi_B + \varphi_C) = 4\varphi_B$$
$$M_{CB} = 2 \times (2\varphi_C + \varphi_B) = 2\varphi_B$$

節点方程式は,

$$M_{BA} + M_{BC} = 2\varphi_B + 4\varphi_B$$
$$= 6\varphi_B = 300 \text{ kN·m}$$
$$\therefore \varphi_B = 50 \text{ kN·m}$$

したがって,

$$M_{AB} = 50 \text{ kN·m}, \quad M_{BA} = 100 \text{ kN·m}$$
$$M_{BC} = 200 \text{ kN·m}, \quad M_{CB} = 100 \text{ kN·m}$$

以上の結果に基づき, M 図および Q 図を図5.54にまとめる.

[M 図] 単位 : kN·m

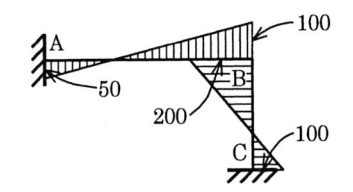

[Q 図] 単位 : kN

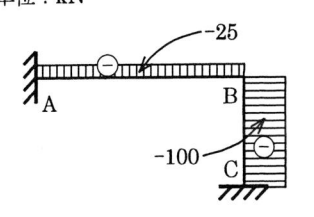

図5.54 例題5.7の応力図

5.5.4 たわみ角法―節点の移動がある場合―

骨組のように外力によって節点の移動を伴う構造物,すなわち部材角を考慮しなければならない場合について説明する.

a. 節点の回転角,たわみ角および部材角

節点の移動がある場合のたわみ角法を具体的に学ぶ前に,節点の回転角,たわみ角,部材角の考え方について簡単に説明する.図5.55に示すように,部材ABが外力を受けて各節点がそれぞれA′,B′に移動する場合を考えてみよう.部材ABの両節点にはそれぞれモーメント M_{AB}, M_{BA},水平力 H_{AB}, H_{BA} および鉛直力 V_{AB}, V_{BA} が作用しているが,これらの外力によって,部材ABはもとの状態とは平行の関係にないA′B′に移動している.線分ABとA′B′が平行関係にないのは,部材ABが回転を伴ってA′B′に移動したためで,この回転量 R を部材角と呼ぶ.通常,この部材角は時計回りの方向を正とし,以下のように定義される

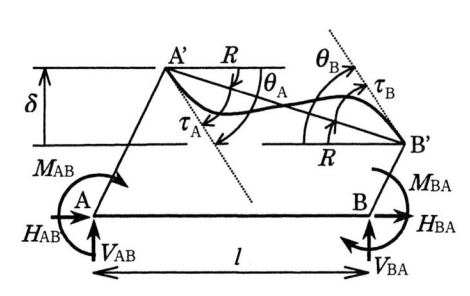

図5.55 節点移動を伴う場合の部材変形

ここで，δ：相対変位，l：部材の長さ．また，節点 A′，B′ における点線は材端接線で，各節点から変形後の部材端に接するように描いてある．この材端接線と線分 AB とのなす角 θ が各節点の回転角を表している．また，材端接線と線分 A′B′ とのなす角 τ が各節点のたわみ角を表しており，それぞれの関係は以下のように定義される．

$$\tau_A = \theta_A - R$$
$$\tau_B = \theta_B - R \quad (5.35)$$

ここで，τ_A，τ_B：たわみ角，θ_A，θ_B：節点回転角，R：部材角．

節点間の相対変位 $\delta=0$，すなわち部材角 $R=0$ の場合，式 (5.35) より $\tau_A=\theta_A$，$\tau_B=\theta_B$ となり，図 5.55 の関係は図 5.41 と対応するものとなる．

b. 一般的なたわみ角法の基本公式

これまでに説明してきた節点の移動がない場合のたわみ角の式を式 (5.35) に基づき，書き直してみよう．たわみ角を求める式 (5.23) は，

$$\tau_A = \theta_A - R = \frac{l}{6EI}(2M_{AB} - M_{BA})$$

$$\tau_B = \theta_B - R = \frac{l}{6EI}(2M_{BA} - M_{AB})$$

またモーメントを求める形に変換すれば，式 (5.24) および式 (5.29) は，

$$\begin{aligned}
M_{AB} &= \frac{2EI}{l}(2\theta_A + \theta_B - 3R) \\
&= 2EK(2\theta_A + \theta_B - 3R) \\
&= 2EK_0 k(2\theta_A + \theta_B - 3R) \\
M_{BA} &= \frac{2EI}{l}(2\theta_B + \theta_A - 3R) \\
&= 2EK(2\theta_B + \theta_A - 3R) \\
&= 2EK_0 k(2\theta_B + \theta_A - 3R)
\end{aligned} \quad (5.36)$$

ここで，$K=I/l$：剛度，K_0：標準剛度，k：剛比．

また，$\varphi = 2EK_0\theta$，$\psi = -6EK_0 R$ とおくと，

$$\begin{aligned}
M_{AB} &= k(2\varphi_A + \varphi_B + \psi) \\
M_{BA} &= k(2\varphi_B + \varphi_A + \psi)
\end{aligned} \quad (5.37)$$

節点移動を伴う部材が中間荷重を受ける場合には，式 (5.31) と同様に固定端モーメントを考慮することで対応することができる．節点 A，B における固定端モーメントをそれぞれ C_{AB}，C_{BA} とすると，式 (5.36) および式 (5.37) は以下のように簡略化して表すことができる．

$$\begin{aligned}
M_{AB} &= 2EK_0 k(2\theta_A + \theta_B - 3R) + C_{AB} \\
&= k(2\varphi_A + \varphi_B + \psi) + C_{AB} \\
M_{BA} &= 2EK_0 k(2\theta_B + \theta_A - 3R) + C_{BA} \\
&= k(2\varphi_B + \varphi_A + \psi) + C_{BA}
\end{aligned}$$

c. 節点の移動がある骨組の解法

骨組が地震力や風圧力などによって横力を受ける場合，図 5.56 に示すように節点が移動することになる．このような節点移動を伴う場合には，つり合い条件式として**層方程式**を考慮する必要がある．この層方程式は横力と各階柱のせん断力の総和（層せん断力）とのつり合いから求められるため，骨組の層の数だけ方程式が存在することになる．ここで，相対変位 δ を**層間変形**といい，階高 h に対する比で表される部材角 $R=\delta/h$ を**層間変形角**という．

各層の力のつり合い状態は図 5.57 に示したようになり，水平外力と各層に作用する層せん断力がつり合うことになる．各層の層せん断力は柱の

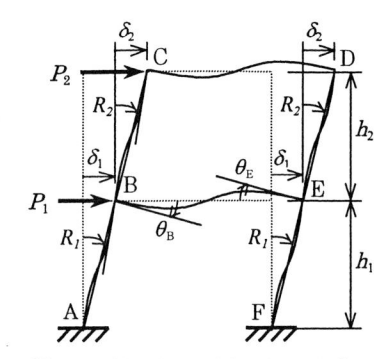

図 5.56 節点移動を伴う場合の骨組変形

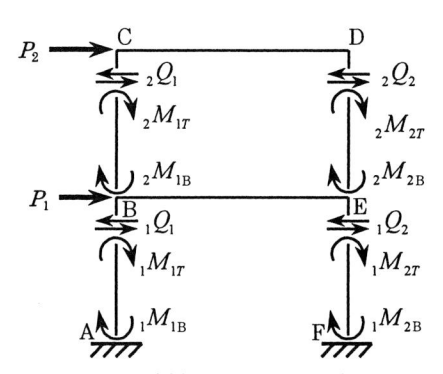

図 5.57 各層における力のつり合い

せん断力を層ごとに総計したもので，各層のつり合い式は以下のようになる．

2層：$P_2 - {}_2Q_1 - {}_2Q_2 = 0$
1層：$P_1 + P_2 - {}_1Q_1 - {}_1Q_2 = 0$

ここで，P_i：i層に作用する水平外力，${}_2Q_i$：2層i柱に作用するせん断力，${}_1Q_i$：1層i柱に作用するせん断力．

なお，各柱に作用するせん断力は，

$${}_2Q_i = -\frac{{}_2M_{iT} + {}_2M_{iB}}{h_2}$$

$${}_1Q_i = -\frac{{}_1M_{iT} + {}_1M_{iB}}{h_1}$$

ここで，${}_2M_{iT}$：2層i柱頭部の材端モーメント，${}_2M_{iB}$：2層i柱脚部の材端モーメント，${}_1M_{iT}$：1層i柱頭部の材端モーメント，${}_1M_{iB}$：1層i柱脚部の材端モーメント，h_i：i層の階高．

一般に，

$$\sum_i P_i - \sum_j {}_iQ_j = 0$$

ここで，$\sum_i P_i$：i層より上部の水平外力の総和，$\sum_j {}_iQ_j$：i層の柱のせん断力の総和．

図5.56に水平外力のみを受ける骨組の変形状態を示してあるが，部材BEおよびCDは左右逆対称の変形性状となる．このような場合，材端モーメントとたわみ角の関係式を解く際，この変形条件に基づく以下の関係式を考慮することで，より簡略化した形で表記することができる．

$$\varphi_C = \varphi_D$$
$$\varphi_B = \varphi_E$$

【例題5.8】 図5.58に示す門形骨組が地震力Pを受けるときの各部材の応力を求めなさい．なお，柱とはりの剛比k_C，k_Bはそれぞれ$k_C=1$，$k_B=k$とする．

[解] 節点A，Dは固定端であるから，

$$\varphi_A = \varphi_D = 0$$

また，この骨組は水平外力を受けることにより，左右逆対称の変形性状を示すため，

$$\varphi_B = \varphi_C$$

以上の条件式から，材端モーメントとたわみ角の関係式は以下のように簡略化することができる．

$$M_{AB} = 1 \times (\varphi_B + \psi) = \varphi_B + \psi$$
$$M_{BA} = 1 \times (2\varphi_B + \psi) = 2\varphi_B + \psi \quad (5.38)$$
$$M_{BC} = k \times (2\varphi_B + \varphi_C) = 3k\varphi_B$$

また，節点Bにおける節点方程式は，

$$M_{BA} + M_{BC} = (2 + 3k) \times \varphi_B + \psi = 0 \quad (5.39)$$

層方程式は，

$$\begin{aligned} P + 2 \times \frac{M_{AB} + M_{BA}}{h} &= 0 \\ Ph + 2 \times (M_{AB} + M_{BA}) &= 0 \\ Ph + 2 \times (3\varphi_B + 2\psi) &= 0 \end{aligned} \quad (5.40)$$

式(5.39)および式(5.40)より，

$$\varphi_B = \frac{Ph}{2(6k+1)}, \quad \psi = -\frac{(3k+2)Ph}{2(6k+1)}$$

これらを式(5.38)に代入して，

$$M_{AB} = -\frac{(3k+1)Ph}{2(6k+1)}$$

$$M_{BA} = -\frac{3kPh}{2(6k+1)}$$

$$M_{BC} = \frac{3kPh}{2(6k+1)}$$

ここで，$k \to \infty$（はりの剛性が無限大）とすると，

$$\lim_{k \to \infty} M_{AB} = \lim_{k \to \infty} \left\{ -\frac{(3k+1)Ph}{2(6k+1)} \right\} = -\frac{Ph}{4}$$

$$\lim_{k \to \infty} M_{BA} = \lim_{k \to \infty} \left\{ -\frac{3kPh}{2(6k+1)} \right\} = -\frac{Ph}{4}$$

また，$k \to 0$（はりの剛性が無視可能）とすると，

$$\lim_{k \to 0} M_{AB} = \lim_{k \to 0} \left\{ -\frac{(3k+1)Ph}{2(6k+1)} \right\} = -\frac{Ph}{2}$$

$$\lim_{k \to 0} M_{BA} = \lim_{k \to 0} \left\{ -\frac{3kPh}{2(6k+1)} \right\} = 0$$

以上の結果をまとめると，図5.59のようになる．$k \to \infty$（はりの剛性が無限大）の場合，柱脚のみならず柱頭も固定端となるため，柱の材端モーメントは柱頭と柱脚で等しい値となる．一方，$k \to 0$（はりの剛性が無視可能）の場合，柱は片持ち部材となるため，柱頭の材端モーメントが0となる．

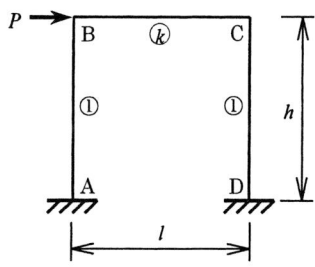

図5.58 地震力を受ける門形ラーメン

$\dfrac{3kPh}{2(6k+1)}$　　　$\dfrac{3kPh}{2(6k+1)}$　　　$\dfrac{Ph}{4}$　　　$\dfrac{Ph}{4}$　　　0　　　0

$\dfrac{(3k+1)Ph}{2(6k+1)}$　　$\dfrac{(3k+1)Ph}{2(6k+1)}$　　$\dfrac{Ph}{4}$　　$\dfrac{Ph}{4}$　　$\dfrac{Ph}{2}$　　$\dfrac{Ph}{2}$

$k \to \infty$　　　$k \to 0$

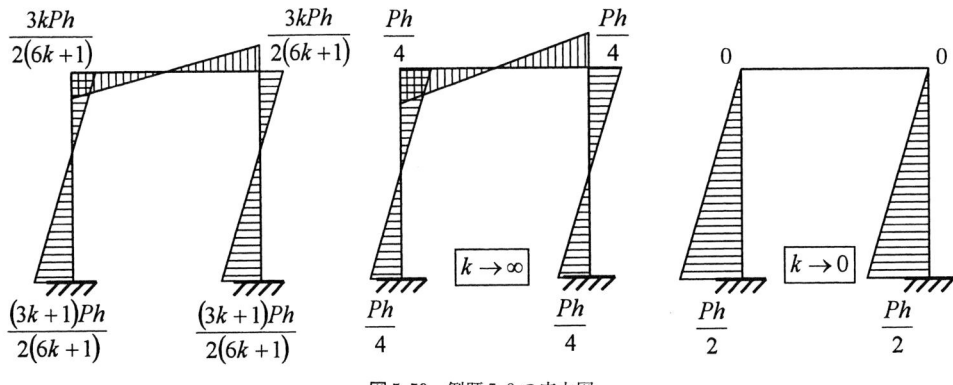

図 5.59　例題 5.8 の応力図

5.6　固 定 法

5.6.1　モーメントの分配と到達

図 5.60（a）のように，支点 A，B および C が固定された構造の点 O にモーメント M_O を与えたとき，各材のモーメントはどのようになるだろうか．たわみ角法を用いて考えてみよう．部材 OA，OB および OC の剛比をそれぞれ k_A，k_B および k_C とする．

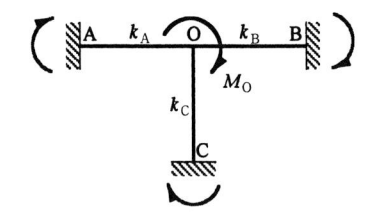

(a) すべての支点が固定された構造

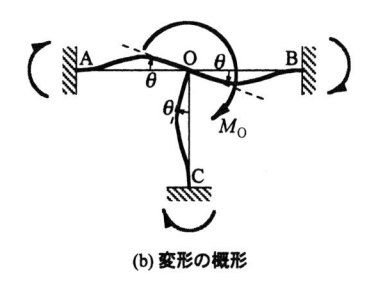

(b) 変形の概形

(c) 材 OB のモーメント図

図 5.60　モーメントの分配と到達

節点 O は移動することなく，時計回りの回転を生じる．変形の概形を図 5.60（b）に示した．そこで，点 O の回転角を θ とすると，部材 OA，OB および OC の点 O に生じるモーメント M_{OA}，M_{OB} および M_{OC} はたわみ角法を用いて以下のように書き下すことができる．

$$M_{OA}=2EK_0k_A(2\theta+\theta_A)=4EK_0k_A\theta \quad (5.41)$$
$$M_{OB}=2EK_0k_B(2\theta+\theta_B)=4EK_0k_B\theta \quad (5.42)$$
$$M_{OC}=2EK_0k_C(2\theta+\theta_C)=4EK_0k_C\theta \quad (5.43)$$

ここで，E：部材のヤング係数，K_0：標準剛度．固定端 A，B および C におけるたわみ角 θ_A，θ_B および θ_C はいずれも 0 であるから，式（5.41）～（5.43）の右辺のように整理できる．節点 O におけるモーメントは M_O であるので，モーメントのつり合いより，

$$M_O = M_{OA} + M_{OB} + M_{OC} \quad (5.44)$$

が成り立つ．これは節点方程式である．式（5.44）に M_{OA}，M_{OB} および M_{OC} を代入して，以下を得る．

$$M_O = 4EK_0\theta(k_A+k_B+k_C)$$

よって，

$$4EK_0\theta = \dfrac{M_O}{k_A+k_B+k_C}$$

を式（5.41）～（5.43）に代入すると以下のようになる．

$$M_{OA}=\dfrac{k_A}{k_A+k_B+k_C}\times M_O \quad (5.45)$$
$$M_{OB}=\dfrac{k_B}{k_A+k_B+k_C}\times M_O \quad (5.46)$$
$$M_{OC}=\dfrac{k_C}{k_A+k_B+k_C}\times M_O \quad (5.47)$$

これは外力として与えたモーメント M_O を，各部材の剛比の割合に応じて分配することを意味している．そこで，式 (5.45)～(5.47) の右辺の係数

$$\frac{k_A}{k_A+k_B+k_C},\ \frac{k_B}{k_A+k_B+k_C},\ \frac{k_C}{k_A+k_B+k_C}$$

を**モーメントの分配率** (distribution factor) と呼ぶ．また，各モーメント M_{OA}, M_{OB} および M_{OC} を**分配モーメント** (distributed moment) と呼ぶ．たとえば材 OA の分配率を DF_{OA} と表記すると，

$$DF_{OA}=\frac{k_A}{k_A+k_B+k_C}$$

であり，

$$M_{OA}=DF_{OA}\times M_O$$

のようにして分配モーメントを求めることができる．

次に固定端 A, B および C におけるモーメント M_{AO}, M_{BO} および M_{CO} を同様にたわみ角法を用いて表現しよう．

$$M_{AO}=2EK_0k_A(2\theta_A+\theta)=2EK_0k_A\theta=\frac{1}{2}M_{OA}$$

$$M_{BO}=2EK_0k_B(2\theta_B+\theta)=2EK_0k_B\theta=\frac{1}{2}M_{OB}$$

$$M_{CO}=2EK_0k_C(2\theta_C+\theta)=2EK_0k_C\theta=\frac{1}{2}M_{OC}$$

これは各部材に分配されたモーメント M_{OA}, M_{OB} および M_{OC} はもう一方の固定端に 1/2 のモーメントになって到達することを意味している．この係数 1/2 を**到達率** (carry-over factor) と呼ぶ．また，固定端におけるモーメント M_{AO}, M_{BO} および M_{CO} を**到達モーメント** (carry-over moment) あるいは**伝達モーメント**と呼ぶ．到達モーメントの符号は分配モーメントの符号と同じであるので，たとえば材 OB のモーメント図は図 5.60 (c) のようになる．

5.6.2 有効剛比

次に，点 B の固定支持をピン支持に替えた図 5.61 を考えよう．それ以外の条件はすべて図 5.60 (a) と同じとする．点 B はピン支持なので，たわみ角 θ_B が発生する．このとき材 OB の両端

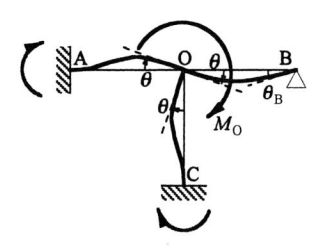

図 5.61 点 B をピン支持とした構造

のモーメント M_{OB} および M_{BO} は，たわみ角法によって以下のように表される．

$$M_{OB}=2EK_0k_B(2\theta+\theta_B)$$
$$M_{BO}=2EK_0k_B(2\theta_B+\theta) \quad (5.48)$$

ここで点 B はピン支持なので，モーメントは 0 である．よって，

$$M_{BO}=0$$

これを式 (5.48) に代入すると，

$$\theta_B=-\frac{1}{2}\theta$$

となる．以上より，点 O におけるモーメント M_{OB} は以下のようになる．

$$M_{OB}=2EK_0k_B\left(2\theta-\frac{1}{2}\theta\right)=4EK_0\left(\frac{3}{4}k_B\right)\theta$$

右辺の $(3/4)k_B$ に注目しながら，式 (5.42) と比較してほしい．これは他端がピン支持になったときには，剛比を 3/4 倍すれば固定端の場合と同様に分配モーメントを求められることを示している．すなわち一般的には，

$$k_e=\frac{3}{4}k$$

と剛比をおき直せばよい．この k_e を**有効剛比**と呼ぶ．

5.6.3 連続はりの解法

以上のような分配モーメントおよび到達モーメントを使用して，連続はりの応力図を求めてみよう．ここでは，次の二つの例題を説明する．

【例題 5.9】 図 5.62 (a) のように両端が固定され，点 C がピン支持されている連続はりを考える．点 C に大きさが 28 kN·m で時計回りのモーメントを外力として与えたときの応力図を求める．部材の断面二次モーメントは I で一定とする．

はじめに材 AC および材 BC の剛比 k_{AC} および

k_{BC} を求めよう．標準剛度を K_0 とすると剛比の定義より，

$$k_{AC} = \frac{I}{4\,\text{m}} \times \frac{1}{K_0}$$

$$k_{BC} = \frac{I}{3\,\text{m}} \times \frac{1}{K_0}$$

となる．標準剛度 K_0 は任意に選んでよいので，$K_0 = I/12$ とおくと，

$$k_{AC} = 3$$
$$k_{BC} = 4$$

となる．この剛比を用いて分配率 DF_{CA} および DF_{CB} を求めると以下となる．

$$DF_{CA} = \frac{3}{3+4} = \frac{3}{7}$$

$$DF_{CB} = \frac{4}{3+4} = \frac{4}{7}$$

これより点 C における分配モーメント M_{CA} および M_{CB} は，

$$M_{CA} = DF_{CA} \times 28\,\text{kN·m} = 12\,\text{kN·m}$$
$$M_{CB} = DF_{CB} \times 28\,\text{kN·m} = 16\,\text{kN·m}$$

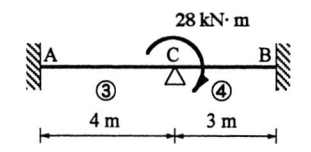

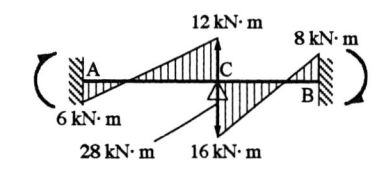

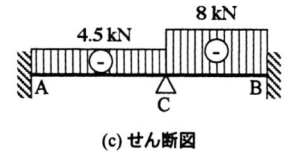

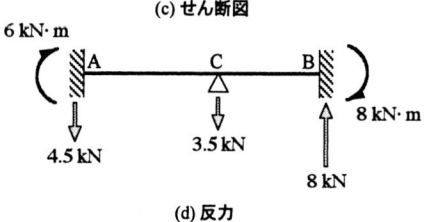

となる．また，点 C から固定端 A および固定端 B への到達モーメント M_{AC} および M_{BC} は，

$$M_{AC} = \frac{1}{2} M_{CA} = 6\,\text{kN·m}$$

$$M_{BC} = \frac{1}{2} M_{CB} = 8\,\text{kN·m}$$

である．以上より図 5.62 (b) のようなモーメント図が得られる．このモーメント図における AC 間および BC 間の傾きがそれぞれの区間のせん断力であるので，

AC 間：$Q_{AC} = \dfrac{6\,\text{kN·m} + 12\,\text{kN·m}}{4\,\text{m}} = 4.5\,\text{kN}$

BC 間：$Q_{BC} = \dfrac{16\,\text{kN·m} + 8\,\text{kN·m}}{3\,\text{m}} = 8\,\text{kN}$

となる．これを図示すると図 5.62 (c) となる．せん断力の符号は負である．最後に各支点における反力を，このせん断力図と鉛直方向の力のつり合いとから求めることができる．結果を図 5.62 (d) に示した．各自，確認してみてほしい．

【例題 5.10】 図 5.63 (a) のような両端固定はりのモーメント図を求めてみよう．部材の断面二次モーメントは I で一定とする．材 AC および材 BC の剛比ははり長さが同じなので同一である．そこで 1 とおく．ここでは**固定法**といわれる解法を手順ごとに説明する．

手順 1：外力 P は材 BC の間に作用している．そこで，はじめに点 C を固定とした場合（図 5.63 (b) 参照）のモーメント図を作成する．表 5.2 より，固定端モーメント C_{CB} および C_{BC}，中央モーメント M_{center} は以下となる．

$$C_{CB} = -\frac{Pl}{8}$$

$$C_{BC} = \frac{Pl}{8}$$

$$M_{\text{center}} = \frac{Pl}{8}$$

これより図 5.63 (b) のようなモーメント図が得られる．このモーメント図を M_1 とする．

手順 2：実際には点 C は固定ではなく，部材の回転を生じる．そこで図 5.63 (c) のように点 C に大きさが C_{CB} で逆向きのモーメント（$-C_{CB}$）を強制的に与えて固定を解除する．この $-C_{CB}$ のことを**不つり合いモーメント**と呼ぶ．このときの

図 5.62　例題 5.9

5.6 固 定 法

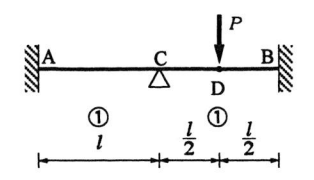

(a) 点Dに集中荷重を与えた連続はり

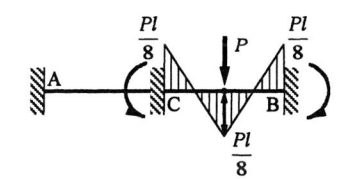

(b) 点Cを固定としたときの
モーメント図 (M_1)

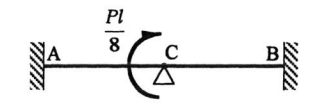

(c) 点Cに不つり合い
モーメントを与える

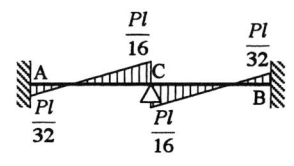

(d) 不つり合いモーメント
によるモーメント図 (M_2)

(e) 求めるモーメント図 (M_1+M_2)

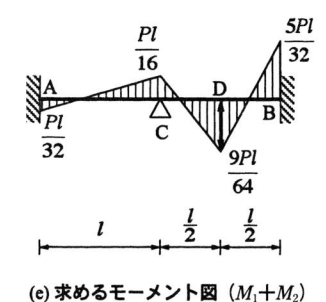

図 5.63 例題 5.10(不つり合いモーメント)

モーメント図は例題 5.9 と同様に,分配モーメントと到達モーメントとを利用して簡単に求められ,図 5.63 (d) のようになる.このモーメント図を M_2 とする.

手順 3:手順 1 および手順 2 で得られた M_1 および M_2 を足し合わせることによって最終的なモーメント図(図 5.63 (e))が得られる.AC 間では図 5.63 (d) のモーメントがそのまま解となる.BC 間では点 B,点 C および点 D における

モーメントをそれぞれ M_1 図および M_2 図を見ながら足し算・引き算によって求めればよい.

5.6.4 節点の移動がない骨組の解法

節点の移動がない骨組を解く場合,固定法を用いると簡単な表計算で求めることができるので便利である.ここでは図 5.64 を例として説明しよう.骨組は左右対称で,柱の剛比を 4,はりの剛比を 1 とする.外力がはり中央に作用しているため,節点 B および C の移動は生じない.表計算に当たって表 5.3 を準備する.縦の列は各部材の材端モーメントを計算する欄であり,柱 AB の柱脚のモーメント M_{AB} から柱 CD の柱脚のモーメント M_{DC} までの 6 個である.それでは具体的な計算方法を説明しよう.

第 1 行:材端モーメントの記号(M_{AB} など)を記入する.

第 2 行:節点(二つ以上の部材が集まる点)における分配率(distribution factor:DF)を記入する.この場合には点 B および点 C で柱およびはりが接する.たとえば点 B においては,柱の分配率は $4/(4+1)=0.8$ となり,はりの分配率は $1/(4+1)=0.2$ となる.

第 3 行:節点を固定したときの固定端モーメント(fixed end moment:FEM)を記入する.この場合にははり BC に集中荷重が作用しているので,図 5.65 のように両端を固定としたときの固定端モーメント C_{BC} および C_{CB} を求める.C_{BC} および C_{CB} の大きさは 40 kN·m となるので,符号(時計回りを正)に注意して第 3 行の 4 列および 5 列に記入する.作用する外力はこれだけなので,第 3 行の他の欄は空欄(数値としては 0)である.

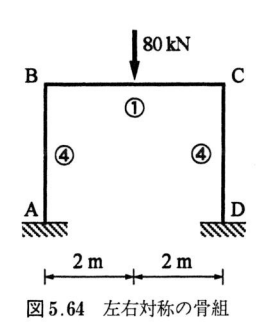

図 5.64 左右対称の骨組

表5.3 固定法による骨組の解法

	1	2	3	4	5	6	7	
			M_{AB}	M_{BA}	M_{BC}	M_{CB}	M_{CD}	M_{DC}	
1									
2	DF	—	0.8	0.2	0.2	0.8	—	分配率
3	FEM			−40	40			両端固定としたときの固定端モーメント
4	D1		32	8	−8	−32		第1回めの分配モーメント
5	C1	16		−4	4		−16	到達モーメント
6	D2		3.2	0.8	−0.8	−3.2		第2回めの分配モーメント
7	C2	1.6		−0.4	0.4		−1.6	到達モーメント
8	D3		0.32	0.08	−0.08	−0.32		第3回めの分配モーメント
9	合計	17.6	35.52	−35.52	35.52	−35.52	−17.6	

第4行：節点に集まる各材の固定端モーメントを合算して逆符号にし，不つり合いモーメントを求める．そしてこの不つり合いモーメントを各材に分配する．たとえば点Bには，−40 kN·mの固定端モーメントが作用するので，この符号を逆転させた40 kN·mを不つり合いモーメントとして点Bに与える．この不つり合いモーメントを分配率（DF）に応じて柱ABおよびはりBCに分配する．すなわち，M_{BA}の欄には40 kN·m×0.8 = 32 kN·mを記入して，M_{BC}の欄には40 kN·m×0.2 = 8 kN·mを記入する．点Cにおいても同様の作業をする．これが第1回目の分配モーメントになる．

第5行：上記の分配モーメントを1/2倍して他端への到達モーメントを求める．たとえばM_{BC}の欄の8 kN·mははりBCの点Bに作用する分配モーメントなので，この半分のモーメント（4 kN·m）が点Cに到達する．これをM_{CB}の欄に記入する．また，M_{BA}の欄の32 kN·mは柱ABの点Bに作用する分配モーメントなので，この半分のモーメント（16 kN·m）が他端の点Aに到達する．これをM_{AB}の欄に記入する．なお柱ABの柱脚（すなわち点A）には分配モーメントは存在しない（4行2列は空欄である）ので，点Bへ到達するモーメントも0である．よってM_{BA}の欄は0である．同様の作業を点Cにおいても行う．これが第1回目の到達モーメントである．

以上のような分配モーメントと到達モーメントの計算を繰り返すことによって，精解に近づくことができる．誤差が十分に小さくなったと判断したら，分配モーメントのところで計算を打ち切り，以上のモーメントを合成することによって近似解を得ることができる．この例では，第3回目の分配モーメントまで求めることにする．さらに表の説明を続けよう．

第6行：たとえば点Bには−4 kN·mのモーメントが到達しているので，この符号を逆にした4 kN·mを不つり合いモーメントとして点Bに与える．これを柱ABおよびはりBCに分配する．すなわち，M_{BA}の欄には4 kN·m×0.8 = 3.2 kN·mを記入して，M_{BC}の欄には4 kN·m×0.2 = 0.8 kN·mを記入する．点Cにおいても同様の作業をする．これが第2回目の分配モーメントである．

第7行：第5行と同様に，第2回目の分配モーメントを他端に到達させて第2回目の到達モーメントを求める．たとえばM_{CB}の欄の−0.8 kN·mははりBCの点Cに作用する分配モーメントな

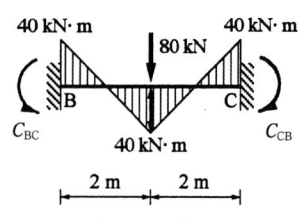

図5.65 はりABの固定端モーメント

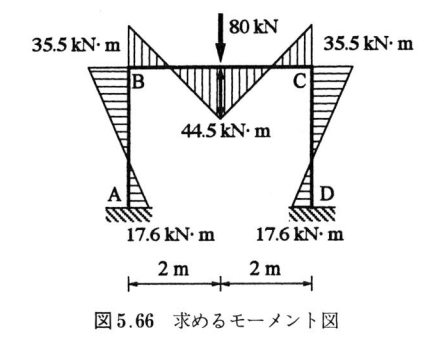

図 5.66 求めるモーメント図

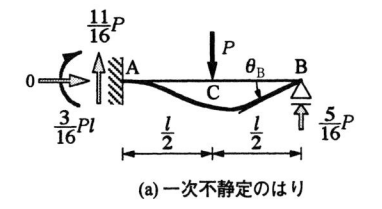

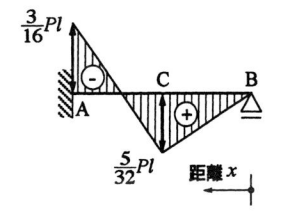

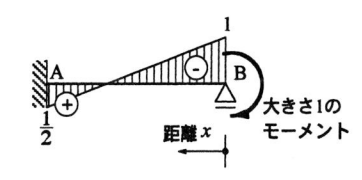

ので，この半分のモーメント（-0.4 kN·m）が点 B に到達する．これを M_{BC} の欄に記入する．

第 8 行：第 6 行と同様に 3 回目の分配モーメントを求める．

第 9 行：各列ごとに第 3 行から第 8 行までの和を求める．これが最終的な材端モーメントである．このとき，各節点におけるモーメントの和が 0 となることを確認しよう．たとえば点 B では，

$$M_{BA} + M_{BC} = 35.52 \text{ kN·m} - 35.52 \text{ kN·m} = 0$$

となるので，モーメントのつり合いが成り立っている．

以上より図 5.66 のようなモーメント図を得ることができる．なお図中のモーメントは有効数字 3 桁で表示した．

5.7 不静定骨組の変形

不静定構造の変形を求めるには，静定構造の場合（5.1 節）と同様に仮想仕事の原理を用いればよい．すなわち，任意の点の変位 δ あるいはたわみ角 θ は，

$$\delta \text{ (or } \theta) = \int \frac{M_0(x) \cdot M_1(x)}{EI} dx \quad (5.49)$$

によって求めることができる．ここで $M_0(x)$：外力によって生じるモーメント，$M_1(x)$：所定の点に大きさ 1 の力（あるいはモーメント）を与えたときに生じるモーメントである．たとえば図 5.67（a）のような一次不静定のはりを例にしよう．ちなみにこれは，図 5.27 の例題と同じものである．このとき，点 B のたわみ角 θ_B を求める．外力によるモーメント図は図 5.67（b）である．また，点 B に大きさ 1 のモーメントを加えたときのモーメント図は図 5.67（c）のようにな

図 5.67 不静定はりの変形

る．ここで図のように，点 B から左向きに距離 x を設定して，それぞれのモーメントを数式表示すると以下のようになる．

外力によって生じるモーメント $M_0(x)$：

BC 間 $\left(0 \leq x \leq \dfrac{l}{2}\right)$：$M_0(x) = \dfrac{5}{16}Px$

CA 間 $\left(\dfrac{l}{2} \leq x \leq l\right)$：$M_0(x) = -\dfrac{11}{16}Px + \dfrac{1}{2}Pl$

点 B に大きさ 1 のモーメントを与えたときのモーメント $M_1(x)$：

BA 間 $(0 \leq x \leq l)$：$M_1(x) = \dfrac{3}{2l}x - 1$

これより点 B のたわみ角 θ_B は以下となる．

$$\theta_B = \int \frac{M_0(x) \cdot M_1(x)}{EI} dx = \underbrace{\int_0^{\frac{l}{2}} \frac{\frac{5}{16}Px \cdot \left(\frac{3}{2l}x - 1\right)}{EI} dx}_{\text{BC 間}}$$

$$+ \underbrace{\int_{\frac{l}{2}}^{l} \frac{\left(-\frac{11}{16}Px + \frac{1}{2}Pl\right) \cdot \left(\frac{3}{2l}x - 1\right)}{EI} dx}_{\text{CA 間}}$$

$$= -\frac{5Pl^2}{256EI} - \frac{3Pl^2}{256EI}$$

$$= -\frac{Pl^2}{32EI}$$

点Bには時計回りの単位モーメントを与えたので，たわみ角の符号は時計回りが正である．たわみ角 θ_B の符号は上記のように負であるので，これは反時計回りの角度であることがわかる．

ここでは大きさ1のモーメントをもとの不静定はりに加えることによって，仮想仕事の原理を利用した．しかし，静定基本形に単位荷重を与えた場合にも同様の結果が得られる．たとえば図5.68 (a) のように，点Bのローラーを解除した片持ちはりを静定基本形に設定しよう．このとき，図5.67 (c) と同じ応力状態を得るためには，静定基本形の点Bに大きさ1のモーメントと不静定余力 X_2 を上向きに与えればよい（図5.68 (b) 参照）．ここで静定基本形のこの系に，もとの不静定構造の変形（図5.67 (a) の変形）を仮想に与えるとする．このとき点Bはローラー支持されているので，鉛直方向の変位は0である．よって，不静定余力 X_2 のなす仕事は $X_2 \times 0 = 0$ となる．そこで図5.68 (b) の系から不静定余力 X_2 を除いた系（図5.68 (c)）に対して，もとの不静定構造の変形を仮想に与えても，外力のなす仕事は $1 \times \theta_B$ となり，もとの不静定はりにおける点Bのたわみ角 θ_B を求めることができる．

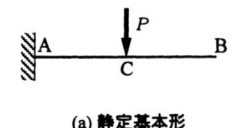

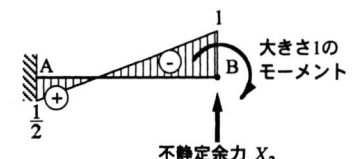

そこで図5.68 (c) のモーメントを $\overline{M_1}(x)$ とすると，

$$\theta_B = \int \frac{M_0(x) \cdot \overline{M_1}(x)}{EI} dx \qquad (5.50)$$

によってたわみ角 θ_B を求めることができる．このように単位荷重を与える構造として静定基本形を用いれば，モーメント図が簡単に求められ，その後の積分計算も楽になる．この例の場合には，

$$\overline{M_1}(x) = -1$$

となるので，

$$\theta_B = \int_0^{\frac{l}{2}} \frac{\frac{5}{16}Px \cdot (-1)}{EI} dx + \int_{\frac{l}{2}}^{l} \frac{\left(-\frac{11}{16}Px + \frac{1}{2}Pl\right) \cdot (-1)}{EI} dx$$

$$= -\frac{Pl^2}{32EI}$$

先ほどと同様の結果が得られる．

どのような不静定構造物でも，このように仮想仕事の原理によって理論的に解くことができる．しかし実際の建物を手計算によって解くには限界があり，コンピュータを利用することになる．具体的には6章においてコンピュータを用いた解法を説明するので参照してほしい．

(a) 静定基本形

(b) 単位モーメントと不静定余力によるモーメント図（M_1 と同じ）

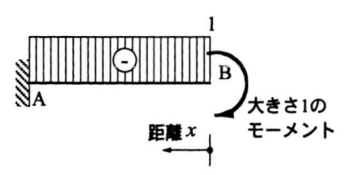

(c) 単位モーメントによるモーメント図（$\overline{M_1}$）

図5.68 静定基本形の利用

6. コンピュータによる構造解析

6.1 マトリクス構造解析法

6.1.1 マトリクス法とは

マトリクスは数学的な表記法の一つで，変数が多い場合の比例的な表示に適している．このマトリクスを用いることで，多変数の計算を1変数の計算式の場合と同様に取り扱うことができる．

$$y = a \times x \quad \cdots\cdots \{y\} = [a]\{x\}$$
$$P = k \times \delta \quad \cdots\cdots \{P\} = [k]\{\delta\}$$
$$M = EI \times 1/\rho \quad \cdots\cdots \{M\} = [EI]\{1/\rho\}$$

応力，変位などを計算するときにマトリクス演算を用いることを，構造工学の分野ではマトリクス法あるいはマトリクス構造解析法という．マトリクス法はコンピュータの使用によって有効に利用できるものである．1960年代に登場したコンピュータの進歩とともに普及してきた．

6.1.2 マトリクス法の特徴

マトリクス法はいままで学んできた構造力学と同様に，外力（荷重）を受ける構造物の応力，変位などを解くものである．マトリクス法の特徴としては，

- 繰り返し計算が可能：荷重条件，固定条件などの入力データを変えて何度でも同じ計算ができる．
- 大規模な構造物の解析：手計算では不可能な大型の計算，すなわち未知量が多い構造物（たとえば，高層建物，立体構造など）こそ，マトリクス法を用いるのにふさわしい．
- 静定構造と不静定構造の区別はいらない：手計算では困難な不静定構造も，静定構造と全く同様に計算できる．
- 汎用性：個別の問題ごとにプログラムを作成する必要がない．
- プログラム作成の困難：そのプログラムの作成は複雑で，使いやすいプログラムの作成には習熟が必要である．
- ブラックボックス的に扱える：データの入力方法と，出力結果の見方が理解できれば，プログラムの内容を知っている必要はない．

$$\text{入力} \rightarrow \boxed{\begin{array}{c}\text{プログラム}\\\text{ブラックボックス}\end{array}} \rightarrow \text{出力}$$

などがあろう．しかし，建築構造の設計をめざす人にとっては，構造力学に基づくマトリクス法とコンピュータ・プログラミングの両方を理解できることが必要である．ここではマトリクス法を用いた構造力学の基礎を説明する．構造力学の基本に従って一般的な形に定式化することで，マトリクス法は，トラス，はり-柱フレーム，あるいはシェルのような連続体においても，また立体構造でも原理は同一である．

プログラムの中味は，マトリクス法を用いて

$$\{外力\} = [剛性]\{変位\}$$

または $\{変位\} = [柔性]\{外力\}$

を解くことにかなりの容量を割いている．詳しいことはこれから説明するが，構造物に作用している外力が既知量で，その結果として生じる変位が未知量である．外力と変位の関係を結びつける剛性は，構造部材を構成する材料レベルにおける応力度とひずみ度の関係式（「3.3 応力度とひずみ度」を参照）であるフックの法則から求める．フックの法則が成立する比例限度内では，作用$\{外力\}$は生じる$\{変位\}$に比例し，その比例係数を［剛性］と呼んでいる．比例限度内のことを弾性範囲ということも多い．逆に，生じる$\{変位\}$は作用$\{外力\}$に比例すると考えることもでき，その場合の比例係数を［柔性］と呼んでいる．

6.1.3 剛性

1変数の場合を例に，剛性を具体的に説明する．

a. 片持ちはり

図6.1のように，片持ちはりの自由端に集中荷重Pを作用させたときに，先端に生じる鉛直変位をxとする．荷重Pを2倍にすれば，変位xは2倍になる．xはPに比例し，その比例係数をk_cとする．

$$P = k_c \times x \quad (6.1)$$

k_cは$3EI/l^3$となり，ヤング係数E，断面二次モーメントIに比例し，部材の長さlの3乗に反比例する．このk_cを，片持ちはりの先端に荷重が作用したときの，先端のたわみに対する剛性という．

b. 単純はり

図6.2のような単純はりのピン支持点に生じる材端回転角θは，作用する曲げモーメントMに比例する．その比例係数をk_sとする．

$$M = k_s \times \theta \quad (6.2)$$

k_sは$3EI/l$となり，ヤング係数E，断面二次モーメントIに比例することは片持ちはりと同様であるが，部材の長さlに反比例する点が少し違う．このk_sを，単純はりの材端に曲げモーメントが作用したときの，作用点（同じ材端）の回転角に対する剛性という．

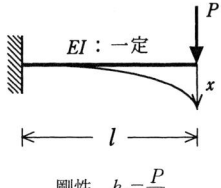

図6.1 片持ちはりの剛性　剛性 $k_c = \dfrac{P}{x}$

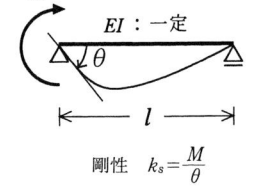

図6.2 単純はりの剛性　剛性 $k_s = \dfrac{M}{\theta}$

a, b項で示した剛性k_c, k_sの決定と，P, Mを作用させたときのx, θの計算が，6.1.2項で述べたプログラム（ブラックボックス）の主要な部分である．既知量P, Mが入力データであり，未知量x, θが出力データである．プログラムで考えたときには，剛性k_c, k_sを作成するために必要なE, I, lも入力データの一種と考えることができる．

6.1.4 剛性マトリクス

2変数の場合を例に，多変数の剛性マトリクスを具体的に説明する．$\begin{Bmatrix} v_1 \\ v_2 \end{Bmatrix}$を$\{v_1, v_2\}^T$と表記し，ベクトルの転置という．

a. 片持ちはり

図6.3のように，片持ちはりの中央部付近と自由端に集中荷重P_1とP_2を作用させたときに，荷重作用点に生じる鉛直変位をx_1とx_2とする．

$$\begin{Bmatrix} P_1 \\ P_2 \end{Bmatrix} = \begin{bmatrix} k_{c11} & k_{c12} \\ k_{c21} & k_{c22} \end{bmatrix} \begin{Bmatrix} x_1 \\ x_2 \end{Bmatrix} \quad (6.3)$$

荷重群$\{P_1, P_2\}^T$を外力ベクトルまたは荷重ベクトル，変位群$\{x_1, x_2\}^T$を変位ベクトルという．$\{\boldsymbol{P}\} = \{P_1, P_2\}^T$, $\{\boldsymbol{x}\} = \{x_1, x_2\}^T$とおくと，

$$\{\boldsymbol{P}\} = [k_c]\{\boldsymbol{x}\} \quad (6.4)$$

と表すことができる．未知量$\{\boldsymbol{x}\}$は既知量$\{\boldsymbol{P}\}$に比例し，マトリクス$[k_c]$はその比例係数の集まりである．マトリクス$[k_c]$をこの片持ちはりの剛性マトリクスという．

$$\begin{Bmatrix} P_1 \\ P_2 \end{Bmatrix} = [k_c] \begin{Bmatrix} x_1 \\ x_2 \end{Bmatrix}$$

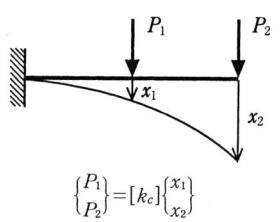

図6.3 片持ちはりの2変数の例

b. 単純はり

図6.4のような単純はりの両支持点に曲げモーメントM_1とM_2を作用させたときの材端回転角をθ_1とθ_2とする．作用する曲げモーメント群$\{M_1, M_2\}^T$と材端回転角群$\{\theta_1, \theta_2\}^T$は，外力ベクトルと変位ベクトルである．$\{\boldsymbol{M}\} = \{M_1, M_2\}^T$, $\{\boldsymbol{\theta}\} = \{\theta_1, \theta_2\}^T$とおくと，

$$\{\boldsymbol{M}\} = [k_s]\{\boldsymbol{\theta}\} \quad (6.5)$$

$$\begin{Bmatrix} M_1 \\ M_2 \end{Bmatrix} = [k_s] \begin{Bmatrix} \theta_1 \\ \theta_2 \end{Bmatrix}$$

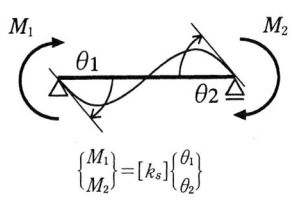

図6.4 単純はりの2変数の例

と表すことができる．ただし，

$$[k_s] = \begin{bmatrix} k_{s11} & k_{s12} \\ k_{s21} & k_{s22} \end{bmatrix}$$

未知量 $\{\theta\}$ は既知量 $\{M\}$ に比例し，2行2列のマトリクス $[k_s]$ は比例係数の集まりである．マトリクス $[k_s]$ をこの単純はりの剛性マトリクスという．

6.1.3，6.1.4節で示した四つのはりの例を一つのプログラムで計算できれば，このコンピュータ・プログラムは汎用性があるといえる．四つについて個別に計算する場合には"ブラックボックス"の良さは少ない．

6.1.5 柔性マトリクス

「6.1.3 剛性」と「6.1.4 剛性マトリクス」で示した片持ちはりと単純はりの例は，入力として作用外力ベクトルが与えられたときに，未知量である変位ベクトルを計算して，出力する問題ととらえることができる．この一連の計算を順計算と呼ぶことにしよう．仮想仕事の原理，たわみ角法などは，外力ベクトルが与えられたときに，変位ベクトルを求める順計算と考えることができる．

問題を「はりの変位ベクトルがある値になるために必要な外力ベクトルを計算する」ことにしたらどうだろうか？ つまり，はりがある変形になるためにはどのような外力を作用させるべきかを考える．生じている変位ベクトルが入力であり，この計算を逆計算と呼ぶことにしよう．

順計算は，剛性 k_c, k_s, あるいは剛性マトリクス $[k_c]$, $[k_s]$ が与えられていて，外力ベクトルを作用させ（入力し）て，変位ベクトルを計算（出力）した．この順計算では，数学的には連立方程式を解いて変位ベクトルを求める．逆計算では，数学的には剛性マトリクスと変位ベクトルとの積を行うことで，外力ベクトルを求めることに相当する．

変位ベクトルと外力ベクトルとの関係を

$$x = a_c \times P \quad (6.6)$$
$$\theta = a_s \times M \quad (6.7)$$
$$\{x\} = [a_c]\{P\} \quad (6.8)$$
$$\{\theta\} = [a_s]\{M\} \quad (6.9)$$

のように表して，変位ベクトルを求める順計算をマトリクスと外力ベクトルとの積に置き換えてみる．これらの表現は，外力ベクトルを求める逆計算を連立方程式を解くことに置換したと考えることもできる．

6.1.3項の剛性の例では，作用させた外力 P（または M）を求めた変位 x（または θ）で除することで，剛性 k_c（または k_s）を得た．式（6.6）（または式（6.7））の変位 x（または θ）を外力 P（または M）で除することで，式（6.6）の比例定数 a_c（または a_s）が得られる．式（6.1）と式（6.6），式（6.2）と式（6.7）から，

$$k_c \times a_c = 1 \quad (6.10)$$
$$k_s \times a_s = 1 \quad (6.11)$$

の関係がわかる．a_c, a_s は各々，剛性 k_c, k_s の逆数であり，柔性またはたわみ性という．マトリクスやベクトルには割り算はないが，逆マトリクスという便利なものがある．

$$[a_c] = [k_c]^{-1} \quad (6.12)$$
$$[a_s] = [k_s]^{-1} \quad (6.13)$$

$[a_c]$, $[a_s]$ は，$[k_c]$, $[k_s]$ に関して，数学的には逆マトリクスである．マトリクス法では $[a_c]$, $[a_s]$ を柔性マトリクスと呼んでいる．

6.1.6 剛性法と柔性法

a. 剛性法

作用外力が与えられたときに，未知量である変位あるいは回転角を解く連立方程式は式（6.1）から式（6.4）のように剛性マトリクスを用いた力のつり合い式であることから，この解法を剛性法と呼んでいる．変位が未知量であることから変位法と呼ぶこともある．曲げ変形のみが生じる部材の節点回転角 θ と部材角 R を未知量とするた

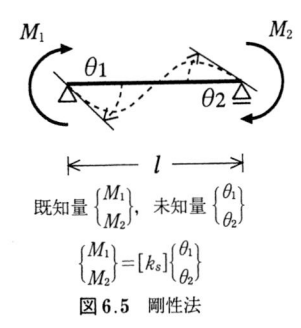

既知量 $\begin{Bmatrix} M_1 \\ M_2 \end{Bmatrix}$，未知量 $\begin{Bmatrix} \theta_1 \\ \theta_2 \end{Bmatrix}$

$$\begin{Bmatrix} M_1 \\ M_2 \end{Bmatrix} = [k_s] \begin{Bmatrix} \theta_1 \\ \theta_2 \end{Bmatrix}$$

図 6.5 剛性法

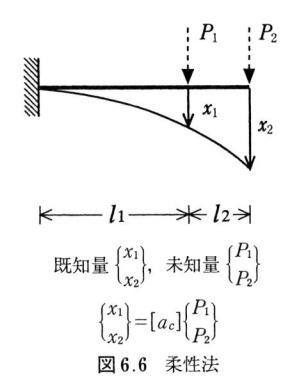

図6.6 柔性法

既知量 $\begin{Bmatrix} x_1 \\ x_2 \end{Bmatrix}$, 未知量 $\begin{Bmatrix} P_1 \\ P_2 \end{Bmatrix}$

$$\begin{Bmatrix} x_1 \\ x_2 \end{Bmatrix} = [a_c] \begin{Bmatrix} P_1 \\ P_2 \end{Bmatrix}$$

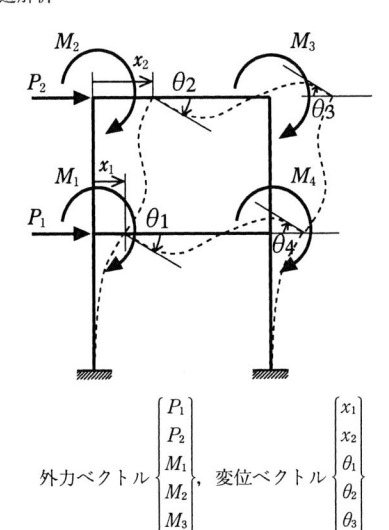

外力ベクトル $\begin{Bmatrix} P_1 \\ P_2 \\ M_1 \\ M_2 \\ M_3 \\ M_4 \end{Bmatrix}$, 変位ベクトル $\begin{Bmatrix} x_1 \\ x_2 \\ \theta_1 \\ \theta_2 \\ \theta_3 \\ \theta_4 \end{Bmatrix}$

図6.7 外力ベクトルと変位ベクトル

わみ角法と原理は同じである．剛性法については，6.2節で詳しく説明する．

b. 柔性法

柔性法は，逆計算を思い浮かべて，柔性マトリクスを用いた式 (6.6) から式 (6.9) のような変位のつり合い式を考えればよい．

また，柔性法を理解するには，一般解法（マクスウェル・モールの解法）によって不静定構造物を解くことを想定するとよい．反力または不静定部材を切り離して，静定構造物すなわち「静定基本形」を仮定する．切り離した「不静定余力」が未知量である．この不静定余力（反力または不静定部材の応力）を未知量とする変位の適合条件式を未知量の数だけ適用することで，連立方程式が誘導できる．この連立方程式を解くことで，反力または不静定部材の応力が求まり，力のつり合いから，残り反力またはすべての部材応力が計算できる．柔性法は応力が未知量であることから，応力法と呼ぶこともある．

6.1.7 マトリクスの要素
a. 剛性マトリクスの要素

剛性マトリクス $[k]$ の要素，すなわちマトリクスの成分について，上から i 行目，左から j 列目の要素に添字 ij をつけて k_{ij} と表記する．

構造物に作用する外力群の位置に順番をつけて並べたものが外力ベクトルである．図6.7のように，外力ベクトルと同じ位置と順番からなる変位群が変位ベクトルである．変位ベクトルの i 番目の変数位置にのみ単位の変位が生じ，他のすべての変数位置での変位が 0 となるときの外力ベクトルが剛性マトリクス $[k]$ の第 i 列を意味する．

たとえば，6.1.4項の片持ちはりのベクトルは2変数で，剛性マトリクスは2行2列である．この剛性マトリクスの要素を，図6.8のようにして求める．

$i=1$ として，1番目の変数位置にのみ変位が1だけ生じた状態，すなわち $\{x_1, x_2\}^T = \{1, 0\}^T$ にするための $\{P_1, P_2\}^T$ が剛性マトリクスの第1列 $\{k_{c11}, k_{c21}\}^T$ となる．

$i=2$ として，2番目の変数位置にのみ変位が1だけ生じた状態，すなわち $\{x_1, x_2\}^T = \{0, 1\}^T$ にす

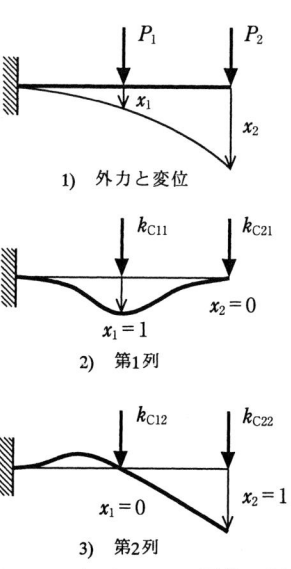

1) 外力と変位

2) 第1列

3) 第2列

図6.8 剛性マトリクスの要素の求め方

るための $\{P_1, P_2\}^T$ が剛性マトリクスの第2列 $\{k_{c12}, k_{c22}\}^T$ となる．

b. 柔性マトリクスの要素

柔性マトリクス $[a]$ についても，剛性マトリクスと同様に上から i 行目，左から j 列目の要素に添字 ij をつけて a_{ij} と表記する．

外力ベクトルの i 番目の変数位置にのみ単位の外力を加え，他のすべての変数位置での外力が0となるときの変位ベクトルが柔性マトリクス $[a]$ の第 i 列を意味する．

たとえば，6.1.4項の単純はりのベクトルは2変数で，柔性マトリクスは2行2列である．この柔性マトリクスの要素を，図6.9のようにして求める．

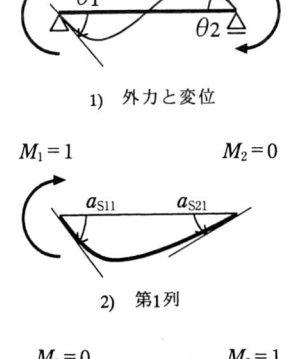

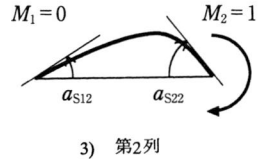

図6.9 柔性マトリクスの要素の求め方

$i=1$ として，1番目の変数位置にのみ曲げモーメントを1だけ作用させた状態，すなわち $\{M_1, M_2\}^T = \{1, 0\}^T$ を加えたときの $\{\theta_1, \theta_2\}^T$ が柔性マトリクスの第1列 $\{a_{s11}, a_{s21}\}^T$ となる．

$i=2$ として，2番目の変数位置にのみ曲げモーメントを1だけ作用させた状態，すなわち $\{M_1, M_2\}^T = \{0, 1\}^T$ を加えたときの $\{\theta_1, \theta_2\}^T$ が柔性マトリクスの第2列 $\{a_{s12}, a_{s22}\}^T$ となる．

c. 相反定理

フックの法則が成立し，応力度とひずみ度が比例している弾性範囲では，剛性マトリクスの要素 k_{ij}，あるいは柔性マトリクスの要素 a_{ij} は変化し

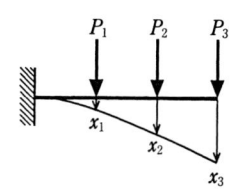

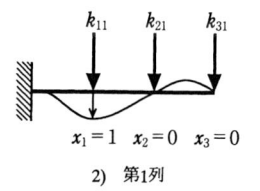

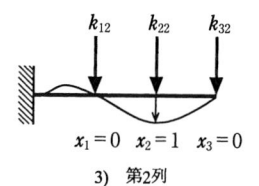

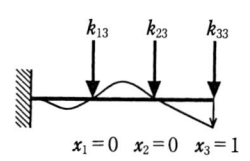

$$\begin{Bmatrix} P_1 \\ P_2 \\ P_3 \end{Bmatrix} = \begin{bmatrix} k_{11} & k_{12} & k_{13} \\ k_{21} & k_{22} & k_{23} \\ k_{31} & k_{32} & k_{33} \end{bmatrix} \begin{Bmatrix} x_1 \\ x_2 \\ x_3 \end{Bmatrix}$$

1) 剛性マトリクス

2) 第1列

3) 第2列

4) 第3列

$k_{12} = k_{21}$
$k_{13} = k_{31}$
$k_{23} = k_{32}$

図6.10 相反定理

ない．数学的には線形モデルという．

弾性範囲では，剛性マトリクスの要素 k_{ij} と要素 k_{ji} は等しい（図6.10）．柔性マトリクスの要素 a_{ij} と要素 a_{ji} も等しい．このような性質のことを相反定理，またはマクスウエル・ベティの定理と呼んでいる．弾性構造物では必ず成り立つ重要な性質である．

6.2 剛 性 法

6.2.1 フレーム構造

a. フレーム構造とは

建築構造物を構成するはり，柱，ブレース，耐震壁あるいは床スラブなどの変形性状は，部材ご

とに異なる．

はりは曲げ変形，柱は曲げ変形と軸方向の変形，ブレースは軸方向の変形のみ，耐震壁の面内方向は主としてせん断変形であり，曲げ変形は小さい．また，床スラブは面外の曲げ変形がおもな変形である．

ここでは，曲げ変形と軸方向の変形を考慮したはり，柱部材からなるフレーム構造について，マトリクス法による剛性法を用いて応力や変位を解く方法を説明する．なお，軸方向の変形については3.3節に，曲げ変形については3.6節に詳しい説明がされている．

はり，柱部材からなるフレーム構造をラーメンと呼ぶこともある．ラーメンというのはドイツ語のRahmenであり，もともとは枠という意味である．建築構造物の多くはトラス構造のようなピン接合とは違い，部材間の節点を固定して，剛に接合している．フレーム構造は，「剛に接合されたはりと柱からなるフレーム」構造と考えることができよう．

剛な接合部は剛体として挙動することから，はり，柱部材の端部には，本来は剛域（変形しない部分）を考慮すべきである．また，実際の構造設計においては，長さが短い部材など，せん断変形を考慮しなければならないことも多い．

b. 節点番号と部材番号

はり，柱部材には中間荷重は作用しないものとし，はり，柱の部材間の節点にのみ外力が作用することにする．この節点に順番をつける．支持反力点にも番号をつけて，部材の両端には節点番号が必ずあるようにする．なお，はり，柱部材には通し番号を付す．

2層1スパンのフレーム構造の例を図6.11に示す．数字は節点番号で，○数字は部材番号である．たとえば，はり部材②の節点番号は2と5であり，柱部材⑤の節点番号は2と3である．

6.2.2 部材剛性マトリクス

a. 構成方程式

部材の端部に作用する外力とその点での変位との関係を構成則という．その関係を数学的に示したものを構成方程式という．

たとえば，バネばかりにつるす重りの数とそのときのはかりの目盛り（バネの伸び）との関係は，図6.12に示すように，バネばかりの中のつる巻バネの構成則を利用したものである．バネばかりの重りの数と目盛りとの関係と同様に，部材の応力度とひずみ度との関係，あるいは作用外力と生じる変位との関係がわかっていれば，材端力と材端変位との関係を示す部材の剛性マトリクスを誘導することができる．

b. はり部材の剛性マトリクス

曲げ変形と軸方向の変形を考慮したはりの両端の節点番号をi，jとして，材端力を図6.13に示す．これに対応した材端変位を図6.14のように考えると，はり部材の構成方程式は式(6.14)となる．

$$\{p_{ij}\}=[k_e]\{u_{ij}\} \quad (6.14)$$

材端力ベクトル$\{p_{ij}\}$，材端変位ベクトル$\{u_{ij}\}$

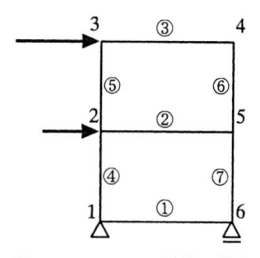

図6.11 フレーム構造の節点番号と部材番号

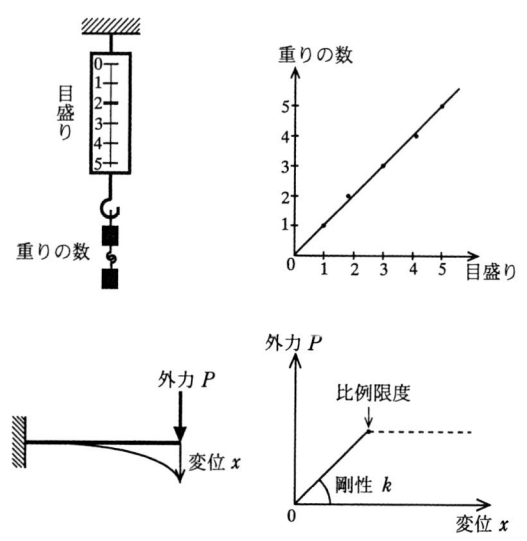

図6.12 バネばかりと構成方程式

図6.13 材端力 N, Q, M

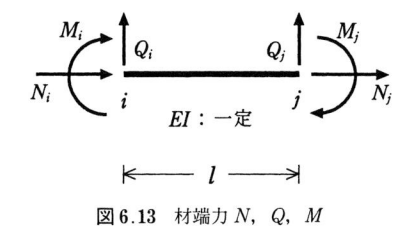

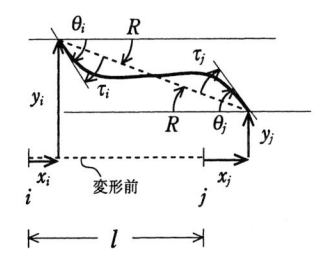

図6.14 曲げ変形と軸方向の変形によって生じる材端変位 x, y, θ

は6変数である．

$$\{\boldsymbol{p}_{ij}\}=\{N_i, Q_i, M_i, N_j, Q_j, M_j\}^T$$
$$\{\boldsymbol{u}_{ij}\}=\{x_i, y_i, \theta_i, x_j, y_j, \theta_j\}^T$$

1本のはり部材の剛性マトリクスを，部材剛性マトリクスあるいは要素剛性マトリクスと呼んでいる．曲げ変形と軸方向の変形を考慮したはりの部材剛性マトリクス $[k_e]$ は6行6列である．

$$[k_e]=\begin{bmatrix} k_{e11} & k_{e12} & k_{e13} & k_{e14} & k_{e15} & k_{e16} \\ k_{e21} & k_{e22} & k_{e23} & k_{e24} & k_{e25} & k_{e26} \\ k_{e31} & k_{e32} & k_{e33} & k_{e34} & k_{e35} & k_{e36} \\ k_{e41} & k_{e42} & k_{e43} & k_{e44} & k_{e45} & k_{e46} \\ k_{e51} & k_{e52} & k_{e53} & k_{e54} & k_{e55} & k_{e56} \\ k_{e61} & k_{e62} & k_{e63} & k_{e64} & k_{e65} & k_{e66} \end{bmatrix}$$

c. 部材剛性マトリクスの求め方

部材剛性マトリクス $[k_e]$ の36個の要素は，6.1.7項で説明した考え方で求めることができる．図6.15のように材端変位ベクトルの第 i 番目の変数位置にのみ単位の変位が生じ，他のすべての変数位置での変位が0となるときの材端力ベクトルが部材剛性マトリクス $[k_e]$ の第 i 列を意味する．

① 第1列，第4列の要素： 材端変位ベクトルの第1番目の変数 x_i にのみ1の変位が生じた場合を考える（図6.15の1））．軸方向の変形（縮み Δl）を1とすると，はりのひずみ度 $\varepsilon=1/l$

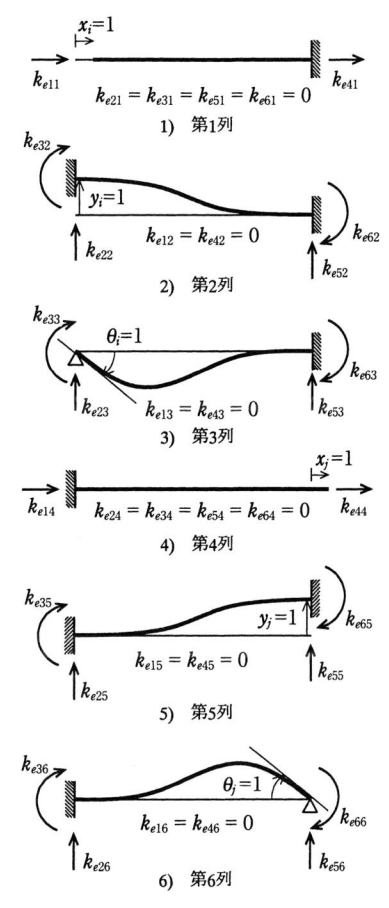

図6.15 部材剛性マトリクスの求め方

となり，フックの法則 $\sigma=E\times\varepsilon$ から，$N_i=\sigma\times A=E\times A/l=k_{e11}$ となる．$k_A=EA/l$ とおくと，材軸方向の力のつり合いから，$N_j=k_{e41}=-k_{e11}=-k_A$ である．

同様に，材端変位ベクトルの第4番目の変数 x_j にのみ1の変位が生じた場合を考える（図6.15の4））．軸方向の変形（伸び Δl）を1とすると，$N_i=k_{e44}=k_A$ となり，材軸方向の力のつり合いから，$N_j=k_{e14}=-k_{e44}=-k_A$ である．

② 曲げモーメントと材端回転角との関係：曲げ変形する単純はり両端の節点番号を i, j とし，図6.16のように材端力としての曲げモーメント M_i, M_j が作用している状態を考える．部材が軸方向に伸縮せずに，両端 i, j が水平方向，鉛直方向ともに移動しない条件で，材端回転角 θ_i, θ_j のみが生じる場合のはり部材の構成方程式を式(6.15)で表す．

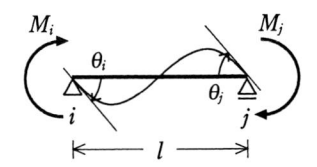

1) 材端力と材端変位

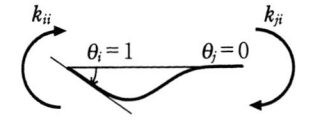

2) 第1列

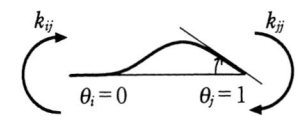

3) 第2列

図 6.16 単純はりの剛性マトリクスの求め方

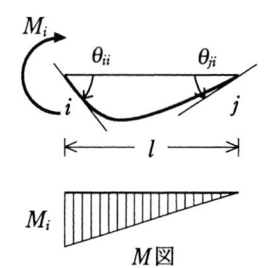

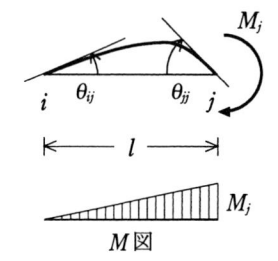

1) 曲げモーメント M_i が作用

2) 曲げモーメント M_j が作用

図 6.17 曲げモーメントと材端回転角との関係

$\theta_j=1$ が生じ，材端 i の変位 $\theta_i=0$ となるときの，両端の曲げモーメント M_i, M_j として求める．その計算には仮想仕事の原理，たわみ角法，モールの定理などを用いる．ここでは，モールの定理を適用して部材剛性マトリクスの要素を計算してみる（図 6.17）．

左端 i のみに曲げモーメント M_i が作用したときの両端の変位を θ_{ii}, θ_{ji} とする．

$$\theta_{ii}=\frac{M_i\times l}{2EI}\times\frac{1}{l}\times\frac{2l}{3}=\frac{M_i\times l}{3EI} \quad (6.16)$$

$$\theta_{ji}=-\frac{M_i\times l}{2EI}\times\frac{1}{l}\times\frac{l}{3}=-\frac{M_i\times l}{6EI} \quad (6.17)$$

右端 j のみに曲げモーメント M_j が作用したときの両端の変位を θ_{ij}, θ_{jj} とする．

$$\theta_{ij}=-\frac{M_j\times l}{6EI} \quad (6.18)$$

$$\theta_{jj}=\frac{M_j\times l}{3EI} \quad (6.19)$$

式 (6.16) から式 (6.19) までを用いると，

$$\theta_i=\theta_{ii}+\theta_{ij}=\frac{l}{6EI}(2M_i-M_j) \quad (6.20)$$

$$\theta_j=\theta_{ji}+\theta_{jj}=\frac{l}{6EI}(2M_j-M_i) \quad (6.21)$$

となる．この式 (6.20)，式 (6.21) において，$\theta_i=1$，$\theta_j=0$ としたときの M_i, M_j を計算して，要素 k_{ii}, k_{ji} を求める．

$$M_i=\frac{4EI}{l}=k_{ii} \quad (6.22)$$

$$M_j=\frac{2EI}{l}=k_{ji} \quad (6.23)$$

同様に，$\theta_i=0$，$\theta_j=1$ としたときの M_i, M_j が要素 k_{ij}, k_{jj} となる．

$$M_i=\frac{2EI}{l}=k_{ij} \quad (6.24)$$

$$M_j=\frac{4EI}{l}=k_{jj} \quad (6.25)$$

マトリクス表示すると，

$$\begin{Bmatrix}M_i\\M_j\end{Bmatrix}=\frac{2EI}{l}\begin{bmatrix}2 & 1\\1 & 2\end{bmatrix}\begin{Bmatrix}\theta_i\\\theta_j\end{Bmatrix} \quad (6.26)$$

または，$k_B=EI/l$ とおくと，

$$\begin{Bmatrix}M_i\\M_j\end{Bmatrix}=\begin{bmatrix}4k_B & 2k_B\\2k_B & 4k_B\end{bmatrix}\begin{Bmatrix}\theta_i\\\theta_j\end{Bmatrix} \quad (6.27)$$

曲げ変形の基本となる構成方程式 (6.27) は，5.5.3 項で示した節点の移動がない場合のたわみ

$$\begin{Bmatrix}M_i\\M_j\end{Bmatrix}=\begin{bmatrix}k_{ii} & k_{ij}\\k_{ji} & k_{jj}\end{bmatrix}\begin{Bmatrix}\theta_i\\\theta_j\end{Bmatrix} \quad (6.15)$$

式 (6.15) の部材剛性マトリクス4個の要素を求める．第1列の要素 k_{ii}, k_{ji} は，材端 i のみに変位 $\theta_i=1$ が生じ，材端 j の変位 $\theta_j=0$ となるときの，両端の曲げモーメント M_i, M_j として求める．第2列の要素 k_{ij}, k_{jj} は，材端 j のみに変位

角法の公式と一致する．材端回転角 θ_i, θ_j は，節点の移動がない場合にはたわみ角そのものである．さらに，図 6.13 において，y 方向の力のつり合いから，$Q_j=-Q_i$ となる．y 方向の節点移動の差分 (y_i-y_j) に対して，部材の伸縮 (x_i-x_j) は微小であることから，変形後も部材長 l は変わらないとすると部材角 R は，

$$R=\frac{y_i-y_j}{l} \quad (6.28)$$

となる．図 6.14 のように節点の移動がある場合は材端回転角 θ から部材角 R を差し引いたものがたわみ角 τ となる．節点の移動がない式 (6.27) の材端回転角 θ に，節点の移動がある場合のたわみ角 $\tau=(\theta-R)$ を代入すると，曲げ変形の構成方程式は式 (6.29) になる．この式 (6.29) に式 (6.28) を考慮して，外力 M_i, M_j と変位 y_i, θ_i, y_j, θ_j に関する構成方程式 (6.30) を得る．

$$\begin{Bmatrix} M_i \\ M_j \end{Bmatrix} = \begin{bmatrix} 4k_B & 2k_B \\ 2k_B & 4k_B \end{bmatrix} \begin{Bmatrix} \theta_i - R \\ \theta_j - R \end{Bmatrix} \quad (6.29)$$

$$\begin{Bmatrix} M_i \\ M_j \end{Bmatrix} = \begin{bmatrix} 4k_B & 2k_B \\ 2k_B & 4k_B \end{bmatrix} \begin{Bmatrix} \theta_i - \frac{y_i}{l} + \frac{y_j}{l} \\ \theta_j - \frac{y_i}{l} + \frac{y_j}{l} \end{Bmatrix} \quad (6.30)$$

曲げモーメントのつり合いから，$M_i+M_j-Q_j \times l=0$ であり，y 方向の力のつり合い $Q_j=-Q_i$ から，式 (6.31) となる．

$$\begin{Bmatrix} Q_i \\ Q_j \end{Bmatrix} = \frac{1}{l}\begin{bmatrix} -1 & -1 \\ 1 & 1 \end{bmatrix}\begin{Bmatrix} M_i \\ M_j \end{Bmatrix} \quad (6.31)$$

式 (6.30) を式 (6.31) に代入して，外力 Q_i, Q_j と変位 y_i, θ_i, y_j, θ_j に関する構成方程式 (6.32) を得る．

$$\begin{Bmatrix} Q_i \\ Q_j \end{Bmatrix} = \frac{6}{l}\begin{bmatrix} -k_B & -k_B \\ k_B & k_B \end{bmatrix}\begin{Bmatrix} \theta_i - \frac{y_i}{l} + \frac{y_j}{l} \\ \theta_j - \frac{y_i}{l} + \frac{y_j}{l} \end{Bmatrix} \quad (6.32)$$

③ 第 2 列, 第 5 列の要素： 材端変位ベクトルの第 2 番目の変数 y_i にのみ 1 の変位が生じた場合を考える（図 6.15 の 2））．式 (6.32) に $\theta_i=0$, $\theta_j=0$, $y_i=0$, $y_j=1$ を代入すると，$Q_i=k_{e22}=12k_B/l^2$, $Q_j=k_{e52}=-12k_B/l^2$ が求まる．また，式 (6.30) に $\theta_i=0$, $\theta_j=0$, $y_i=0$, $y_j=1$ を代入すると，$M_i=k_{e32}=-6k_B/l$, $M_j=k_{e62}=-6k_B/l$ が求まる．

同様に，材端変位ベクトルの第 5 番目の変数 y_j にのみ 1 の変位が生じた場合を考える（図 6.15 の 5））．式 (6.32) に $\theta_i=0$, $\theta_j=0$, $y_i=0$, $y_j=1$ を代入すると，$k_{e25}=-k_{e55}=-12k_B/l^2$ が求まる．また，式 (6.30) に $\theta_i=0$, $\theta_j=0$, $y_i=0$, $y_j=1$ を代入すると，$k_{e35}=k_{e65}=6k_B/l$ が求まる．

④ 第 3 列, 第 6 列の要素： 材端変位ベクトルの第 3 番目の変数 θ_i にのみ 1 の変位が生じた場合を考える（図 6.15 の 3））．式 (6.32) に $\theta_i=1$, $\theta_j=0$, $y_i=0$, $y_j=0$ を代入すると，$Q_i=k_{e23}=-6k_B/l$, $Q_j=k_{e53}=6k_B/l$ が求まる．また，式 (6.30) に $\theta_i=1$, $\theta_j=0$, $y_i=0$, $y_j=0$ を代入すると，$M_i=k_{e33}=4k_B$, $M_j=k_{e63}=2k_B$ が求まる．

同様に，材端変位ベクトルの第 6 番目の変数 θ_j にのみ 1 の変位が生じた場合を考える（図 6.15 の 6））．式 (6.32) に $\theta_i=0$, $\theta_j=1$, $y_i=0$, $y_j=0$ を代入すると，$k_{e26}=-k_{e56}=-6k_B/l$ が求まる．また，式 (6.30) に $\theta_i=0$, $\theta_j=1$, $y_i=0$, $y_j=0$ を代入すると，$k_{e36}=2k_B$, $k_{e66}=4k_B$ が求まる．

⑤ 部材剛性マトリクス $[k_e]$ の全要素： 全要素を表示すると

$$[k_e] = \begin{bmatrix} k_A & 0 & 0 & -k_A & 0 & 0 \\ 0 & \frac{12}{l^2}k_B & -\frac{6}{l}k_B & 0 & -\frac{12}{l^2}k_B & -\frac{6}{l}k_B \\ 0 & -\frac{6}{l}k_B & 4k_B & 0 & \frac{6}{l}k_B & 2k_B \\ -k_A & 0 & 0 & k_A & 0 & 0 \\ 0 & -\frac{12}{l^2}k_B & \frac{6}{l}k_B & 0 & \frac{12}{l^2}k_B & \frac{6}{l}k_B \\ 0 & -\frac{6}{l}k_B & 2k_B & 0 & \frac{6}{l}k_B & 4k_B \end{bmatrix}$$

ここで，$k_A=EA/l$, $k_B=EI/l$．

6.2.3 座標変換

a. 部材座標系と全体座標系

6.2.2 項で求めた部材剛性マトリクス $[k_e]$ は，このままでフレーム構造に利用できるわけで

はない．たとえば，図6.14で示した変位 x, y, θ の座標軸は，部材軸の方向に基づいて定めている．水平材として用いるはり部材はそのまま利用できるが，鉛直材である柱部材ではそのまま利用できない．

はり部材または柱部材1本の座標系 x, y, θ を，部材座標系，要素座標系または局所座標系という．これに対して，構造物で一つに定めた座標系 X, Y, θ を全体座標系または基準座標系という．

部材座標系と全体座標系が異なる場合には，部材座標系から全体座標系に変換することが必要である．マトリクス法の利便性の一つに，この座標変換の容易さがある．

b. 変位の座標変換

図6.18のように，変位に関する全体座標系 X, Y と部材座標系 x, y とのなす角を α とすると，

$$x = X\cos\alpha - Y\sin\alpha \quad (6.33)$$
$$y = X\sin\alpha + Y\cos\alpha \quad (6.34)$$

回転角 θ は変換の必要はない．マトリクス表示すると，

$$\begin{Bmatrix} x \\ y \\ \theta \end{Bmatrix} = \begin{bmatrix} \cos\alpha & -\sin\alpha & 0 \\ \sin\alpha & \cos\alpha & 0 \\ 0 & 0 & 1 \end{bmatrix} \begin{Bmatrix} X \\ Y \\ \theta \end{Bmatrix} \quad (6.35)$$

$$[t] = \begin{bmatrix} \cos\alpha & -\sin\alpha & 0 \\ \sin\alpha & \cos\alpha & 0 \\ 0 & 0 & 1 \end{bmatrix} \quad (6.36)$$

とすると，

$$\begin{Bmatrix} x_i \\ y_i \\ \theta_i \\ x_j \\ y_j \\ \theta_j \end{Bmatrix} = \begin{bmatrix} [t] & 0 \\ 0 & [t] \end{bmatrix} \begin{Bmatrix} X_i \\ Y_i \\ \theta_i \\ X_j \\ Y_j \\ \theta_j \end{Bmatrix} \quad (6.37)$$

$$\{u_{ij}\} = [T]\{U_{ij}\} \quad (6.38)$$

6行6列のマトリクス $[T]$ を座標変換マトリクスという．

c. 外力の座標変換

部材端に作用する外力に関しても，変位の場合と同様に，部材座標系での材端力 N, Q, M と全体座標系での外力 P_X, P_Y, M との関係は式 (6.39) となる（図6.19）．

$$\begin{Bmatrix} N \\ Q \\ M \end{Bmatrix} = [t] \begin{Bmatrix} P_X \\ P_Y \\ M \end{Bmatrix} \quad (6.39)$$

フレーム構造の第 i 番目と第 j 番目の節点における全体座標系での外力を P_{Xi}, P_{Yi}, M_i と P_{Xj}, P_{Yj}, M_j とする．節点 i, j を両端とする部材 ij に関して部材座標系での材端力 N_i, Q_i, M_i, N_j, Q_j, M_j と，全体座標系での外力 P_{Xi}, P_{Yi}, M_i, P_{Xj}, P_{Yj}, M_j との関係は式 (6.40) となる．座標変換マトリクス $[T]$ は，変位の場合と全く同じである．

$$\begin{Bmatrix} N_i \\ Q_i \\ M_i \\ N_j \\ Q_j \\ M_j \end{Bmatrix} = [T] \begin{Bmatrix} P_{Xi} \\ P_{Yi} \\ M_i \\ P_{Xj} \\ P_{Yj} \\ M_j \end{Bmatrix} \quad (6.40)$$

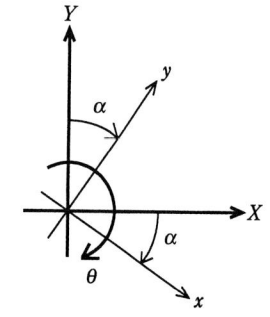

図6.18 部材座標系から全体座標系への変位の座標変換

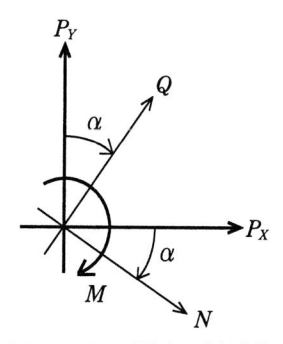

図6.19 部材端外力の座標変換

d. 全体座標系での部材剛性マトリクス

部材座標系に基づくはり部材の構成方程式 (6.14) ($\{p_{ij}\}=[k_e]\{u_{ij}\}$) に, 変位の座標変換式 (6.38) と, 外力の座標変換式 (6.40) を代入する.

$$[T]\{P_{ij}\}=[k_e][T]\{U_{ij}\}$$

$[T]^{-1}$ を両辺の左から乗ずれば,

$$[T]^{-1}[T]\{P_{ij}\}=[T]^{-1}[k_e][T]\{U_{ij}\}$$
$$\{P_{ij}\}=[T]^{-1}[k_e][T]\{U_{ij}\} \quad (6.41)$$

ここで, 全体座標系 X, Y と部材座標系 x, y はいずれも直交座標であることから, $[T]^{-1}=[T]^T$ である. $[T]^T$ は $[T]$ を主対角要素を中心に行と列を入れ換えたもの (T_{ij} を T_{ji} に代入する) で, 転置マトリクスという.

$$\{P_{ij}\}=[k_{ij}]\{U_{ij}\} \quad (6.42)$$

ただし,

$$[k_{ij}]=[T]^T[k_e][T]$$

$[k_{ij}]$: 全体座標系における部材剛性マトリクス.

全体座標系を用いて, 一つの部材 ij の材端力ベクトル $\{P_{ij}\}$ と材端変位ベクトル $\{U_{ij}\}$ の関係を示す部材剛性マトリクス $[k_{ij}]$ を求めることができた.

6.2.4 全体剛性マトリクス

a. フレーム構造の変数の数

フレーム構造全体の外力ベクトルと変位ベクトルとの関係は, 全体座標系で示した部材ごとの部材剛性マトリクス $[k_{ij}]$ を組み合わせて求める. 組み合わされたフレーム構造の剛性マトリクスを全体剛性マトリクスという.

図 6.20 に示す 1 層 1 スパンのフレーム構造を例に, 全体剛性マトリクスの作成方法を具体的に説明する. はり 1 本, 柱 2 本からなり, 部材数は 3 個である. 節点数は 4 個で, 各節点ともに三つの変位 X, Y, θ をもつので, このフレーム構造全体での変位数は 12 となる. すなわち, 変位ベクトル $\{U_T\}$ の変数は 12 であり, この $\{U_T\}$ に対応して, 外力ベクトル $\{P_T\}$ の変数も 12 となる. その内容は,

$$\{P_T\}^T=\{P_{X1}, P_{Y1}, M_1, P_{X2}, P_{Y2}, M_2, P_{X3}, P_{Y3}, M_3, P_{X4}, P_{Y4}, M_4\}^T$$

$$\{U_T\}^T=\{X_1, Y_1, \theta_1, X_2, Y_2, \theta_2, X_3, Y_3, \theta_3, X_4, Y_4, \theta_4\}^T$$

となっている.

b. 全体座標系での各部材剛性マトリクス

部材ごとに, 全体座標系での部材剛性マトリクス $[k_{ij}]$ を作成して, 材端力ベクトル $\{P_{ij}\}$ と材端変位ベクトル $\{U_{ij}\}$ との関係を求める. 添字 ij は両端の節点番号を表している. 部材①, 部材②, 部材③ の部材剛性マトリクスを $[k_{12}]$, $[k_{23}]$, $[k_{34}]$ とすると,

$$\{P_{12}\}=[k_{12}]\{U_{12}\} \quad (6.43)$$
$$\{P_{23}\}=[k_{23}]\{U_{23}\} \quad (6.44)$$
$$\{P_{34}\}=[k_{34}]\{U_{34}\} \quad (6.45)$$

ベクトルは 2 節点 × 3 変数 (変位 X, Y, θ) = 6 変数であるが, 1 節点ごとに, すなわち 3 変数ごとにベクトルと部材剛性マトリクスを区切る. 1 節点に関する 3 変数の小ベクトル二つずつと, 3 行 3 列の小マトリクス四つを用いて表示する.

部材① $\quad \begin{Bmatrix} P_1 \\ P_2 \end{Bmatrix} = \begin{bmatrix} [k_{11}^{①}] & [k_{12}^{①}] \\ [k_{21}^{①}] & [k_{22}^{①}] \end{bmatrix} \begin{Bmatrix} U_1 \\ U_2 \end{Bmatrix} \quad (6.46)$

部材② $\quad \begin{Bmatrix} P_2 \\ P_3 \end{Bmatrix} = \begin{bmatrix} [k_{22}^{②}] & [k_{23}^{②}] \\ [k_{32}^{②}] & [k_{33}^{②}] \end{bmatrix} \begin{Bmatrix} U_2 \\ U_3 \end{Bmatrix} \quad (6.47)$

部材③ $\quad \begin{Bmatrix} P_3 \\ P_4 \end{Bmatrix} = \begin{bmatrix} [k_{33}^{③}] & [k_{34}^{③}] \\ [k_{43}^{③}] & [k_{44}^{③}] \end{bmatrix} \begin{Bmatrix} U_3 \\ U_4 \end{Bmatrix} \quad (6.48)$

c. 全体剛性マトリクス

フレーム構造の全体剛性マトリクス $[k_T]$ は, a 項で示した外力ベクトル $\{P_T\}$ と変位ベクトル $\{U_T\}$ との関係を結びつけるものである.

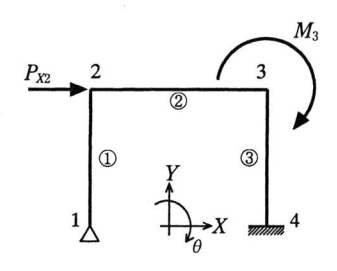

部材番号	節点番号		α
①	1	2	270°
②	2	3	0°
③	3	4	90°

図 6.20 1 層 1 スパンのフレーム構造

$$\{P_T\} = [k_T]\{U_T\} \quad (6.49)$$

$$[k_T] = \begin{bmatrix} [k_{11}^{①}] & [k_{12}^{①}] & 0 & 0 \\ [k_{21}^{①}] & [k_{22}^{①}]+[k_{22}^{②}] & [k_{23}^{②}] & 0 \\ 0 & [k_{32}^{②}] & [k_{33}^{②}]+[k_{33}^{③}] & [k_{34}^{③}] \\ 0 & 0 & [k_{43}^{③}] & [k_{44}^{③}] \end{bmatrix} \begin{matrix} X \\ Y \\ \theta \\ X \\ Y \\ \theta \\ X \\ Y \\ \theta \\ X \\ Y \\ \theta \end{matrix} \begin{matrix} 1 \\ \\ 2 \\ \\ 3 \\ \\ 4 \end{matrix}$$

$$\begin{matrix} XY\theta & XY\theta & XY\theta & XY\theta \\ 1 & 2 & 3 & 4 \end{matrix}$$

$[k_T]$ の作成は，プログラム上では $[k_T]$ の12行12列のすべての要素を0にして，$[k_{11}]$から$[k_{44}]$の12個の小マトリクスを組み込んでいく．全体剛性マトリクスも6.1.7.c項で述べた相反定理が成立する．全体剛性マトリクスは対称になるので，この組み込みは主対角要素に対して右上半分だけを組み込めば十分である．左下半分を主対角要素を中心にコピーすればよい．

6.2.5 固定・支持条件の処理
a. マトリクスの縮約

12行12列の全体剛性マトリクス $[k_T]$ を，支持反力の拘束条件を考慮して行列の数を減らすことが必要となる．未知変数だけに関する全体剛性マトリクス $[k'_T]$ を作成する．

図6.20の例では，節点1はピン支持で，$X_1=0$，$Y_1=0$，節点4は固定支持で，$X_4=0$，$Y_4=0$，$\theta_4=0$ となっている．X_1，Y_1，X_4，Y_4，θ_4 の五つが変位拘束点で，残る未知変位は $(12-5=)7$ である．$X_1=0$，$Y_1=0$，$X_4=0$，$Y_4=0$，$\theta_4=0$ は，構造力学では変位の適合条件と呼ばれるもので，数学的には境界条件のことである．変位ベクトルは7変数になり，

$$\{U'_T\} = \{\theta_1, X_2, Y_2, \theta_2, X_3, Y_3, \theta_3\}^T$$

これに対応する外力ベクトル $\{P'_T\}$ は，

$$\{P'_T\} = \{M_1, P_{X2}, P_{Y2}, M_2, P_{X3}, P_{Y3}, M_3\}^T$$

となる．式(6.49)の全体剛性マトリクス $[k_T]$ を，$\{P'_T\}$ と $\{U'_T\}$ とに対応するマトリクス $[k'_T]$ に規模を縮小する．マトリクスの行列の数を縮小することを，マトリクスの縮約あるいは換算と呼んでいる．この縮約では $[k_T]$ の変位拘束点に関する行と列を取り除いてマトリクスの要素を左側と上側に詰める．

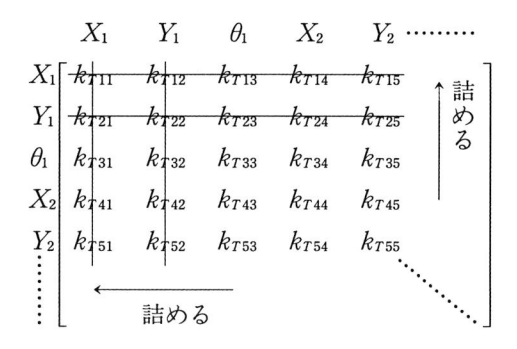

$$\begin{array}{c|ccccc} & X_1 & Y_1 & \theta_1 & X_2 & Y_2 & \cdots \\ \hline X_1 & k_{T11} & k_{T12} & k_{T13} & k_{T14} & k_{T15} \\ Y_1 & k_{T21} & k_{T22} & k_{T23} & k_{T24} & k_{T25} \\ \theta_1 & k_{T31} & k_{T32} & k_{T33} & k_{T34} & k_{T35} \\ X_2 & k_{T41} & k_{T42} & k_{T43} & k_{T44} & k_{T45} \\ Y_2 & k_{T51} & k_{T52} & k_{T53} & k_{T54} & k_{T55} \\ \vdots \end{array}$$

(詰める ↑　←詰める)

b. 強制代入法

支持反力の拘束条件を処理する方法は，全体剛性マトリクスを縮約する方法以外にもいくつかある．代表的な別の方法を説明する．

① 外力ベクトル $\{P_T\}$ の変位拘束点の要素を0にする．

② 全体剛性マトリクス $[k_T]$ において，変位拘束点に相当する行と列の要素に0を代入する．変位拘束点に相当する主対角要素には1を代入する．変位拘束点は剛性が桁違いに大きいと考えて，たとえば 10^{10} などの数値を代入してもよい．

③ 拘束変位点での変位は，外力/剛性＝0/1から強制的に0となる．主対角要素に 10^{10} などの数値を代入しても変位は0になる．

④ 連立方程式はそのまま計算でき，逆マトリクスによって柔性マトリクスを求めることもできる．

この方法を強制代入法という．変位拘束点に対応する行と列を取り除いて，全体剛性マトリクスを縮約する方法は，マトリクスの要素を移動させて詰める過程がある．これに対して，強制代入法はマトリクスやベクトルの要素を0や1に入れ替えるだけですむ便利さがある．

$$\begin{Bmatrix} 0 \\ 0 \\ M_1 \\ P_{X2} \\ P_{Y2} \\ M_2 \\ P_{X3} \\ \vdots \end{Bmatrix} = \begin{bmatrix} \overset{X_1}{1} & \overset{Y_1}{0} & \overset{\theta_1}{0} & \overset{X_2}{0} & \overset{Y_2}{0} & \overset{\theta_2\cdots\cdots}{\cdots\cdots} \\ 0 & 1 & 0 & 0 & 0 & \cdots\cdots \\ 0 & 0 & k_{T33} & k_{T34} & k_{T35} & \cdots\cdots \\ 0 & 0 & k_{T43} & k_{T44} & k_{T45} & \cdots\cdots \\ 0 & 0 & k_{T53} & k_{T54} & k_{T55} & \cdots\cdots \\ 0 & 0 & & & & \ddots \\ 0 & 0 & & & & \\ \vdots & \vdots & & & & \end{bmatrix} \begin{Bmatrix} X_1 \\ Y_1 \\ \theta_1 \\ X_2 \\ Y_2 \\ \theta_2 \\ X_3 \\ \vdots \end{Bmatrix}$$

6.2.6 変位と応力の解法

a. フレーム構造の変位

固定・支持条件の処理によって縮約された全体剛性マトリクス $[k'_T]$ に対して，外力ベクトル $\{P'_T\}$ によって生じるフレーム構造の全体座標系の変位 $\{U'_T\}$ を求める．

$$\{P'_T\} = [k'_T]\{U'_T\} \qquad (6.50)$$

図 6.20 の例では，$\{P'_T\} = \{0, P_{X2}, 0, 0, 0, 0, M_3\}^T$ が既知量としての作用外力であり，$\{U'_T\} = \{\theta_1, X_2, Y_2, \theta_2, X_3, Y_3, \theta_3\}^T$ が未知量としての変位となる．$\{U'_T\}$ を未知量とする 7 元の連立方程式を解くことになる．または，7 行 7 列の全体剛性 $[k'_T]$ の逆マトリクスを求めて，$\{P'_T\}$ との積から，$\{U'_T\}$ を得る．

b. 部材の変位と応力

求まった全体座標系の各節点における三つの変位 X，Y，θ を，各部材の部材座標系に変換して，はり，柱部材の材端変位 x，y，θ を求める．

式 (6.14) から，この部材両端の材端変位 $\{u\}$ を要素剛性マトリクス $[k_e]$ に乗じて材端力 $\{p\}$ （未知量）を得る．これにより部材応力が求まる．

6.2.7 節点以外に外力が作用する場合

フレーム構造の変位と応力を計算するために，6.2.6 項までに説明した方法は，はり—柱の節点にのみ外力が作用する場合を対象としている．節点以外に外力が作用する場合，あるいは作用する外力が集中荷重，曲げモーメントではなく，分布荷重が作用する場合には，そのままでは適用できない．節点にのみ外力が作用するときの方法に，構造力学の知識を応用して，少し工夫をすることで，節点以外に外力が作用する場合の計算が可能である．

1 層 1 スパンのフレーム構造のはり中央部に集中荷重としての鉛直方向外力が作用する場合を例に，節点以外に外力が作用する場合の取り扱い方を説明する．

① 外力作用点を節点とする方法： フレーム構造のはり，柱部材の端部以外に外力が作用する場合には，その集中荷重が作用する点も節点としたフレーム構造として取り扱えば，6.2.6 項までに説明した方法によって変位と応力が計算できる．図 6.21 に示すように，通常考える四つの節点（●）に加え，外力が作用する点も節点として合計五つの節点があるフレーム構造として取り扱う．

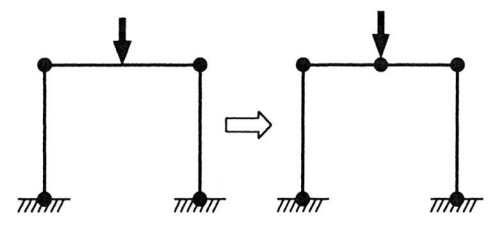

図 6.21 外力作用点を節点とする方法

② 等価節点荷重を用いる方法： 図 6.22 の A に示すように，フレーム構造のはり部材を両端固定はりと考えれば，はり中央部に作用する外力によって白ぬき矢印で表した固定端反力（鉛直力および曲げモーメント）が生じる．そこで，それらの鉛直力および曲げモーメントと逆方向の外力および曲げモーメントがはり端部と柱との節点に作用する B のフレーム構造を考える．A の両端固定はりと，新たに考えた B のフレーム構造のそれぞれの変位と応力を計算し，それらを重ね合わせることで節点以外に外力が作用するフレーム構造の変位と応力を求めることができる．B の変位と応力は，6.2.6 項までに説明した方法で計算できる．B のフレーム構造に作用する外力および曲げモーメントを等価節点荷重と呼んでいる．なお，この方法によれば，固定荷重，積載荷重などの等分布荷重がはりに作用する場合についても

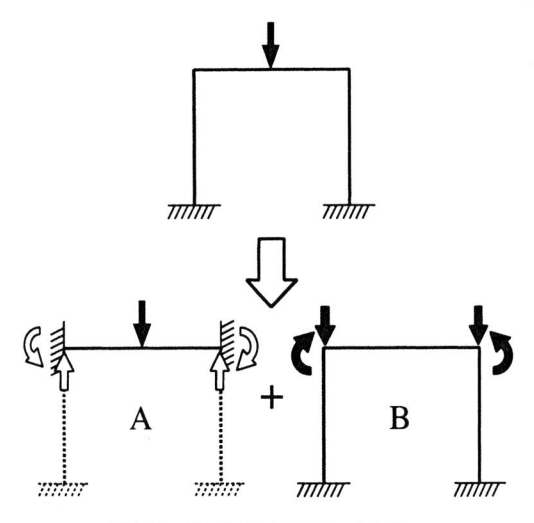

図 6.22 等価節点荷重を用いる方法

解析できる利点がある．

6.3 プログラムを用いた解析例

本節ではプログラムを用いた解析の例を示す．解析に用いたプログラムは，6.2 節で説明した剛性法を用いてフレーム構造を解くものである．

プログラミング言語にはさまざまなものがあるが，プログラムの作成にはフォートランを用いた．フォートランは，おもに科学技術計算に用いられる言語で，1950 年代に開発され，現在も改良が続けられている．その中で，現在もっとも普及している FORTRAN 77 という規格に基づき，一部 Fortran 90 の機能を使って作成したものである．

なお，本書ではフォートランの文法については解説していないので，適切な参考書で自習してほしい．

このプログラムでは，次の構造物（フレーム構造）の解析ができる．

・平面骨組
・支持点は，固定，ピン，ローラー（全体座標系において，X および Y 軸に平行なもの）
・節点は剛接合
・荷重は節点のみに作用

プログラムの変数は，理解しやすいようにできるだけ 6.2 節で説明された変数名と同じものを使っている．簡単なプログラムなので，文法を自習した上で目を通すことを期待する．また，座標系は 6.2 節で説明されたものを用いている．節点・荷重の変位・応力の正負には注意してほしい．

注意：プログラムのソースファイル，Windows 用，Macintosh 用の実行形式ファイル，およびプログラム解説ファイルは，朝倉書店のウェブサイト http://www.asakura.co.jp/ から入手できる．このプログラムは，自己責任のもとに使用すること．使用にあたって生じたいかなる損害や不利益に対しても，著者らは何の責任も負わないものとする．

6.3.1 入力データの書式

入力データは，節点・部材・荷重の各情報から構成される．それぞれの情報は次のような内容である．

節点：節点の数

各節点の X，Y 座標，X，Y，θ 方向の拘束

部材：部材の数

各部材の i 端と j 端の節点番号，ヤング係数，断面二次モーメント，断面積

荷重：荷重を与える節点の数

各荷重を与える節点の番号，x，y 方向の力およびモーメント

具体的な入力データの例を図 6.23 に示す．なお，日本語の部分は説明なので，実際にデータファイルを作成するときには書いてはいけない．また，それぞれのデータは一つ以上の空白で区切り，空行を作ってはいけない．

節点の情報は，並んだ順に節点番号が振られる．つまり，節点情報の 1 行目に書いてある節点が節点番号 1 となる．部材についても同様で，部材情報の 1 行目に書いてある部材が部材番号 1 となる．

図中で「e 10（大文字の E も同様）」とは 10 の 10 乗を示す．たとえば，2.0 e 10 とは，2×10^{10} を表している．

データの作成の際には，**単位の統一**が必要である．たとえば，m（メートル）と mm（ミリメートル）を同時に使うことはできない．図 6.23 では，kg と m に統一してデータを作成しているので，コンクリートを想定すれば，ヤング係数は 2.0

```
4                                    節点の数
0.0  0.0  0  0  1                    各節点の X 座標, Y 座標, X, Y, θ 方向の拘束
0.0  3.0  1  1  1                    （各々の節点の情報が必要なので, 節点数分の行数となる.）
6.0  3.0  1  1  1
6.0  0.0  0  0  0
3                                    部材の数
1  2  2.0e10  1.728e-5  0.0144       各部材の i 端と j 端の節点番号, ヤング係数, 断面二次モー
2  3  2.0e10  6.912e-3  0.0144       メント, 断面積
3  4  2.0e10  1.728e-5  0.0144
2                                    荷重の数
2  6.0e4  0.0  0.0                   作用させる節点の番号, X, Y 方向の力とモーメント
3  0.0    0.0  5.0e4
```

図 6.23　入力データの例

***　入力データ　***

節点数 4

節点番号	X 座標	Y 座標	拘束 (X, Y, θ)
1	0.000	0.000	0 0 1
2	0.000	3.000	1 1 1
3	6.000	3.000	1 1 1
4	6.000	0.000	0 0 0

部材数 3

部材番号	i 端	j 端	ヤング係数	断面二次モーメント	断面積
1	1	2	0.2000000E+11	0.1728000E-04	0.1440000E-01
2	2	3	0.2000000E+11	0.6912000E-02	0.1440000E-01
3	3	4	0.2000000E+11	0.1728000E-04	0.1440000E-01

荷重数 2

荷重番号	節点	PX	PY	M
1	2	0.60000E+05	0.00000E+00	0.00000E+00
2	3	0.00000E+00	0.00000E+00	0.50000E+05

***　節点変位　***

番号	X 方向変位	Y 方向変位	回転 (ラジアン)	回転 (度)
1	0.0000000E+00	0.0000000E+00	0.1576542E+00	0.9032918E+01
2	0.3150463E+00	0.2743213E-03	-0.2619842E-03	-0.1501059E-01
3	0.3140490E+00	-0.2743213E-03	0.1587870E-02	0.9097827E-01
4	0.0000000E+00	0.0000000E+00	0.0000000E+00	0.0000000E+00

***　材端力　***

番号	Ni	Qi	Mi	Nj	Qj	Mj
1	-0.2633E+05	0.1213E+05	0.1837E-02	0.2633E+05	-0.1213E+05	-0.3638E+05
2	0.4787E+05	-0.2633E+05	0.3638E+05	-0.4787E+05	0.2633E+05	0.1216E+06
3	0.2633E+05	0.4787E+05	-0.7163E+05	-0.2633E+05	-0.4787E+05	-0.7199E+05

図 6.24　出力結果

$\times 10^{10} \text{N/m}^2$ となる．同様に，部材1は，12 cm×12 cm＝0.12 m×0.12 m の断面を想定しているので，断面二次モーメントは $1.728\times 10^{-5} \text{m}^4$，断面積は 0.0144 m^2 となっている．

また，節点情報の中の「拘束」については，通常の剛接合の節点では「111」となるが，支持点については表6.1のようになる．

表6.1 支持点における節点情報中の「拘束」

固定	000
ピン	001
ローラー	101（X方向），011（Y方向）

6.3.2 使 用 例

図6.23に入力データの例を示す．骨組の形と荷重が与えられる節点については，図6.20と同様である．さらにプログラムの実行結果を図6.24に示す．また，実行結果から得られた節点変位を図6.25に（各節点の変位については，見やすいように，適当な倍率をかけてあるので，実際の数値は図6.24を参照のこと），曲げモーメント図を図6.26に，せん断力図を図6.27に，軸力図を図6.28に示す．

図6.24の出力結果は有効数字を7桁まで示してあるが，これはコンピュータによる計算では，たくさんの桁数の数字が出力できてしまうためである．しかし，本節の例では，入力の有効数字は高々4桁であり，結果についてそれ以上の精度を要求することはできない．現実問題としては，誤差や工学的な意味を考えれば，結果として必要なのは有効数字として3桁程度ということができる．

なお，コンピュータの計算ではそのシステムの性格上，ほとんどの場合ごく小さな誤差が生じる[1)]．出力結果を見ると，ピン支持である部材番号1のi端の曲げモーメントであるM_iが0になっていないのはこのためである．また，同様な考え方で，同じ単位の数値を比較する場合，その大きさの差異が有効数字に収まるならば比較の意味があるが，それを越える場合，たとえば $10^{7\sim 10}$ 倍となる場合には，小さな方は0と考えるべきである．

さて，解析を行う場合の条件として，軸変形を無視するといった条件での解析が必要になることがある．その場合，便宜的に，断面二次モーメントは変えずに，断面積を100倍程度にすれば望まれる結果を得ることができる．図6.29に，図6.23における断面積を100倍にした場合について，解析結果のみを示す．極端な差異はないが，節点2と3のX方向変位を比較すると，相対値として0.3%程度の差異があり，軸変形を考慮するか否かの違いが表れている．なお，断面積Aではなくヤング係数Eを100倍すると，式 (6.33) より軸変形は無視できる値となる．ただし式 (6.18) などからわかるように，曲げ変形も無視でき

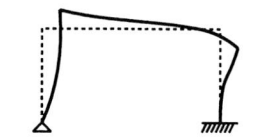

図6.25 変形図（Y方向の変位を1000倍にし，さらに誇張して表現している）

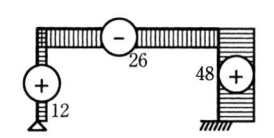

図6.27 せん断力図（図中の数値の単位は kN）

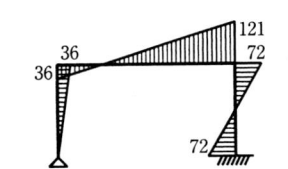

図6.26 モーメント図（図中の数値の単位は kN·m）

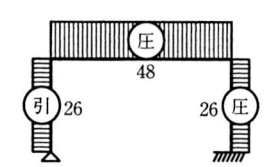

図6.28 軸力図（図中の数値の単位は kN）

```
*** 節点変位 ***

番号   X方向変位         Y方向変位          回転（ラジアン）    回転（度）
 1    0.0000000E+00    0.0000000E+00     0.1572748E+00     0.9011185E+01
 2    0.3141957E+00    0.2743323E-05    -0.3539924E-03    -0.2028227E-01
 3    0.3141857E+00   -0.2743322E-05     0.1498872E-02     0.8587906E-01
 4    0.0000000E+00    0.0000000E+00     0.0000000E+00     0.0000000E+00

*** 材端力 ***

番号      Ni          Qi          Mi          Nj          Qj          Mj
 1    -0.2634E+05  0.1211E+05 -0.1006E-03  0.2634E+05 -0.1211E+05 -0.3632E+05
 2     0.4792E+05 -0.2634E+05  0.3632E+05 -0.4792E+05  0.2634E+05  0.1217E+06
 3     0.2634E+05  0.4791E+05 -0.7170E+05 -0.2634E+05 -0.4791E+05 -0.7204E+05
```

図 6.29 断面積を 100 倍にした場合の結果

る値になってしまうので，ヤング係数ではなく断面積を 100 倍する必要がある．

文　献

1) 伊理正夫，藤野和建：数値計算の常識，共立出版，1985．

7. 演習問題と解答

7.1 力のつり合い

> つり合いは，部分でも成り立つ

問7.1.1 物に外力をかけると，支持点に反力が生じる．物体が動き出さない限り，反力と外力は，つり合う．同じように，つり合い状態にある物体の一部を切り出したとき，切った部分に働いている内力と，その部分に働く外力・反力はつり合う．そのことを念頭に，（ ）を埋めなさい（±符号も記入のこと）．

重さ0.3kNで1辺2mの正三角形板2枚を，角度60°で組み合わせた下図のような骨組のC点およびBD材に作用する力を求める．

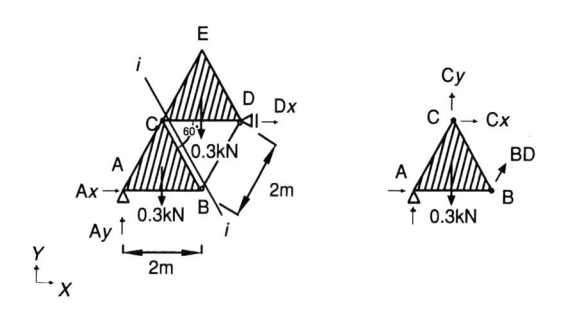

反力をA_x, A_y, D_xとする．

① x方向つり合い：（ ア ）+（ イ ）=0
   y方向つり合い：（ ウ ）+（ エ ）=0
   A点での曲げモーメントのつり合い：
   　（ オ ）+（ カ ）+（ キ ）=0
これを解いて
　A_x=（ ク ），A_y=（ ケ ）
　D_x=（ コ ）

② i線で切断し，ABCのFree Bodyを考える．
内力C_x, C_y, BDを求める
　x方向つり合い
　　A_x+（ サ ）+（ シ ）=0
　y方向つり合い
　　A_y+（ ス ）+（ セ ）+（ ソ ）=0

A点での曲げモーメントのつり合い
　0.3kN×1m+（ タ ）+（ チ ）+（ ツ ）=0
A_x, A_yに①の値を代入して，
　C_x=（ テ ），C_y=（ ト ），BD=（ ナ ）

問7.1.2 下図のような平行弦トラスの先端に2kNの下向きの力と，中間に4kNの下向きの集中力が作用している．

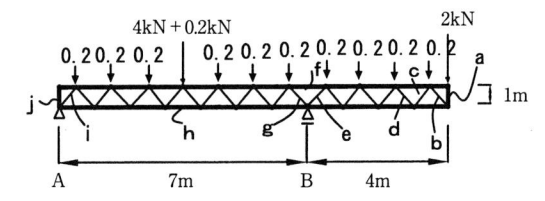

自重は，上弦材の各節点に0.2kNの力が集中荷重として作用するものとする．反力とaからjの各部材応力を算出しなさい．

問7.1.3 下図のように，はりに集中荷重4kNと2kN等分布荷重0.2kN/mが作用している．

1) 反力とB点C点の曲げモーメント，BC材C端とCD材C端のせん断力を求めなさい．

2) B点C点の曲げモーメントを問7.1.2のはりせいで除し，h材f材の応力と比較しなさい．

3) C点の両側のせん断力と，問7.1.2e材g材の鉛直方向分力を比較しなさい．

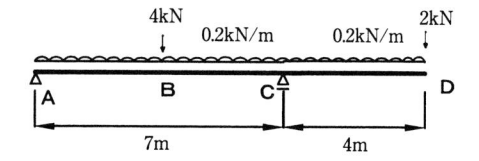

> **ヒント**
> 外力と反力の関係を考えるときは，骨組自体が壊れない限りどのような形をしていてもかまわない．また，骨組のある箇所を取り出してFree Bodyを考えた場合，Free Body内がどのような形をしていても，境界内力と外力・反力のつり合いは成り立つ．複雑な骨組を大きくまとめて判断するのに便利である．
> **問7.1.1**
> ① A点でなく，D点の曲げつり合い式でも解ける．

問7.1.2 反力は問7.1.1と同様．部材応力は片持ちはり先端から，あるいは支持点からのつり合いをとることで求まるが，Free Body を考えても求められる．

問7.1.3 問7.1.2のトラスを線材に置き直してあるだけ．反力と外力のつり合いには，トラスか線材かは問題とならない．部材応力は左または右からの Free Body を考えても求められる．
線材の切断面に働いている内力は，N_x，N_y と曲げモーメント M（N_x と N_y を材軸方向と直角方向で考えると N，Q，M となる）．

7.2 M, N, Q

骨組の M, N, Q は外力・反力とのつり合いから

問7.2.1 次の文章の空欄を埋めなさい．

下図のような骨組の M，Q，N を求める．

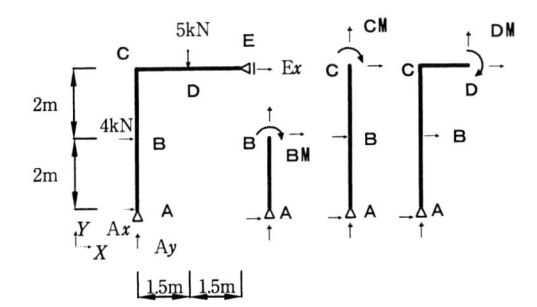

M：荷重がかかる点以外では M は直線変化するので，A，B，C，D，E 点での M を求めればよい．

① 反力を求める（A_x，A_y，E_x）．
x 方向つり合い：（ ア ）+（ イ ）+E_x=0
y 方向つり合い：A_y−（ ウ ）=0
A 点まわりの曲げモーメントは，
　　　　（ エ ）+5×1.5+（ オ ）=0
これから A_x=（ カ ），A_y=（ キ ）

② B 点の曲げモーメント BM は，AB を Free Body として，A 点の反力 A_x から
　　　$BM = -A_x \times$（ ク ）=（ ケ ）
　　　　（A_y は B には曲げを生じない）

C 点の曲げモーメント CM は，AC を Free Body として，
　　　$CM - A_x \times$（ コ ）−4×（ サ ）
　　　$CM =$（ シ ）

D 点の曲げモーメント DM は，AD を Free Body として，

$DM = -A_x \times$（ ス ）−4×（ セ ）
　　　+（ ソ ）×（ タ ）=（ チ ）

E 点は曲げモーメントが生じないので $EM=0$

Q：Q はモーメント勾配で表され，荷重がなければ一定であるので，

AB 間 $= \dfrac{BM}{2} =$（ ツ ）

BC 間 $= \dfrac{-BM+CM}{2} =$（ テ ）

CD 間 $= \dfrac{-CM+DM}{1.5} =$（ ト ）

DE 間 $= \dfrac{-DM}{1.5} =$（ ナ ）

N：AC 間 CE 間ではそれぞれ中間に材軸方向の荷重が作用していないので，その間は一定軸力となる．C 点のつり合いを考える．

x 方向：$-Q_{BC}+N_{CE}=0$
　　　$N_{CE} =$（ ニ ）
y 方向：$Q_{CD}-N_{BC}=0$
　　　$N_{BC} =$（ ヌ ）

これは，A_y，E_x からも求められる．

これらをもとに M 図，Q 図および N 図を描きなさい．

問7.2.2

1) 問7.2.1 の M 図を E 側から Free Body を仮定して求めなさい．

2) 問7.2.1 の E 点が水平と $45°$ をなすローラー支持の場合の M，Q，N 図を求めなさい．

3) 問7.2.1 の E 点が水平方向にローラー支持の場合の C 点，D 点の M と CD 材の Q を求めなさい．

4) 問7.2.1 の骨組で，D 点の荷重は変わらず，B 点の荷重が ABC 間に等分布荷重となった場合の ABC 間の M，Q，N 図を描きなさい．

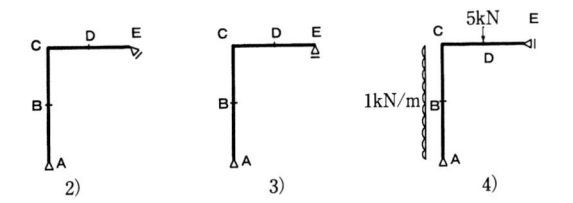

ヒント
応力図を書くときの符号のつけ方は1章を参照し，具体的な例は2章を参考にしてほしい．
問7.2.2
1) 右側から考えるのと左側からとでは，時計回りに力がかかっても符号が異なるので注意．
2) ローラー支持点が傾いた場合，ローラーに直角に反力が生じるので，x，y 方向の2力に分けて考えても未知数は一つ．

4) 等分布荷重の場合，外力と反力の関係を見るときや全体の曲げモーメントを見るときは集中荷重として取り扱うと便利．ただし，等分布荷重の中間の点でのつり合いを考える場合には，その点の前後で等分布を分けて考える．
等分布区間では，Q は直線的に変化し，M は二次曲線を描く．

7.3 静定，不静定

骨組によっては簡単に部材応力が求められる

問 7.3.1 文章の意味が通るように（ ）中に言葉を入れなさい．

任意の方向から力を受けても，安定した形状を保ち，かつ，反力と内力で力のつり合いを保ちうる構造物を（ ア ）構造物といい，その中でもつり合い条件だけで反力と部材応力を求められる構造物を（ イ ）構造物という．

問 7.3.2 次の構造物の反力を算出し，M, Q, N の応力図を描きなさい．

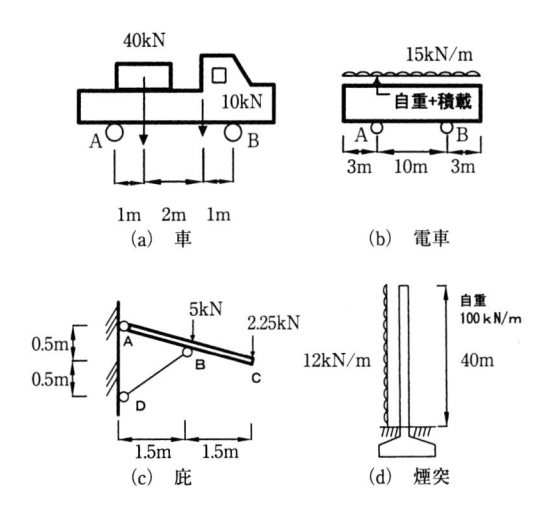

(a) 車
(b) 電車
(c) 庇
(d) 煙突

問 7.3.3 支持条件の異なる骨組の反力を算出し，M, Q, N の応力図を描きなさい．

1) 単純はり（ピン＋ローラー支持骨組）
 a) b) c) d)

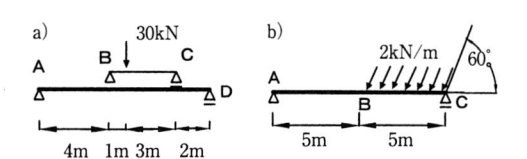

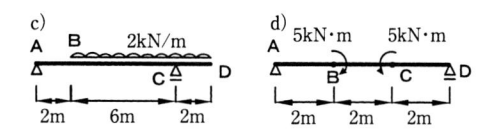

2) 片持ち形式の骨組
 a) b) c) d)

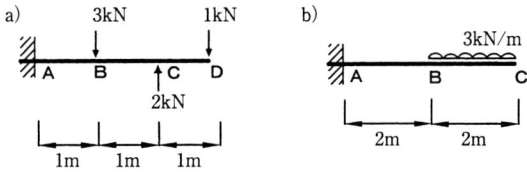

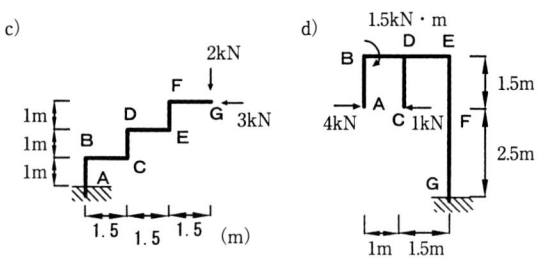

3) 三ピン骨組
 a) b)

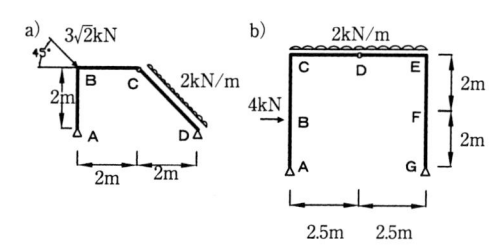

4) 三ローラー支持骨組

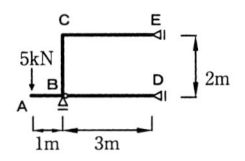

5)a) 以下のトラスの反力を求め，各部材の応力を求めなさい．引張り，圧縮の区別を明示すること．

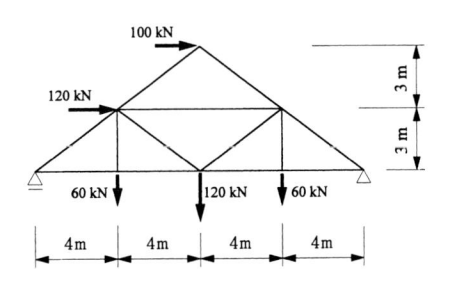

5)b) 次図のトラスの a 部材，b 部材，c 部材の応力を求めなさい．引張り，圧縮の区別を明示すること．

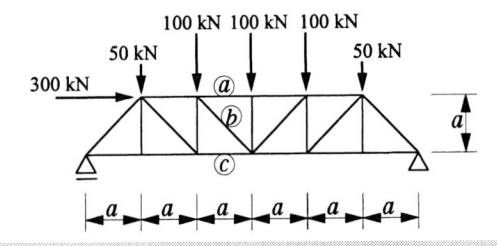

7.4 力と変形

ヒント
橋，ダム，鉄塔などの建造物から観覧車やジェットコースターなどの遊具，階段や手すり，窓やひさしなど目につくあらゆるものに力の関係が成り立っている．単純はり，片持ちはり，アーチ，吊り骨組が多い．

問7.3.2-c) 両端がピン骨組の途中に外力が働かなければ，内力には軸力だけが働き，反力は材軸方向に働く．

問7.3.3
1) a) 骨組の積み重ねでは，個々の骨組でつり合いが成り立ち，全体でも成り立つ．上部骨組だけを取り出して解き，その反力を下部骨組にかけて解いた結果を加算すると，この骨組の場合は簡単な単純はりと同じとなる．
1) b) 荷重方向によっては軸力が発生する．
1) d) 二つ以上の荷重がかかる場合，一つ一つの応力を求めて加算するほうがわかりやすい場合が多い．
2) 片持ちはりは先端からのつり合いから．
3) 三ピン骨組は，単純はり骨組より反力が多いが，ピン点と支持点の間に荷重がなければ反力方向はピン点と支持点を結んだ方向となるので，外力を分けて考える．
4) 3ローラー支持骨組がいつも安定した骨組ではない．全体が回転してしまう場合があるので，回転しないか確認する必要がある．

7.4 力と変形

> **棒に軸力を加えると伸び縮みする**

問7.4.1 意味が通じるように，（　）中に言葉を入れなさい．

断面積 $10\,mm^2$，長さ $1\,m$ の棒を押したり引いたりすると，力 P が小さい範囲では，加える力に（ ア ）して伸び縮みする（変位 δ）．この性状を（ イ ）といい，材料によって伸び縮み量が異なる．伸び縮みの具合は（ ウ ）E で表される．同じ変位とするためには，部材の断面積 A を倍にすると（ エ ）の力が必要であり，部材長さ l が倍になった場合には（ オ ）の力が必要である．したがって棒の変位 δ は $\delta=$（ カ ）となる．

問7.4.2 次の1)から5)の各場合について答えなさい．ただし鉄のヤング係数を Es，コンクリートを Ec，木材を Ew とする．

1) 鉄筋 $D13$（材長 $10\,m$・断面積 $127\,mm^2$）を，$0.5\,kN$ で引っ張っているときの伸び量
2) 1)で断面積を2倍に増やした場合の伸び量
3) 1)で長さを3倍，6倍と増やした場合の伸び量
4) 1)で加える力を2倍，−3倍とした場合（＋は引っ張り，−は圧縮）の伸び量または縮み量
5) 1)で材料を鉄に代えてコンクリートとした場合，木材とした場合の2)から4)それぞれについての変位量

問7.4.3 材質が次のaからcの場合に，断面積 $1\,mm^2$ の材を材長の倍の長さまで伸ばすには，どれだけの力が必要か？
a. 鉄　ヤング係数＝$210\,kN/mm^2$
b. 木材　ヤング係数＝$8\,kN/mm^2$
c. コンクリート　ヤング係数＝$21\,kN/mm^2$

問7.4.4 次の1)から5)の値を求めなさい．ただし，ヤング係数は問7.4.3を参照．

1) 断面が $800\,mm \times 800\,mm$ のコンクリートの柱が階高 $3000\,mm$ で $3\,mm$ の変形が生じている．軸力はいくら働いたか．
2) 断面積 $2000\,mm^2$・長さ $1\,m$ の材を $1000\,kN$ で引張ったら材が $5\,mm$ 伸びた．この材料は何と考えられるか．
3) $1000\,kN$ の軸力を支える長さ $3\,m$ の鉄製柱の変位を $2\,mm$ 以下に抑えるためには断面積はどれだけ必要か（座屈は考慮しなくてよい）．そのときの軸方向の応力度はいくらか？
4) 建物各階の単位断面積当たりの質量が $10\,kN/m^2$，階高 $4\,m$，40階建S造の建物がある．$7\,m \times 7\,m$ 間隔で柱が配列されている．そのまま作ると自重で柱が縮むため，少し長めに作っておかなければならない．応力度を $20\,kN/cm^2$ で抑えた場合，1階・20階・40階の中柱は，それぞれ柱長をいくらとすればよいか？
5) 長さ $100\,m$・断面積 $5000\,mm^2$ の鉄のレールを，気温が $30°$ 上昇しても伸びないようにするにはいくらの力を軸方向にかければよいか？（線膨張係数は 0.000012）．

ヒント
問7.4.3 建築で使う材料で，ゴムのように材長の倍まで伸び縮みする材料は少ないが，ここでは理解のために理想材としてある．

7.5 応力と応力度

> 線材の応力を使って断面を決める

問 7.5.1 次の（　）の中に適当な言葉を入れ，意味が通じる文章にしなさい．

[材長 l，断面積 A，ヤング係数 E，断面一次モーメント S，断面二次モーメント I，断面係数 Z]

作用軸力 N に対して，軸方向の応力度 σ は（ ア ）で表される．

曲げモーメント M に対し，最大曲げ応力度（縁応力度）σ は（ イ ）で表される．

断面係数 Z と断面二次モーメント I との間には，中立軸から縁までの距離を y とすると $Z=I/y$ の関係があるから，I を用いて計算することもできる．

せん断力 Q に対して，部材が長方形断面（$b \times h$）の場合最大せん断力度は平均せん断応力度 $\tau_m = Q/A$ の（ ウ ）倍となる．同様に円形断面（半径 r）の場合には（ エ ）となる．

問 7.5.2 下の図に示す部材の断面積，断面二次モーメント，断面係数を求めなさい．

a. 縦 100 mm・横 60 mm の長方形断面
b. 直径 25 mm の鉄筋
c. H－200×100×5.5×8 の H 形鋼縦使い
d. c と同じ材の横使い
e. □－100×100×4.5 の角鋼管

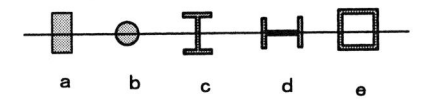

問 7.5.3 問 7.5.2 の a, b, c 各部材について，下記の問に答えなさい．

1) 許容引張り応力度を $ft = 300 \text{ N/mm}^2$ としたとき，許容引張り力はいくらか？
2) 縁応力度が 300 N/mm^2 となる曲げモーメントはいくらか？
3) 許容せん断応力度 $fs = ft/\sqrt{3} = 170 \text{ N/mm}^2$ としたときの許容せん断力はいくらか？

問 7.5.4 次の部材を設計しなさい．

1) 柱の断面を 200 mm × 200 mm としたとき，柱頭部と柱脚部それぞれの最大縁応力度を求めなさい．

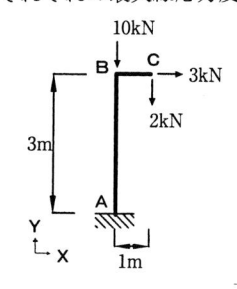

2) 屋根勾配が 3/10 の屋根の母屋材を松材としたい．松材の許容曲げ応力度 7 N/mm²，単純支持でスパン 1 m，荷重は自重 0.75 kN/m²，幅 30 mm，丈 50 mm の材を使うとピッチを何 mm とすることができるか？

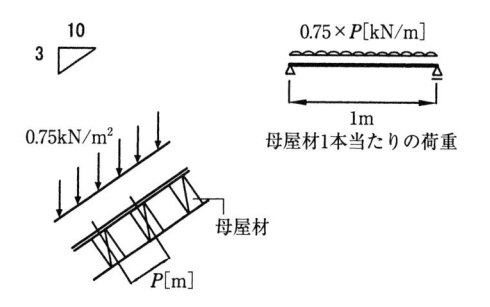

> **ヒント**
> **問 7.5.4** 問 7.5.1 に記述してあるように，まず，骨組の柱部材応力を求め，指定された柱の断面諸係数を算出し，断面の応力度を求める．軸力と曲げモーメントが同時にかかる場合，ともに軸方向に働く力なので加算することができる

7.6 変　位

> 単純はりと片持ちはりの変位が基本

問 7.6.1 モールの定理によれば，「単純はりのある点の変位は，M/EI を仮想荷重と考えた場合のその点の曲げモーメントに等しく，たわみ角はせん断力に等しい」．

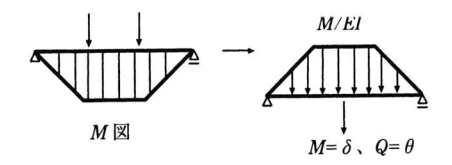

次の場合のイ点ロ点の鉛直方向の変位，およびたわみ角を求めなさい．

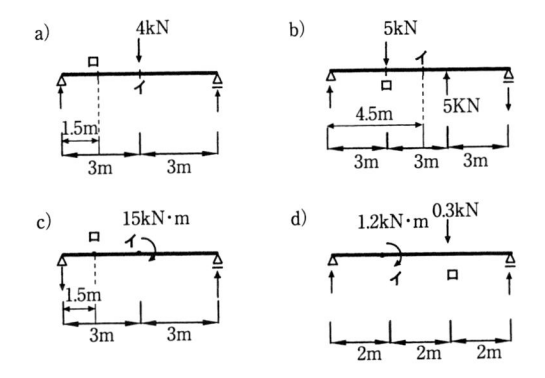

a) 4kN, 1.5m, 3m, 3m (イ, ロ)

b) 5kN, 5kN, 4.5m, 3m, 3m, 3m (イ, ロ)

c) 15kN·m, 1.5m, 3m, 3m (イ, ロ)

d) 1.2kN·m, 0.3kN, 2m, 2m, 2m (イ, ロ)

問 7.6.2 モールの定理によれば，「片持ちはりのある点のたわみは，M/EI を仮想荷重と考え，自由端を固定端，固定端を自由端と考えたときのその点の曲げモーメントに等しく，たわみ角はせん断力に等しい」．

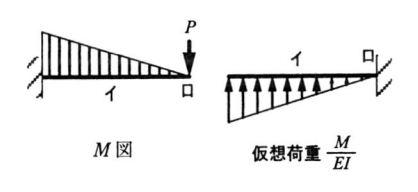

M図　仮想荷重 $\dfrac{M}{EI}$

下の図ではりのイ，ロ，ハ点の変位およびたわみ角を求めなさい．

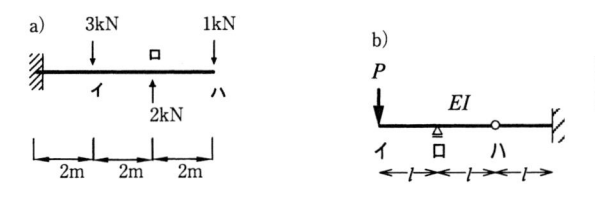

a) 3kN, 1kN, 2kN, 2m, 2m, 2m (イ, ロ, ハ)

b) P, EI, イ, ロ, ハ, l, l, l

問 7.6.3 下図の鉄骨造の体育館は，スパン 20 m・桁行き 8 m ピッチである．雪が 1 m 積もったとき，はりの中央は何 mm 変形するか？ なお，はりの断面積は 5000 mm²，鉄のヤング係数は 210 kN/mm²，雪の荷重は積雪 1 m 当たり 2 kN/m²，トラスはりの断面二次モーメント I は

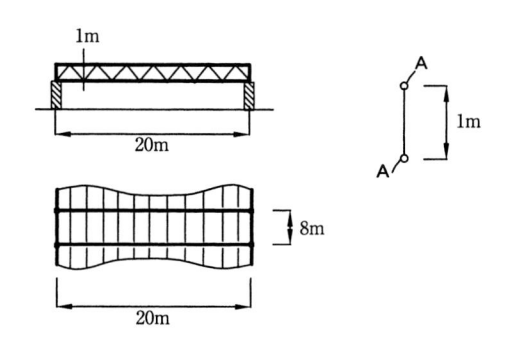

$$I = A \times 500^2 \times 2$$

としてよいものとする．

ヒント
モールの定理第一：「単純はりのある点のたわみ δ は，M 図を EI で除した値を荷重と考えた場合のその点の曲げモーメントに等しい．」
「片持ちはりのある点のたわみ δ は，固定端とその点の M 図を EI にて除した値を荷重と考え，その点を固定端と考え，固定端を自由端と考えた場合のその点の曲げモーメントの値に等しい．」
モールの定理第二：「単純はりのある点のたわみ角 θ は，M 図を EI で除した値を荷重と考えた場合のその点のせん断力の値に等しい．」
「片持ちはりのある点のたわみ角 θ は，固定端とその点の間の M 図の面積を EI で除したものを荷重と考え，その点を固定端と考え，固定端を自由端と考えた場合のその点のせん断力の値に等しい．」

問 7.6.1，問 7.6.2 荷重が三角や等分布の場合に，重心位置の集中荷重とすると便利．ただし，求める点を超えた部分を含まないよう注意．

問 7.6.2-b)
1. モールの定理を使うときは，仮想荷重が作用する骨組として，自由端を固定端，ピン支持（ローラー）をヒンジ節点（ピン），ヒンジ節点（ピン）をピン支持（ローラー）にすることを思い出すこと．
2. ハ点のモーメントが 0 であることに気づくこと．
3. ハ点の回転角はヒンジの左と右とで違うことに気づくこと．

7.7 仮想仕事法

外力と仮想外力のする仕事＝ひずみエネルギー

仮想仕事法に関しては 4 章を参照して下さい．それらを用いて以下の問いに答えなさい．

問 7.7.1 下図のD点の変位を求めなさい．

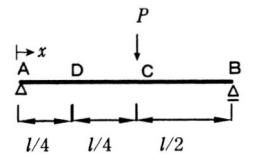

A, D, C, B, P, x, $l/4$, $l/4$, $l/2$

D点に仮想外力 $P'=1$ を作用させる．

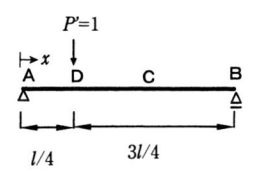

A, D, C, B, $P'=1$, x, $l/4$, $3l/4$

外力 P と仮想外力（$P'=1$）によるAから x の点の M はそれぞれ，P, l, x を使って表すと外力によ

る曲げモーメント M_0, 仮想外力による曲げモーメント M_1 はそれぞれ
AD 間　（ア）（イ）
DC 間　（ウ）（エ）
CB 間　（オ）（カ）

したがって，D 点の鉛直変位は AD, DC, CB 間のそれぞれの $\int \frac{M_0 M_1}{EI} dx$ を求めて加えればよい．

問 7.7.2 問 7.7.1 における C 点の変位を求めなさい．

問 7.7.3 図のような骨組の C 点の水平変位 δ_H と鉛直変位 δ_V を求めよ．

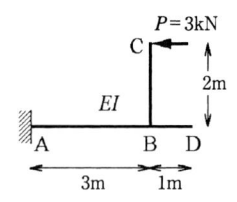

問 7.7.4 次図の骨組における A 点の変位および D 点のたわみ角を求めなさい．

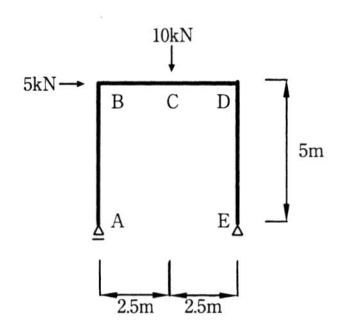

問 7.7.5 問 7.7.4 の骨組における A 点をピンとしたときの A 点の水平反力を求めなさい．

問 7.7.6 次の不静定はりの A 点の反力を求めなさい．

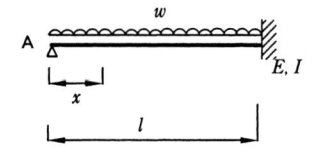

問 7.7.7 問 7.7.6 の不静定はりの A 点をピン柱で支えた次の骨組の A 点の反力を求めなさい．柱のヤング係数を E, 断面積を A, はりの曲げ剛性を EI とする.

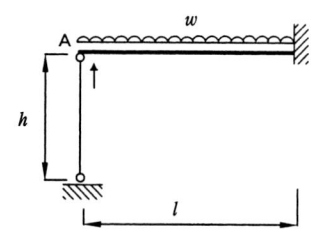

ヒント
問 7.7.2　C 点に仮想力 $P'=1$ をかけ，AC・CB 間で考える．
問 7.7.4　A 点に仮想力 $P'=1$, D 点に仮想モーメント $M'=1$ を加える．
問 7.7.5　A 点に水平力 P を加え，A 点の変位が問 7.7.4 の水平変位を打ち消すような P を決定する．
問 7.7.7　問 7.7.6 では A 点は移動しないが，この問では柱の伸び縮みを考慮する．

7.8　不静定はり

不静定骨組を解くのに便利なたわみ角法

たわみ角法の基本式は 5.5 節より再録すると，
$$M_{AB} = \frac{2EI}{l} \times (2\theta_A + \theta_B - 3R) + C_{AB}$$
$$M_{BA} = \frac{2EI}{l} \times (2\theta_B + \theta_A - 3R) + C_{BA}$$

ただし，固定端モーメント C_{AB} は，モールの定理を使って，中間荷重による単純はりのモーメント図の面積 F とその重心位置の A 端からの距離 x_A から
$$C_{AB} = \frac{-2F(2l - 3x_A)}{l^2}$$
$$+ C_{BA} = \frac{+2F(3x_A - l)}{l^2}$$
で示される．

問 7.8.1 次のはりの曲げモーメントを計算しなさい．

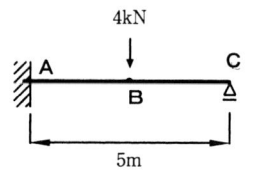

A 端は固定で回転角を生じないので $\theta_A =$（ア）
A 端および C 端の位置は移動しないので部材角 $R =$（イ）

C端はピン支持なので $M_{CA}=($ ウ $)$
よって上の式から $M_{AC}=($ エ $)-C_{AC}$
$$0=(\text{オ})+C_{CA}$$
単純はりのモーメント図は下図のようになるので，

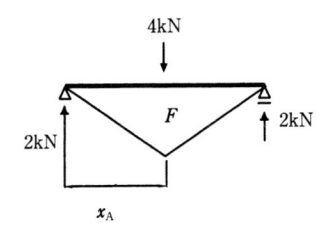

$F=($ カ $)$, $x_A=($ キ $)$
荷重項の式から，$-C_{AC}=($ ク $)$
$\qquad\qquad +C_{CA}=($ ケ $)$
よって，$M_{AC}=($ コ $)$
また，$\theta_C=($ サ $)$ となる．

M_{AC} が決まれば，単純はりの応力と組み合わせて中央の曲げモーメント $M_B=($ シ $)$ である．

問 7.8.2 問 7.8.1 をモールの定理を用いて確認する．問 7.8.1 の C 端支持をはずすと片持ちはりとなり，先端の変位は（M図/EI）の荷重をかけて A 端を自由，C 端を固定としたときの曲げモーメントとして求まる．

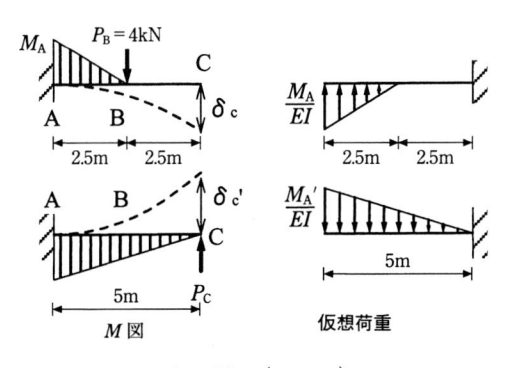

$\delta_C = M_C = ($ ス $)$

この変形を 0 とするように同じ片持ちはりの C 端に荷重 P を逆向きにかければ，問 7.8.1 のはりと同じ条件となる．P の力をかけたときの C 端の変形は，同じモールの定理を使って，

$\delta'_C = M'_C = ($ セ $)$
$\delta_C = \delta'_C$ とすると $P_C = ($ ソ $)$
P_B による片持ちはりの $M_A = ($ タ $)$
P_C による片持ちはりの $M'_A = ($ チ $)$
$M_A + M'_A = ($ ツ $)$

すなわち，問 7.8.1 と同じ結果が得られた．

問 7.8.3 以下のはりの M 図を求めなさい．

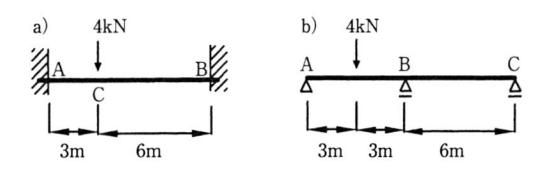

ヒント
問 7.8.3-a） 単純はりとして応力を求め，そのときに生じる両端の回転角と同じ回転角を強制的に逆向きにかけて得られた応力を加算すると，回転角が 0 の固定端条件が作り出せる．または，たわみ角法の基本式に端部条件を入れていく．
問 7.8.3-b） 中央支持点がないものとしたときの応力と変形を求め，変形を 0 とする力を求める．または，中央点両側の材それぞれについて，たわみ角法の基本式に端部条件をいれ，それを解いて求める．

7.9 不静定骨組

材端 M のつり合いと層ごとのつり合い

不静定骨組の解法には，たわみ角法が便利である．
問 7.9.1 次の骨組を解き，結果を応力図として示しなさい．

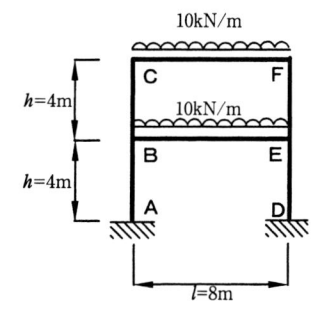

本来は，各節点 BCFE に集まる材端モーメントのつり合い式 $\Sigma M=0$ と，外力と各層のせん断力のつり合い式をたてることになる．ただし，この問では，対称骨組・対称荷重なので，水平方向に移動しないため，B 点，C 点でのモーメントのつり合い式のみから解くことができる．ただし，柱，はりの断面二次モーメントをそれぞれ I_c, I_g とする．未知数は，θ_B, θ_C.

B 点，C 点でのモーメントのそれぞれの項に，たわみ角法のモーメント式を当てはめる．

$$M_{BA} = \frac{2EI_c}{h} \times 2\theta_B \quad (\because \text{固定で } \theta_A=0, \text{対称荷重で}$$
$R=0$，中間荷重なしで $C=0$)

$M_{BE} = ($ ア $) + C_{BE}$
$M_{BC} = ($ イ $)$
$M_{CB} = ($ ウ $)$
$M_{CF} = \dfrac{2EI_g}{l}(2\theta_C - \theta_C) + C_{CF}$

ここで C_{BE}, C_{CF} は固定端モーメントの公式より（5章参照），

$$-C_{BE} = C_{CF} = (エ)$$

こうして θ_B, θ_C だけが未知数の式となったので，固定端モーメントを C とおいてモーメント 2 式を解くと，

$\theta_B = ($ オ $)$, $\theta_C = ($ カ $)$

ここで，標準的な柱，はり断面を想定して，$I_g = 2I_c$ として各節点モーメントを求めてみる．

$M_{BA} = ($ キ $)$, $M_{BE} = ($ ク $)$
$M_{BC} = ($ ケ $)$, $M_{CB} = ($ コ $)$
$M_{CF} = ($ サ $)$

せん断力は中間荷重と両端のモーメントと材長から

$Q_{AB} = ($ シ $)$, $Q_{BC} = ($ ス $)$
$Q_{BE} = ($ セ $)$, $Q_{CF} = ($ ソ $)$

軸力は，節点 B，C の各方向のつり合いから，

$N_{AB} = ($ タ $)$, $N_{BC} = ($ チ $)$

問 7.9.2 次の問に答えなさい．

問 7.9.1 の骨組で，柱の断面二次モーメントを変化させると，はりの端部の曲げモーメントはどう変化していくか？ はりの 0.1 倍，10 倍の 2 ケースで確認しなさい．

問 7.9.3 次に示す骨組の M, N, Q を求めなさい．

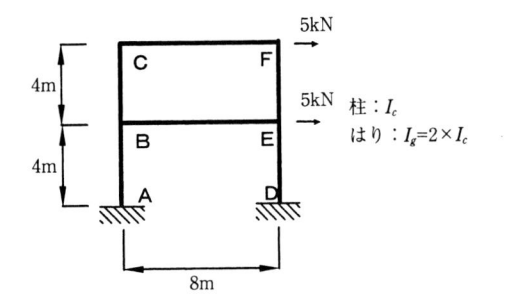

問 7.9.4 問 7.9.3 の骨組における柱の断面二次モーメントを変化させた場合に，生じる応力はどのように変化していくか？ 以下のケースについて解き，問 7.9.3 の解と①，②を比較せよ．

① $I_g = 10 \times I_c$
② $I_c = 10 \times I_g$

ヒント
問 7.9.3 水平力が働くので，問 7.9.1 と違い，層方程式が必要．
問 7.9.4 左右の柱の剛性・上下のはりの剛性を変化させてみると，剛性の違いが骨組の変位に及ぼす影響がさらに鮮明になる．

7.10 コンピュータによる計算

複雑な骨組，とくに不静定次数の高い骨組の応力や変形を求めるためには，膨大な量の計算が必要となる．そこでそのような骨組を解析するためには，コンピュータを用いて計算することが普通である．コンピュータによる構造解析の理論とプログラムの入手方法については 6 章を参照してほしい．また，例題は，実際にデータを作成しプログラムを実行していただきたい．

問 7.10.1 以下の骨組の応力と変形をコンピュータを用いて計算し，図で示しなさい．ただし，柱断面は 150 mm×150 mm，はり断面は 70 mm×250 mm，ヤング係数は柱，はりともに 21 kN/mm² とする．また，部材の質量は無視すること．

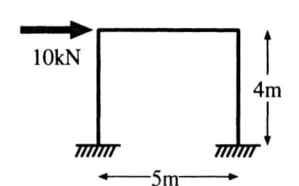

問 7.10.2 以下の骨組の応力と変形をコンピュータを用いて計算し，図で示しなさい．さらに支持条件を固定からピンに変更した骨組について応力と変形を計算し，図で示しなさい．さらに，それらを比較し，支持条件が異なる場合の応力・変形の違いを検討しなさい．ただし，すべての部材は 400 mm×200 mm×8 mm×13 mm の H 形鋼とし，ヤング係数は 210 kN/mm² とする．また，部材の質量は無視すること．

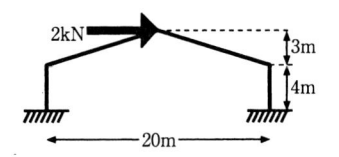

問 7.10.3 以下の 3 層 2 スパン骨組の応力と変形をコンピュータを用いて計算し，図で示しなさい．ただし，柱は 500 mm×500 mm×28 mm の角鋼管，はり

は 900 mm×300 mm×16 mm×28 mm の H 形鋼，ヤング係数は 210 kN/mm², 図中の水平力 P は 360 kN とする．また，部材の質量は無視すること．さらに以下のケースについても検討しなさい．

① 柱の軸方向変位を無視した場合．
② 柱の断面性能を 10 倍および 1/10 とした場合．
③ 第 2 層のはりの断面を 5 倍とした場合．

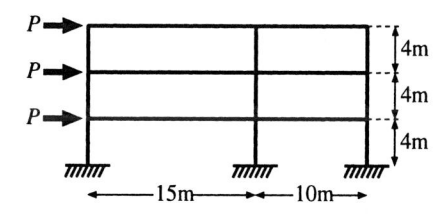

ヒント
問 7.10.2
- H 形鋼の寸法は，図に示す記号で $H×B×t_1×t_2$ と表される．
- 断面二次モーメントは強軸（図の一点鎖線）に対して計算すること．

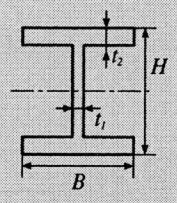

問 7.10.3
- 角鋼管の寸法は，断面の縦×横×厚さで表される．
- ①で軸方向変位を無視する方法は，6.3.2 項を参照すること．
- ②，③の断面性能とは，断面積と断面二次モーメントのことである．

演習問題の解答と解説

7.1 力のつり合い

- 外力と内力と反力の正負.
- 外力と反力は，全体座標系でつり合いを考える（未知力は正方向を仮定するとよい）.
  なお応力などの符号は1章を参照のこと

問 7.1.1 ア：Ax，イ：Dx，ウ：Ay，エ：-0.3×2，オ：0.3×1，カ：0.3×2，キ：$Dx \times \sqrt{3}$，ク：$\dfrac{0.9}{\sqrt{3}}$kN，ケ：0.6 kN，コ：$-\dfrac{0.9}{\sqrt{3}}$，サ：Cx，シ：$\dfrac{BD}{2}$，ス：Cy，セ：-0.3，ソ：$\dfrac{\sqrt{3}BD}{2}$，タ：$-Cy \times 1$，チ：$Cx \times \sqrt{3}$，ツ：$-\sqrt{3}BD$，テ：$\dfrac{1.5}{2\sqrt{3}}$kN，ト：0.15kN，ナ：$-\dfrac{0.3}{\sqrt{3}}$kN.

問 7.1.2 支点反力を R_A，R_B とする．B点の反力はA点まわりのモーメントのつり合いから $R_B \times 7 =$ 荷重による全モーメント和 $\sum M$ から，以下の式が成立する．

$$R_B = \frac{4 \times 3.5 + 2 \times (7+4) + 0.2 \times 11 \times (7+4)/2}{7}$$
$$= 6.87 \text{kN}$$

左反力は右支点まわりの $M/$スパンから
$$R_A = \frac{4 \times 3.5 - 2 \times 4 + 0.2 \times 11 \times 1.5}{7} = 1.33 \text{ kN}$$

別解として外力と反力のつり合いから外力は
$$4 + 2 + 0.2 \times 11 = 8.2$$
$$R_A = 8.2 - 6.87 = 1.33 \text{kN}$$

a材：片持ちはり先端 y 方向のつり合いから，-2 kN

b材：片持ちはり先端から見て，a材とのつり合いから勾配 $1:2:\sqrt{5}$ なので $\sqrt{5}$ kN

c材：片持ちはり先端から見て，外力は y 方向 -2.2．勾配を考え，$-1.1\sqrt{5}$ kN

d材：c材とのつり合いで $1.1\sqrt{5}$ kN

e材：片持ちはり先端から見て，外力は y 方向 -2.8．勾配を考え，$-1.4\sqrt{5}$ kN

f材：9.5kN

g材：片持ちはり先端から見て，外力と反力の和は
$$-2.8 + 6.87 = 4.07$$
勾配を考え，$-2.035\sqrt{5}$ kN

h材：3.455kN

i材：左支点からの外力と反力は
$$N = 1.33 \text{kN}$$
勾配を考えると $-0.665\sqrt{5}$ kN

j材：左上の点のつり合いから，$N = 0$

問 7.1.3

1) C点の反力はA点の $\sum M/$スパンから求める．
A点の M は，
$$M = 4 \times 3.5 + 2 \times 11 + 0.2 \times 11 \times 5.5 = 48.1 \text{ kN·m}$$
$$C点の反力 = \frac{48.1}{7} = 6.87 \text{ kN（上向き）}$$

A点の反力は外力と反力のつり合いから，
$$(4 + 2 + 0.2 \times 11) - 6.87 = 1.33 \text{ kN}$$

B点の M はA点側の外力反力から，
$$1.33 \times 3.5 - 0.2 \times 3.5 \times 1.75 = 3.43 \text{ kN·m}$$

C点の M をD側から求める．
$$2 \times 4 + 0.2 \times 4 \times 2 = 9.6 \text{ kN·m}$$

BC材のC点せん断力はAC材の外力と反力のつり合いから
$$-4 - 0.2 \times 7 + 1.33 = -4.07 \text{ kN}$$

CD材のC点せん断力はCD材の外力から，
$$2 + 0.2 \times 4 = 2.8 \text{ kN}$$

2) B点の上下端の見かけ上の軸方向は
$$\frac{M}{はりせい 1\text{m}} = 3.43 \text{ kN}$$

C点は
$$\frac{M}{はりせい} = -9.6 \text{ kN}$$

f材とは同値であり，h材は問7.1.3の方がやや大きい．理由は，問7.1.2では自重が節点に集約されているが，片持ちはり部の自重は片持ちはりの長さ分の荷重が集約されているのに対し，AB間では，問7.1.2の上弦材の節点間長さの1/2がB点に集約されているため，B点の M に算入されていないからである．

3) C点の両側のせん断力は，問7.1.2のe, g材の鉛直方向分力と同じとなる．

7.2 M, N, Q

問7.2.1 ア：Ax, イ：4, ウ：5, エ：4×2, オ：$Ex\times4$, カ：-0.125kN, キ：5kN, ク：2, ケ：0.25 kN・m, コ：4, サ：2, シ：-7.5 kN・m, ス：4, セ：2, ソ：Ay, タ：1.5, チ：0, ツ：0.125 kN, テ：-3.875kN, ト：5kN, ナ：0, ニ：-3.875 kN, ヌ：-5kN.

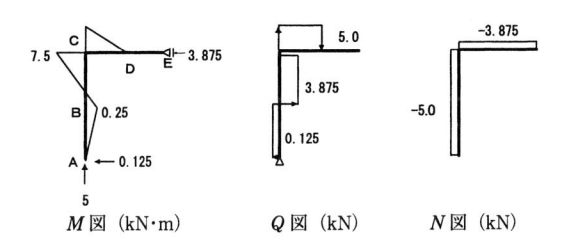

M図 (kN・m)　Q図 (kN)　N図 (kN)

問7.2.2
1) DM：E点がローラー支持なので，$DM = 0$ kN・m
   $CM: -5\times1.5 = -7.5$kN・m
   $BM: -Ex\times2 - 5\times1.5 = 0.25$kN・m
2) E点の反力は45°方向の分力を考えて$-Ex = Ey$
   x方向：$Ax + 4 + Ex = 0$
   y方向：$Ay - 5 + Ey = 0$
   A点M：$4\times2 + 5\times1.5 + Ex\times4 - Ey\times3 = 0$
   $Ax = -\dfrac{12.5}{7}$kN, $Ay = \dfrac{19.5}{7}$kN
   $Ex = -\dfrac{15.5}{7}$kN, $Ey = \dfrac{15.5}{7}$kN
   $BM = \dfrac{12.5\times2}{7} = \dfrac{25}{7}$kN・m
   $CM = \dfrac{12.5\times4}{7} - 4\times2 = -\dfrac{6}{7}$kN・m
   $DM = \dfrac{15.5\times1.5}{7} = \dfrac{23.25}{7}$kN・m

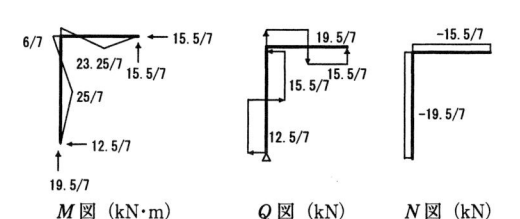

M図 (kN・m)　Q図 (kN)　N図 (kN)

3) E点の反力 Ey
   x方向：$Ax + 4 = 0$
   y方向：$Ay - 5 + Ey = 0$
   A点M：$4\times2 + 5\times1.5 - Ey\times3 = 0$
   $Ax = -4$kN, $Ay = -\dfrac{0.5}{3}$, $Ey = \dfrac{15.5}{3}$kN
   $CM = 4\times4 - 4\times2 = 8$kN・m
   $DM = 4\times4 - 4\times2 - \dfrac{0.5\times1.5}{3} = 7.75$kN・m
   $DM = \dfrac{15.5\times1.5}{3} = 7.75$kN・m
   $Q_{CD} = -\dfrac{0.5}{3} = -0.17$

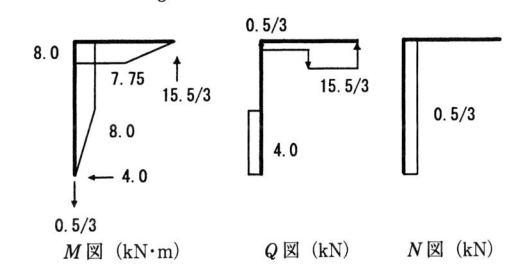

M図 (kN・m)　Q図 (kN)　N図 (kN)

4) 等分布荷重を集約すると，問7.2.1の骨組と同じなので，反力は変わらない．AB間の等分布荷重を集約して集中荷重とみなし，AB間にかけるとBまでの距離が1mなので，
$$BM = -Ax\times2 - 1\times2\times1 = -1.75\text{kN・m}$$
AC間の荷重を同様に考えると，問7.2.1と変わらないので，$CM = -7.5$kN・m．

A点からの距離をyとするとAB間のMは，
$$M = 0.125y - \dfrac{1\times y\times y}{2} = (0.125 - 0.5y)y$$

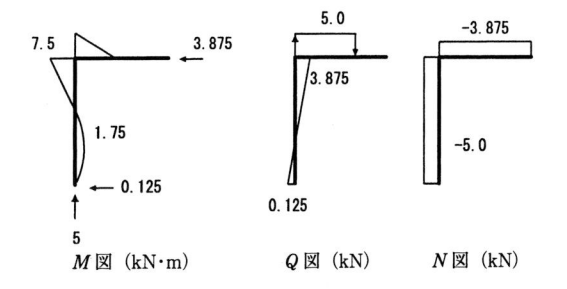

M図 (kN・m)　Q図 (kN)　N図 (kN)

7.3 静定，不静定

問7.3.1 ア：安定, イ：静定.

問 7.3.2 (a)

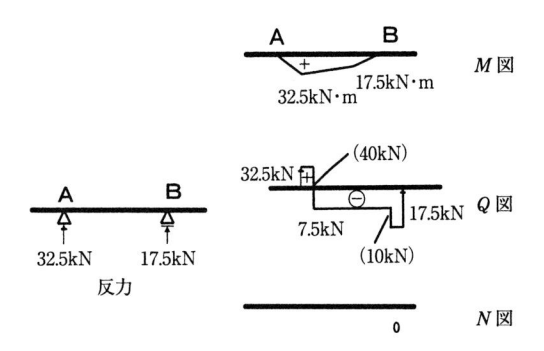

[図: M図, Q図, N図, 反力図]
反力: 32.5kN, 17.5kN
M図: 32.5kN·m, 17.5kN·m
Q図: 32.5kN, (40kN), 7.5kN, 17.5kN, (10kN)

問 7.3.2 (b)　はり中央の曲げモーメント M は，骨組の左端または右端から，外力と反力の M としても求まるが，AB 間の単純はりの中央の曲げモーメント ($M = wl^2/8$) から端部でのつり上がり分（この場合 67.5）を差し引いた値としても求められる．

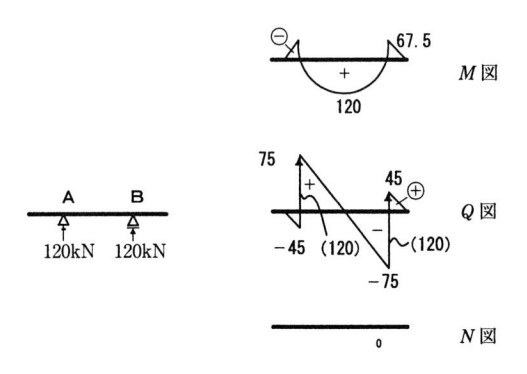

[図: M図, Q図, N図]
反力: 120kN, 120kN
M図: −67.5, 120
Q図: 75, 45, −45, −75, (120), (120)

問 7.3.2 (c)　両端がピン支持の材は，中間荷重がなければ材軸方向の力（軸力）しか働かないので，BD 材は水平反力が解ければ鉛直反力もすぐ求まる．一方，AC 材の部材応力は B 点での中間荷重を考慮し材軸方向か，材軸と直交する方向に考える．なお，材や荷重に勾配がある場合にはその影響を考慮する必要がある．

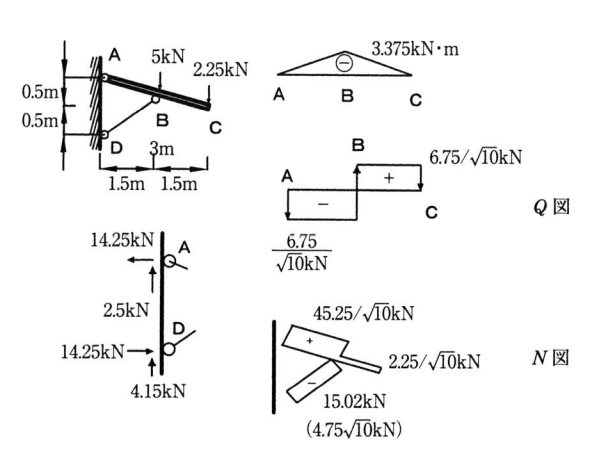

[図]
5kN, 2.25kN, 0.5m, 0.5m, 3m, 1.5m, 1.5m
3.375kN·m
$6.75/\sqrt{10}$ kN
14.25kN, 2.5kN, 14.25kN, 4.15kN
$6.75/\sqrt{10}$ kN
$45.25/\sqrt{10}$ kN, $2.25/\sqrt{10}$ kN
15.02kN ($4.75\sqrt{10}$ kN)

問 7.3.2 (d)

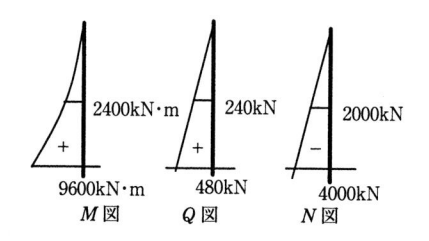

[図: M図, Q図, N図]
M図: 2400kN·m, 9600kN·m
Q図: 240kN, 480kN
N図: 2000kN, 4000kN

問 7.3.3-1) a)　BC 材の応力を求め，BC 材の反力を荷重として AD 材の応力を求める．M_{BC} と M_{AD} を加算すると，単純はり AD の応力となる．せん断力 Q も同様である．

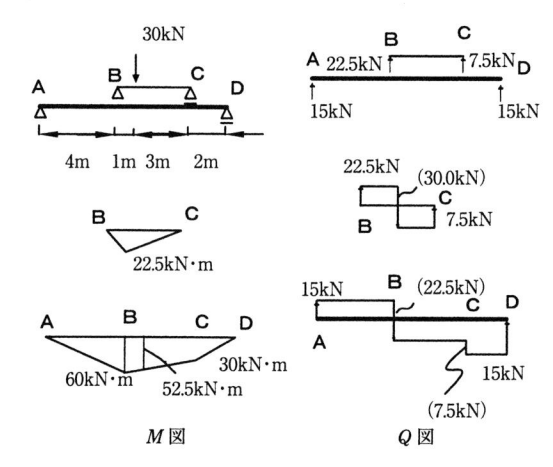

[図]
30kN, 4m, 1m, 3m, 2m
22.5kN, 7.5kN, 15kN, 15kN
22.5kN·m
60kN·m, 52.5kN·m, 30kN·m
22.5kN, (30.0kN), 7.5kN
15kN, (22.5kN), 15kN, (7.5kN)

問 7.3.3-1) b)　角度が生じている荷重は，各方向の分力に分けて考える．軸力が発生し，しかも場所により変化していくことに注意が必要である．

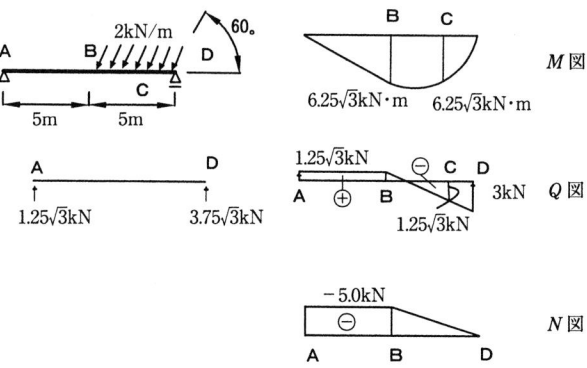

[図]
2kN/m, 60°, 5m, 5m
$1.25\sqrt{3}$ kN, $3.75\sqrt{3}$ kN
M図: $6.25\sqrt{3}$ kN·m, $6.25\sqrt{3}$ kN·m
Q図: $1.25\sqrt{3}$ kN, $1.25\sqrt{3}$ kN, 3kN
N図: −5.0kN

問 7.3.3-1) c)　Q 図は反力点と外力点で段差を生じ，その大きさが急変するが，等分布荷重の場合には勾配つきの直線的変化となる．

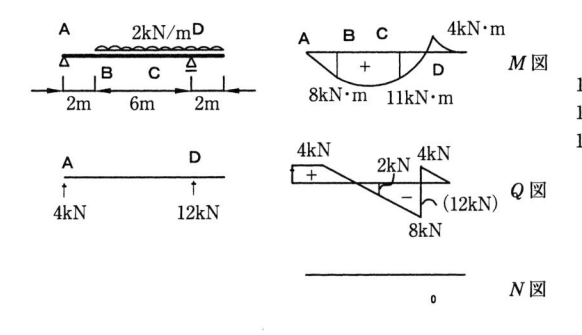

演習問題の解答と解説

問 7.3.3-1) d) 一つづつの M の応力を求め，加算すると考えやすい．$\sum M = M_1 + M_2$

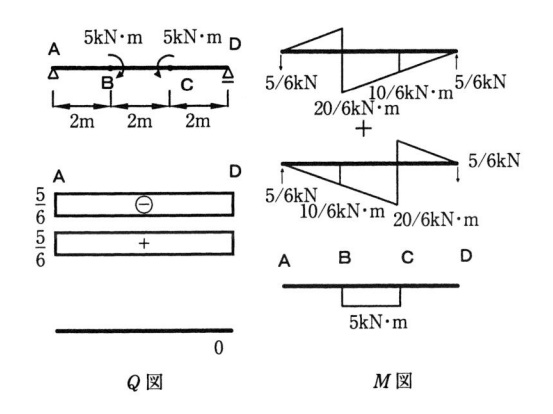

問 7.3.3-2) a) 片持ちはりは，M も Q もはり先端から順次求めていくことができる．

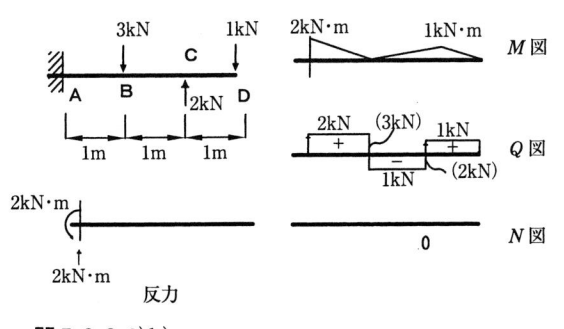

問 7.3.3-2) b)

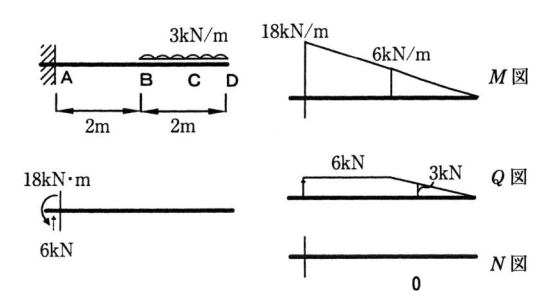

問 7.3.3-2) c) 個々の外力によるモーメントの和 $\sum M = M_1 + M_2$ が考えやすい．

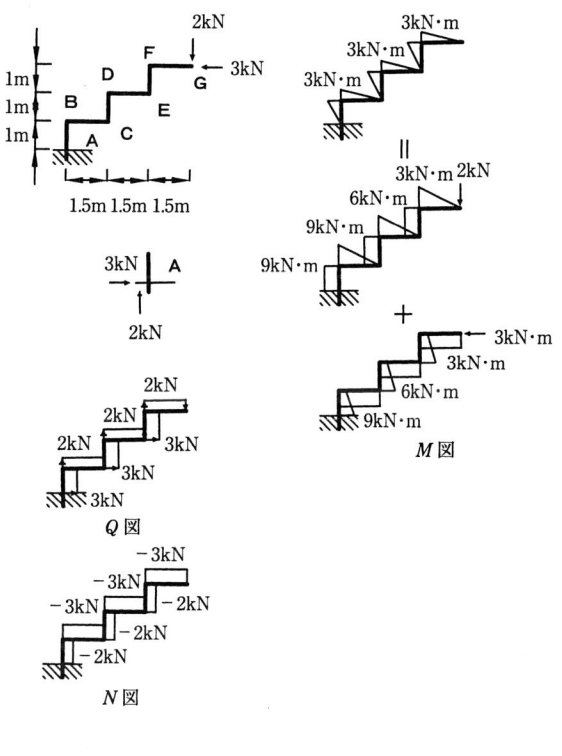

問 7.3.3-2) d)

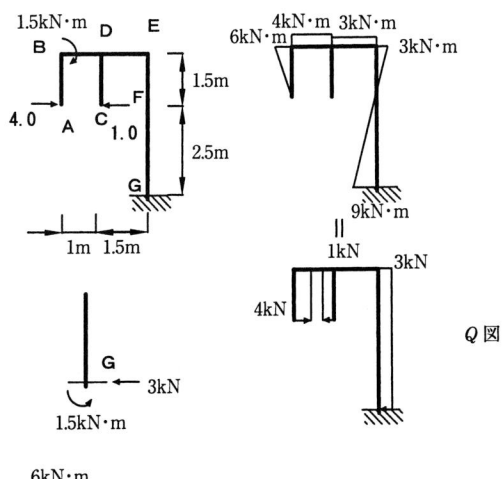

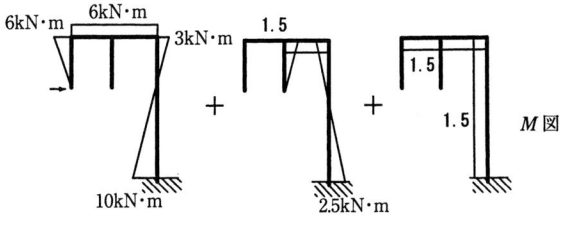

問 7.3.3-3) a) 角度のある荷重は，材に直角な方向の力と材に平行な方向の力とに分解して考える．

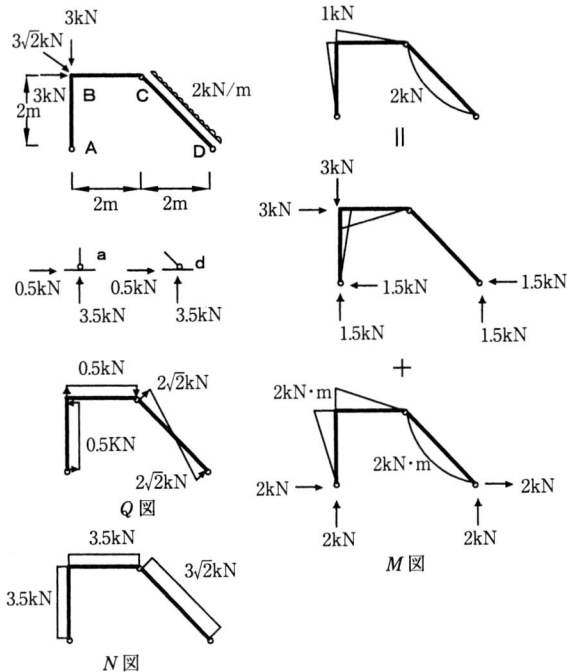

問 7.3.3-4)

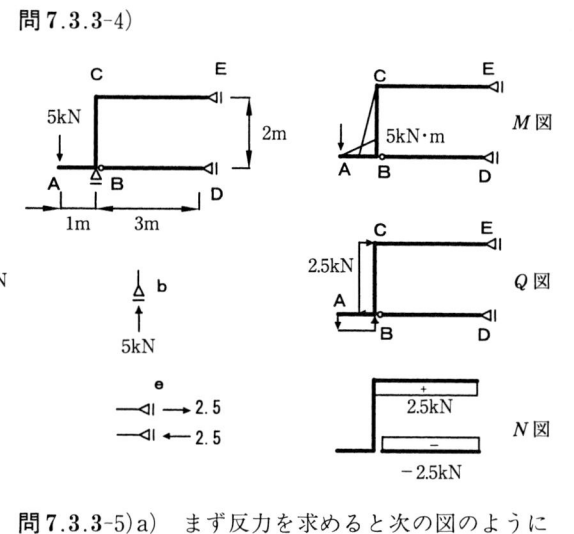

問 7.3.3-5) a) まず反力を求めると次の図のようになる．節点法によって各点における力のつり合いから，各部材に作用する軸力を求めることができる．トラスを構成する直角三角形の辺長比は $3:4:5$ になることを利用しよう．図中に各軸力を示す．圧縮を受ける部材は太線で図示した．

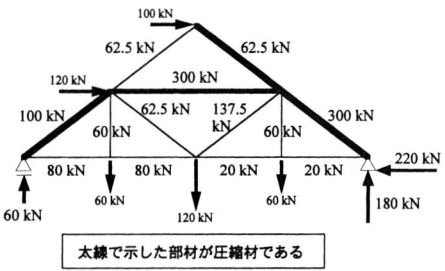

太線で示した部材が圧縮材である

問 7.3.3-5) b)　トラスの反力を次図(a)に示す．この問題では，トラス部材すべての応力を求める必要はない．そこで図(a)の一点鎖線の位置でトラスを切断して，a 部材，b 部材および c 部材の応力を求める．図(b)のように左の Free Body を取り出して考えよう．このとき，切断された a〜c 部材に作用する軸力を N_a，N_b および N_c とする．ここでは図(b)のように水平部材の軸力は右向きを正，斜材の軸力は右下向きを正とする．

はじめに点 A まわりのモーメントのつり合いを考える．時計回りを正として，

$$150\,\text{kN} \times 2a - 50\,\text{kN} \times a - N_c \times a = 0$$

これより c 部材の軸力 N_c が求められる．

$$N_c = 250\,\text{kN}$$

軸力 N_c の符号は正なので，右側断面に右向きの軸力が生じている．すなわち，これは引張り力である．

同様に左の Free Body の外側にある点 B まわりのモーメントのつり合いを考えると，

問 7.3.3-3) b)

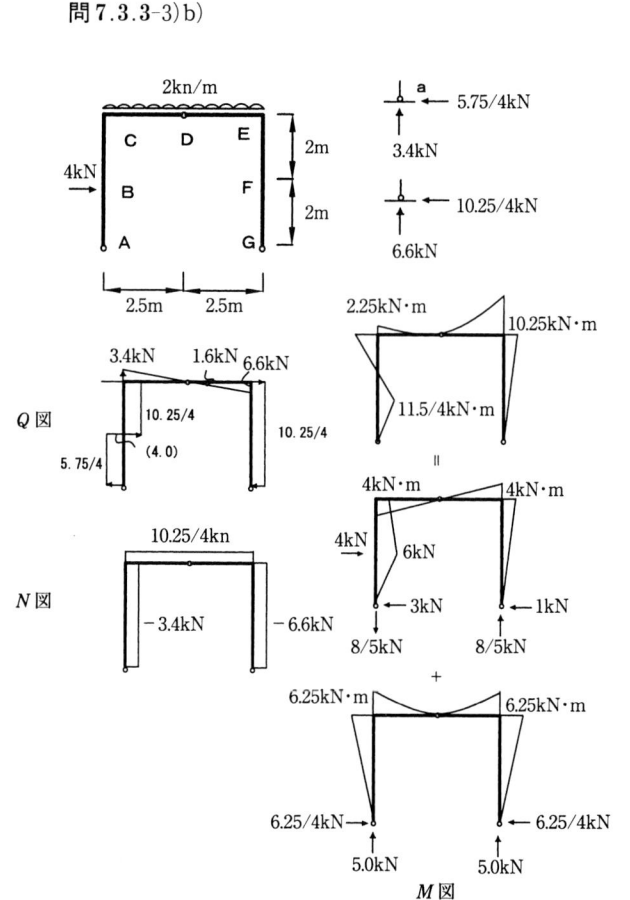

(a) 反力と切断位置

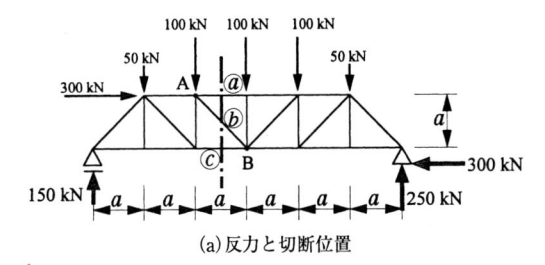

(b) 左のFree Body

$$150\,\mathrm{kN} \times 3a + 300\,\mathrm{kN} \times a - 50\,\mathrm{kN} \times 2a$$
$$-100\,\mathrm{kN} \times a + N_\mathrm{a} \times a = 0$$

これより,
$$N_\mathrm{a} = -550\,\mathrm{kN}$$

軸力 N_a の符号は負なので,これは圧縮力である.

最後に鉛直方向の力のつり合いより,上向きを正として,

$$150\,\mathrm{kN} - 50\,\mathrm{kN} - 100\,\mathrm{kN} - \frac{1}{\sqrt{2}} N_\mathrm{b} = 0$$

これより,
$$N_\mathrm{b} = 0$$

となる.

7.4 力と変形

問 7.4.1 ア:比例,イ:弾性,ウ:ヤング係数,エ:倍,オ:半分,カ:$\frac{Pl}{EA}$.

問 7.4.2
1) 変形は 1/2, 1/4 倍
2) 変形は 3 倍, 6 倍
3) 変形は 2 倍, −3 倍
4) 変形はコンクリート 10 倍,木材 26 倍
5) 変形は変わらない

問 7.4.3 $\delta = Pl/EA$ で $\delta = l$.よって,$P = EA$,$A = 1$ だから $P = E$.ヤング係数と同じ値.ヤング係数は材長を倍に伸ばすに必要な力.

a. 鉄　必要力 = 210 kN
b. 木材　必要力 = 8 kN
c. コンクリート　必要力 = 21 kN

問 7.4.4
1) $P = \dfrac{\delta EA}{l} = \dfrac{3 \times 21 \times 800 \times 800}{3000}$
$$= \dfrac{40320000}{3000} = 13440\,\mathrm{kN}$$

2) $E = \dfrac{Pl}{A\delta} = \dfrac{210 \times 1000}{2000 \times 5} = 21\,\mathrm{kN/mm^2}$

よって材料はコンクリート.

3) $A = \dfrac{Pl}{E\delta} = \dfrac{1000 \times 3000}{210 \times 2} = 7140\,\mathrm{mm^2}$

応力度 $\sigma = \dfrac{P}{A} = 140\,\mathrm{N/mm^2}$

4) 一層床荷重 $w = 10 \times 10 \times 7 = 700\,\mathrm{kN/m^2}$

40階建ての1階・20階・40階の柱が支える床の数は 40, 20, 1.たとえば1階は

応力度 $\sigma = \dfrac{P}{A}$,　$0.2 = \dfrac{700 \times 40}{A}$

柱断面積 $A = \dfrac{700 \times 40}{0.2} = 140000\,\mathrm{mm^2}$

$\delta = \dfrac{700 \times 40 \times 4000}{E \times A} = 3.8\,\mathrm{mm}$

材長 $l = 4000 + 3.8 = 4003.8\,\mathrm{mm}$

同様にして 20 階 $l = 4003.8$
　　　　　 40 階 $l = 4003.8$

5) $\delta = 100000 \times 30 \times 0.000012 = 36\,\mathrm{mm}$
$$P = \dfrac{\delta EA}{l} = \dfrac{36 \times 210 \times 5000}{100000} = 378\,\mathrm{kN}$$

解説

○材の伸び縮みは,材料・荷重・断面積・材長によって変動するため,大建築物にとっておろそかにできない重要問題となる.

建設の進行に伴い超高層建物の下層階柱がどんどん短くなったり,野球場・サッカー場を覆う屋根が建設が進むに従い,徐々に下がってくるような現象が実際に生じるのである.

もう一つ温度による伸び縮みも重要で,たとえば昼間は建設中の建物南側の柱が伸びて,全体が北側に傾くようなことも生じるのである.

○鉄を引っ張るとき,横軸を変形,縦軸を加える力としたグラフに伸びる様をプロットすると,初めは直線で右上がりに進み,しばらくするとなだらかな山形を描き,破断にいたる.力をかけると変形がどんどん進む後半の状態は,めったに遭遇しない地震や風の瞬間巨大エネルギーを吸収すると

7.5 応力と応力度

問 7.5.1 ア：$\dfrac{N}{A}$, イ：$\dfrac{M}{Z}$, ウ：1.5, エ：$\dfrac{4Q}{3A}$

問 7.5.2 a〜e 材の A, Z, I

a. 矩形断面
$$A = b \times h = 60 \times 100 = 6000 \text{ mm}^2$$
$$I = \frac{b \times h^3}{12} = \frac{60 \times 100^3}{12} = 5 \times 10^6 \text{ mm}^4$$
$$Z = \frac{I}{h/2} = \frac{b \times h^2}{6} = \frac{60 \times 100^2}{6} = 10^5 \text{ mm}^3$$

b. 円形断面（直径 D）
$$A = \pi\left(\frac{D}{2}\right)^2 = \pi\left(\frac{25}{2}\right)^2 = 491 \text{ mm}^2$$
$$I = \frac{\pi}{4} \times \left(\frac{D}{2}\right)^4 = \frac{\pi}{4} \times \left(\frac{25}{2}\right)^4 = 19200 \text{ mm}^4$$
$$z = \frac{I}{D/2} = \frac{\pi}{4} \times \left(\frac{D}{2}\right)^3 = 1530 \text{ mm}^3$$

c. H 形鋼縦使い（$H - h \times b \times t_1 \times t_2$）
$$A = b \times t_2 \times 2 + (h - 2 \times t_2) \times t_1 = 100 \times 8 \times 2 + (200 - 2 \times 8) \times 5.5 = 2612 \text{ mm}^2$$
$$I = \frac{b \times h^3}{12} - \frac{(b - t_1)(h - 2 \times t_2)}{12}$$
$$= \frac{100 \times 200^3}{12} - \frac{(100 - 5.5)(200 - 2 \times 8)}{12}$$
$$= 1.76 \times 10^7 \text{ mm}^4$$
$$Z = \frac{I}{h/2} = 1.76 \times 10^5 \text{ mm}^3$$

d. H 形鋼横使い（$H - h \times b \times t_1 \times t_2$）
$$A = \text{縦使いに同じ} = 2612 \text{ mm}^2$$
$$I = \frac{2 \times t_2 \times b^3}{12} + \frac{(h - 2 \times t_2) \times t_1^3}{12}$$
$$= \frac{2 \times 8 \times 100^3}{12} + \frac{(200 - 2 \times 8) \times 5.5^3}{12}$$
$$= 1.34 \times 10^6 \text{ mm}^4$$
$$z = \frac{I}{b/2} = 2.68 \times 10^4 \text{ mm}^3$$

e. 角鋼管
$$A = (D - t) \times t \times 4 = (100 - 4.5) \times 4.5 \times 4 = 1719$$
$$I = \frac{D \times D^3}{12} - \frac{(D - 2 \times t)^4}{12}$$
$$= \frac{100^4}{12} - \frac{(100 - 2 \times 4.5)^4}{12}$$
$$= 2.62 \times 10^6 \text{ mm}^4$$
$$Z = \frac{I}{D/2} = 5.24 \times 10^4 \text{ mm}^3$$

問 7.5.3 問 7.5.2 の a〜c 材の応力

1) 許容引張り力：$\sigma t \times A$
   a. $6000 \times 300 = 1800000 \text{ N} = 1800 \text{ kN} = 1.8 \times 10^3 \text{ kN}$
   b. $300 \times 491 = 1.47 \times 10^5 \text{ N} = 1.47 \times 10^2 \text{ kN}$
   c. $300 \times 2612 = 7.84 \times 10^5 \text{ N} = 7.84 \times 10^2 \text{ kN}$

2) 曲げモーメント：$\sigma_M \times Z$
   a. $10^5 \times 300 = 3 \times 10^7 \text{ N·mm} = 30 \text{ kN·m}$
   b. $300 \times 1530 = 4.59 \times 10^5 \text{ N·mm}$
      $= 0.459 \times \text{ kN·m}$
   c. $300 \times 1.76 \times 10^5 = 5.28 \times 10^7 \text{ N·mm}$
      $= 52.8 \text{ kN·m}$

3) 許容せん断力
   a. $\dfrac{170 \times A}{1.5} = \dfrac{170 \times 6000}{1.5} = 680000 \text{ N} = 680 \text{ kN}$
   b. $170 \times A \times \dfrac{3}{4} = 170 \times 490 \times 0.75 = 62.5 \text{ kN}$
   c. $\dfrac{170 \times 1.76 \times 10^7}{[(100/5.5 \times (200^2 - 184^2))/8 + 184^2/8]} = 164 \text{ kN}$

問 7.5.4

1) 断面 $200 \text{ mm} \times 200 \text{ mm}$，柱頭・柱脚の最大縁応力度

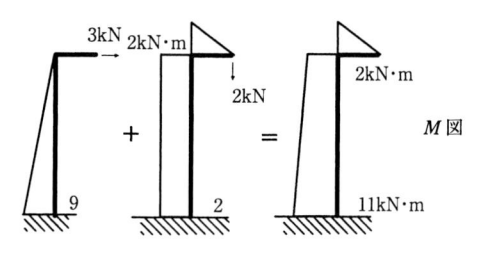

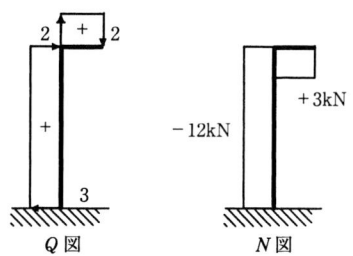

● 柱頭　$M = 2 \text{ kN·m}$　$N = 12 \text{ kN}$　$Q = 2 \text{ kN}$
$$A = 200 \times 200 = 40000 \text{ mm}^2$$
$$Z = \frac{200 \times 200^2}{6} = 1.33 \times 10^6 \text{ mm}^3$$

圧縮応力度 $\sigma_N = \dfrac{12000}{40000} = 0.3 \text{ N/mm}^2$

曲げ応力度 $\sigma_M = \dfrac{2 \times 10^6}{1.33} \times 10^6 = 1.5 \text{ N/mm}^2$

最大縁応力度 $\sigma = 0.3 + 1.5 = 1.8 \text{ N/mm}^2$

● 柱脚　$M = 11 \text{ kN·m}$　$N = 12 \text{ kN}$　$Q = 3 \text{ kN}$

$$\sigma_N = \frac{12000}{40000} = 0.3 \text{ N/mm}^2$$

$$\sigma_M = \frac{11 \times 10^6}{1.33} \times 10^6 = 8.27 \text{ N/mm}^2$$

最大縁応力度 $\sigma = 0.3 + 8.27 = 8.57 \text{ N/mm}^2$

2) 勾配 3/10 の母屋材

$$Z_x = \frac{30 \times 50^2}{6} = 12500$$

$$Z_y = \frac{50 \times 30^2}{6} = 7500$$

$$M = \frac{0.75 \times P \times 1.0^2}{8} = 0.094P \text{[kN·m]}$$

$$M_X = \frac{M \times 10}{10.44} = 0.090P$$

$$M_Y = \frac{M \times 3}{10.44} = 0.027P$$

$$\frac{\sum M}{Z} = \frac{0.090P \times 10^6}{12500} + \frac{0.027P \times 10^6}{7500}$$

$$= 10.8P < 7 \quad (P < 0.64 \text{ m})$$

解説

○解析により骨組の応力を算出する作業は，応力に見合った適切な部材を選び，安全な骨組を構築するための準備作業である．

部材を右側からの力で時計回りに曲げた場合，断面の上側が引っ張られ，下側が圧縮される．

曲げる力が支配的な場合には，応力が大きく生じる上下に断面を集中させるほうが有利であるので，H形鋼を縦にI字状に使う．

いろいろな断面の部材をどう使えば，断面内ではどういう応力分布になるかを知るためには断面に関する係数 Z, S などが重要である．

○実際の H 形鋼や角鋼管は製法上，丸みを帯びている部分があるが，ここでは簡単にするために四角い板の組み合せと考えてよい．

7.6 変 位

問 7.6.1-a) M/EI を荷重とする反力は $6 \times 3/2EI$

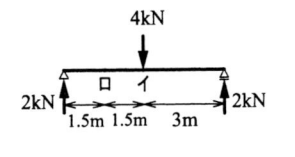

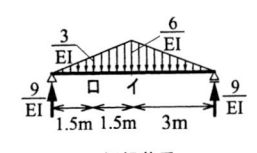

イ．中央の $M = $ 反力 $\times 3 - \frac{6 \times 3}{2EI} \times 1 = \frac{18}{EI}$

  $=$ 中央の δ

中央の $Q = $ 反力 $- \frac{6 \times 3}{2EI} = 0 = $ 中央の θ

ロ．ロ点の $M = $ 反力 $\times 1.5 - \frac{3 \times 1.5}{2EI} \times 0.5$

  $= \frac{12.375}{EI} = $ ロ点 δ

ロ点の $Q = $ 反力 $- \frac{3 \times 1.5}{2EI} = \frac{6.75}{EI} = $ ロ点 θ

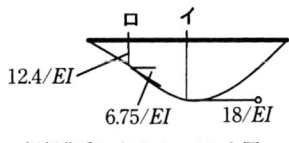

問 7.6.1-b) M/EI を荷重とする反力は

$$\left\{ A\left[\frac{15}{3} \times \frac{3}{2EI}\right] \times 7 + B\left[\frac{15}{3} \times \frac{1.5}{2EI}\right] \times 5.5 + C\left[\frac{15}{3} \times \frac{1.5}{2EI}\right] \times 3.5 + D\left[\frac{15}{3} \times \frac{3}{2EI}\right] \times 2 \right\}/9 = \frac{5}{EI}$$

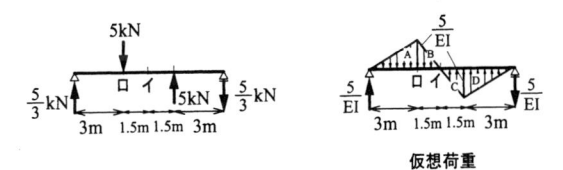

A, B, C, D を各部の面積とする．

イ．中央の $M = $ 反力 $\times 4.5 - A \times 2.5 - B \times 1$

  $= 0 = $ 中央の δ

中央の $Q = $ 反力 $- A - B$

  $= -\frac{6.25}{EI} = $ 中央の θ

ロ．ロ点の $M = $ 反力 $\times 3 - A \times 1 = \frac{7.5}{EI}$

  $= $ ロ点の δ

ロ点の $Q = $ 反力 $- A = \frac{2.5}{EI} = $ ロ点の θ

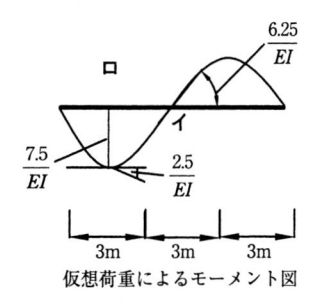

問 7.6.1-c) M/EI を荷重とする反力は

$$\frac{A\frac{-7.5 \times 3}{2EI} \times 4 + B\frac{7.5 \times 3}{2EI} \times 2}{6} = -\frac{15}{4EI}$$

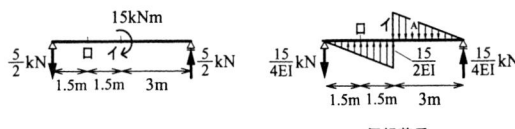

イ. 中央の $M = $ 反力 $\times 3 + A \times 1 = 0 = $ 中央の δ

中央の $Q = $ 反力 $+ A = \dfrac{7.5}{EI} = $ 中央の θ

ロ. ロ点の $M = $ 反力 $\times 1.5 + \dfrac{A}{4} \times 0.5$

$= \dfrac{4.2}{EI} = $ ロ点の δ

ロ点の $Q = $ 反力 $- \dfrac{A}{4} = \dfrac{0.94}{EI} = $ ロ点の θ

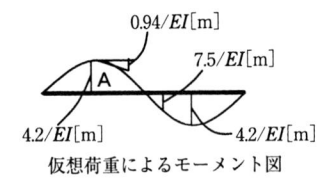

問7.6.1-d) M/EI を荷重とする反力は

$$\dfrac{-A\dfrac{0.2 \times 2}{2EI} \times 4.67 + B\dfrac{0.8 \times 2}{EI} \times 3 + C\dfrac{0.2 \times 2}{2EI} \times 3.33 + D\dfrac{0.8 \times 2}{2EI} \times 1.33}{6}$$

$= \dfrac{0.933}{EI}$

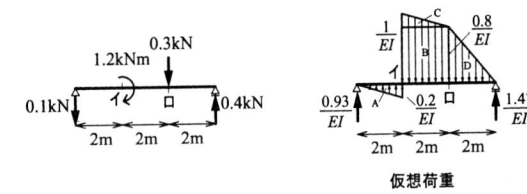

イ. イ点の $M = $ 反力 $\times 2 + \dfrac{0.2 \times 2}{2} \times 0.67 = \dfrac{1.73}{EI}$

$= $ イ点の δ

イ点の $Q = $ 反力 $+ A = -\dfrac{1.13}{EI} = $ 中央の θ

ロ. ロ点の $M = $ 反力 $\times 4 + A \times 2.67 - B \times 1$

$- C \times 1.33 = \dfrac{2.41}{EI} = $ ロ点の δ

ロ点の $Q = $ 反力 $+ A - B - C$

$= \dfrac{-0.67}{EI}$

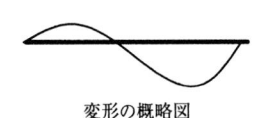

問7.6.2-a)

イ点のたわみ $= \dfrac{4 \times 2}{2EI} \times 1.33 = \dfrac{5.32}{EI}$

ロ点のたわみ $= \dfrac{4 \times 2}{2EI} \times 3.33 + \dfrac{2 \times 2}{2EI} \times 0.67$

$= \dfrac{14.66}{EI}$

ハ点のたわみ $= \dfrac{4 \times 2}{2EI} \times 5.33 + \dfrac{2 \times 2}{2EI} \times 2.67$

$+ \dfrac{2 \times 2}{2EI} \times 1.33 = \dfrac{29.32}{EI}$

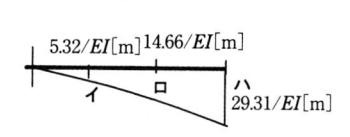

問7.6.2-b) 鉛直方向の力のつり合い

$$V_1 + V_2 = P \quad (1)$$

固定端でのモーメントのつり合い

$$-3Pl + 2V_2l + M_1 = 0 \quad (2)$$

ハ点（ヒンジ）の左側でのモーメントのつり合い

$$-2Pl + V_2l = 0 \quad (3)$$

上記3式から反力 V_1, V_2, M_1 を求める．

$V_1 = -P \quad V_2 = 2P \quad M_1 = -Pl$

図のような共役はりに作用する仮想荷重に対する反力を V_1', V_2', M_1' として求める．

鉛直方向の力のつり合い

$$V_1' + V_2' + \dfrac{Pl^2}{2EI} = 0 \quad (4)$$

イ点（共役はりの固定端）でのモーメントのつり合い

$$\dfrac{Pl^2}{2EI} \times \dfrac{8}{3}l - \dfrac{Pl^2}{EI} \times l - V_2' \times 2l + M_1'$$

$$= \dfrac{Pl^3}{3EI} - 2V_2'l + M_1' = 0 \quad (5)$$

ロ点（共役はりのヒンジ）の左側でのモーメントのつり合い

$$M_1' + V_1'l + \dfrac{Pl^3}{6EI} = 0 \quad (6)$$

上記3式から V_1', V_2', M_1' を求める

$V_1' = -\dfrac{7Pl^2}{6EI} \quad V_2' = \dfrac{2Pl^2}{3EI} \quad M_1' = \dfrac{Pl^3}{EI}$

以上より

イ点の $Q = -\dfrac{7Pl^2}{6EI} = $ イ点の θ

イ点の $M = \dfrac{Pl^3}{EI} = $ イ点の δ

ロ点の $Q = -\dfrac{2Pl^2}{EI} = $ ロ点の θ

ロ点の $M = 0 = $ ロ点の δ

ハ点右側の $Q = \dfrac{Pl^2}{2EI} = $ ハ点右側の θ

ハ点左側の $Q=\dfrac{Pl^2}{6EI}=$ ハ点左側の θ

ハ点の $M=\dfrac{Pl^3}{3EI}=$ ハ点の δ

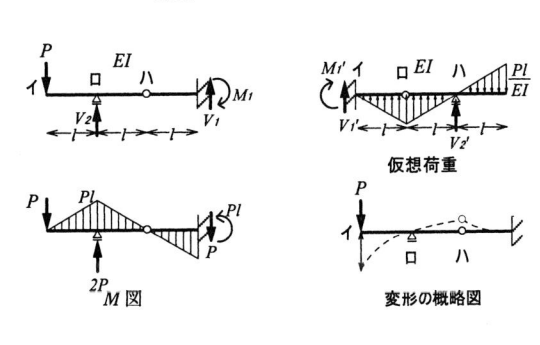

問 7.6.3 $E=210 \text{ kN/mm}^2$, $I=500^2\times 5000\times 2$, $l=20 \text{ m}$, 積雪 1 m のときの荷重 w は 2 kN/m^2, 等分布荷重梁の変形は $\delta=5wl^4/384EI$ で表される.

$$\delta=\dfrac{5\times 2\times 20^4\times 10^6}{384\times 210\times 500^2\times 5000\times 2}=0.00794 \text{ m}$$

解説
○地震時に建物が変形するが，隣の建物とぶつかり合わないためにはどのくらい隙間をあけておけばよいか，風圧力でガラスが割れないためには支持部材の変形をどの程度に抑えればよいか，床が振動しないようにするにははりの変形をどの程度に抑えるべきか，と，許容応力度以下にできる部材を探すより，たわみの少ない部材を探すほうが重要な場合も多い．

7.7 仮想仕事法

問 7.7.1 ア：$\dfrac{P\times x}{2}$, イ：$\dfrac{3x}{4}$, ウ：$\dfrac{P\times x}{2}$, エ：$\dfrac{l-x}{4}$, オ：$P\times\dfrac{l-x}{2}$, カ：$\dfrac{l-x}{4}$.

D 点の鉛直変位は,

AD $\displaystyle\int_0^{\frac{l}{4}}\dfrac{P\times x}{2}\times\dfrac{3x}{4}dx$

DC $\displaystyle\int_{\frac{l}{4}}^{\frac{l}{2}}\dfrac{P\times x}{2}\times\dfrac{l-x}{4}dx$

CB $\displaystyle\int_{\frac{l}{2}}^{l}\dfrac{P(l-x)}{2}\times\dfrac{l-x}{4}dx$

$\delta_D=\dfrac{11\times PL^3}{768EI}$

問 7.7.2 C 点（中央点）に仮想力 $P'=1$ をかける．

AC $\displaystyle\int_0^{\frac{l}{2}}\dfrac{P\times x}{2}\times\dfrac{x}{2}dx$

CB $\displaystyle\int_{\frac{l}{2}}^{l}\dfrac{P\times x}{2}\times\dfrac{x}{2}dx$

$\delta_C=\dfrac{Pl^3}{48EI}$

問 7.7.3 外力によるモーメントを考える．

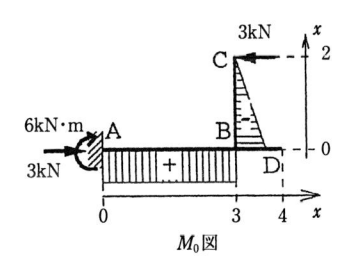

C 点に仮想外力（$P=1$）が作用した場合の M 図を水平，鉛直方向それぞれ求める．

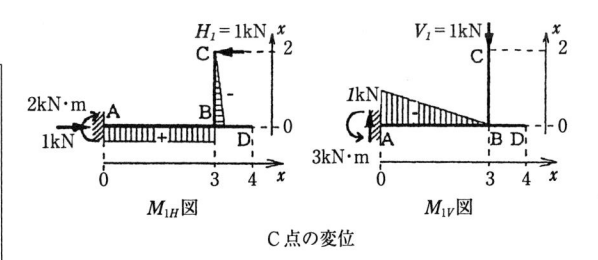

図のように x 軸を 2 種類設定すると曲げモーメントは各区間でそれぞれ以下のようになる．

$M_0=6 \text{ kN}$

AB 間：$M_{1H}=2 \text{ kN}$
$M_{1V}=-3 \text{ kN}+x$
$M_0=-6 \text{ kN}+3x$

BC 間：$M_{1H}=-2 \text{ kN}+x$
$M_{1V}=0$
$M_0=0$

BD 間：$M_{1H}=0$
$M_{1V}=0$

仮想仕事の基本式より C 点の変位は

$\delta_H=\dfrac{1}{EI}\int M_0 M_{1H}dx$

$=\dfrac{1}{EI}\left\{\int_0^3 6\times 2 dx+\int_0^2(-6+3x)\times(-2+x)dx\right\}$

$=\dfrac{1}{EI}\left(\left[12x\right]_0^3+\left[x^3-6x^2+12x\right]_0^2\right)=\dfrac{44}{EI}$

$\delta_V=\dfrac{1}{EI}\int M_0 M_{1V}dx$

$=\dfrac{1}{EI}\left\{\int_0^3 6\times(-3+x)dx+\int_0^2(-6+3x)\times 0 dx\right\}$

$=\dfrac{1}{EI}\left(\left[-18x+3x^2\right]_0^3\right)=-\dfrac{27}{EI}$

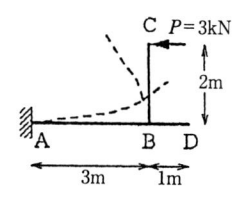

変形の概略図

問 7.7.4 まず，M_0 図を求める．

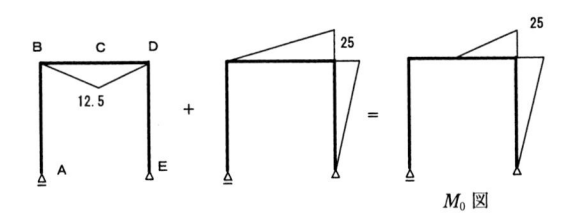

A 点の変形を求めるために，A 点に仮想力 $P'=1$ を加え，M_1 図を求める．

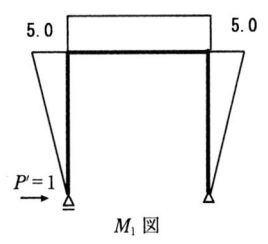

AB−DE までの $\int \frac{M_0 M_1}{EI} dx$ を求める．

	M_0	M_1
AB	0	x
BC	0	5
CD	$10x$	5
DE	$5x$	x

$$\delta_A = \frac{1}{EI}\left(\int_0^{2.5} 50x\,dx + \int_0^5 5x^2\,dx\right) = \frac{365}{EI}$$

D 点の回転角を求めるために D 点に $M'=1$ を加える．

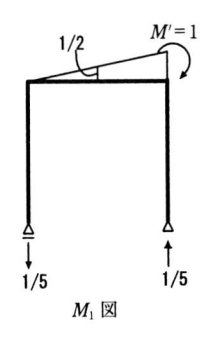

	M_0	M_1'
CD	$10x$	$1/2 + x/5$

$$\theta_D = \frac{1}{EI}\left\{\int_0^{2.5}(5x + 2x^2)dx\right\} = \frac{26}{EI}$$

問 7.7.5 問 7.7.4 の骨組の A 点に P の力を加えたときの応力と，A 点に仮想力 $P'=1$ を加えた応力を求める．

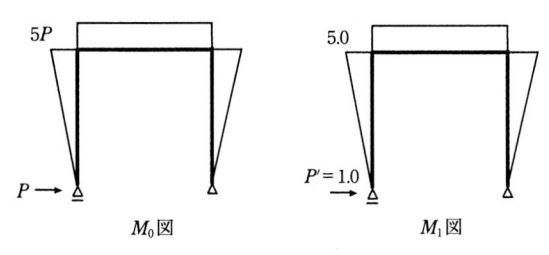

P なる力による A 点の水平変位が問 7.7.4 の δ_A になるときの P の値を求める．

	M_0	M_1
AB	Px	x
BD	$5P$	5
DE	Px	x

$$\delta_A = \frac{1}{EI}\left(\int_0^5 Px^2 dx \times 2 + \int_0^5 25P\,dx\right)$$
$$= \frac{1}{EI}\left[\frac{Px^3}{3} \times 2 + 25Px\right]_0^5$$
$$= \frac{1}{EI}\left(P \times \frac{5^3}{3} \times 2 + 25P \times 5\right) = \frac{365}{EI}$$

これを解いて $P = 1.75$ kN

［別法］鉛直荷重 10 kN がかかった場合，対称荷重なので

$$R = 0, \quad \theta_B = -\theta_D$$

A 点はピンなので

$$M_{AB} = \frac{2EI}{5} \times (2\theta_A + \theta_B) = 0$$

B 点のモーメントのつり合いから

$$M_{BA} + M_{BD} = 0$$

$$\frac{2EI}{5} \times [(2\theta_B + \theta_A) + (2\theta_B - \theta_B)] + C_{BD} = 0$$

これを解いて

$$\theta_A = \frac{C_{BD}}{2EI}, \quad \theta_B = -\frac{2C_{BD}}{2EI}$$

これから A 点の反力は

$$-\frac{M_{BA}}{5} = \frac{3}{25} \times C_{BD}$$

BD材の固定端モーメントは
$$C_{BD} = \frac{Pl}{8} = 6.25 \text{ kN·m}$$

水平力5kNがかかった場合，A点D点の反力は条件が同じなのでそれぞれ$\frac{5}{2}$．

それぞれの場合のM図と反力を示す．
$$M_A + M_B = \Sigma M$$

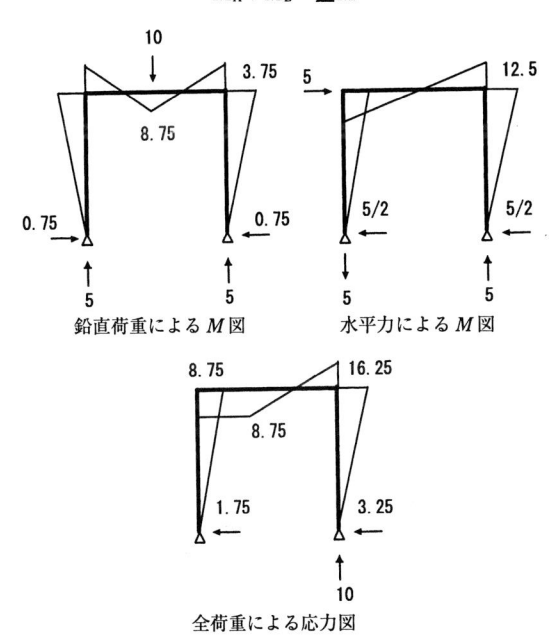

（鉛直荷重によるM図）

（水平力によるM図）

（全荷重による応力図）

A点の反力は，上記より，1.75 kN．

問7.7.6 反力をAyとすると，反力と外力によるM_0は

$$M_0 = Ay \times x - wx \times \frac{x}{2}$$

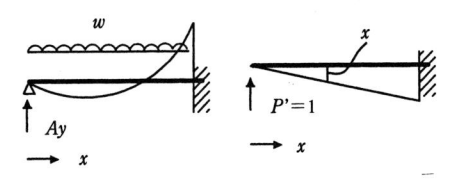

A点に仮想外力$P'=1$を加えた場合のM_1は
$$M_1 = x$$
$$\delta_A = \frac{1}{EI} \times \int_0^l M_0 M_1 dx$$

$\delta_A = 0$なので

$$\int_0^l \frac{M_0 M_1}{EI} dx = \frac{1}{EI}\left(Ay \times \frac{l^3}{3} - \frac{wl^4}{8}\right) = 0$$

$$Ay = \frac{3}{8} \times wl$$

[別法] A点を自由端と仮定したときのA点の変位を求める．A点の変位が0となるようなA点に加えるべき荷重Pを求める．x点のMは$1/2 \times wx^2$．

M/EIを荷重とし，A点を固定，B点を自由端としたときのA点のMを求める．

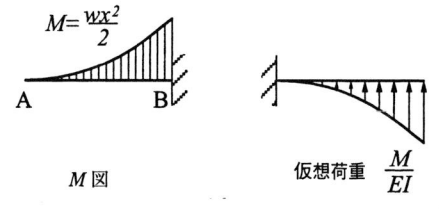

$M(=\delta)$は
$$\frac{1}{EI}\int_0^l x \times \left(\frac{1}{2} \times wx^2\right) dx = \frac{wl^4}{8EI}$$

A点にPを加えたときの$M = Px$

M/EIを荷重とし，A点を固定，B点を自由としたときのA点のMを求める．

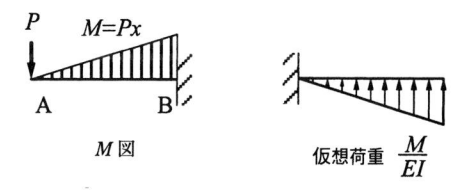

$M(=\delta)$は$\frac{Pl^3}{3EI}$

ここで両者を合成することによってA点の鉛直変位は0になることから，

$$\frac{wl^4}{8EI} + \frac{Pl^3}{3EI} = 0$$

よって，$P = -\frac{3}{8}wl$ これは上向きの力である．

問7.7.7 柱に生じる軸力をNとする．次図(a)のようにC点の固定を解除した静定基本形を考えると，C点には上向きに大きさNの力が作用する．本来はC点の鉛直変位は0であるので，静定基本形におけるC点の鉛直変位δ_Cを求めてこれを0とおくことによって，軸力Nを求めることができる．ここで仕事をするのは，はりに生じる曲げモーメントと柱に生じる軸力とであることに注意しよう．静定基本形におけるはりの曲げモーメントをM_0，柱軸力をN_0とする．また，図(b)のように静定基本形のC点に大きさ1の上向きの力を作用させたときのはりの曲げモーメントをM_1，柱軸力をN_1とする．A点から右向きに距離x，A点から下向きに距離yをそれぞれ設定する．このとき，C点の鉛直変位δ_Cは仮想仕事の原理を用いて以下のように求められる．

$$\delta_C = \int_0^l \frac{M_0 \cdot M_1}{EI} dx + \int_0^h \frac{N_0 \cdot N_1}{EA} dy$$

はりのモーメントおよび柱の軸力は次のようになる．

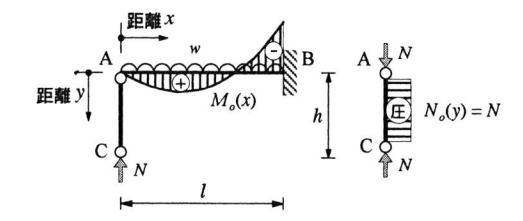

(a) 静定基本形と柱軸力図

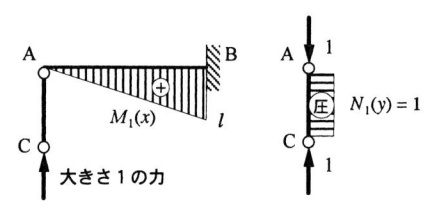

(b) C点に大きさ1の力を加えたときの
はりモーメント図と柱軸力図

$$M_0(x) = Nx - \frac{wx^2}{2}$$
$$M_1(x) = x$$
$$N_0(y) = N$$
$$N_1(y) = 1$$

以上より,

$$\delta_c = \frac{1}{EI}\left(\frac{Nl^3}{3} - \frac{wl^4}{8}\right) + \frac{Nh}{EA} = 0$$

これを解くことによって軸力 N が得られる.

$$N = \frac{\dfrac{wl^4}{8}}{\dfrac{l^3}{3} + \dfrac{Ih}{A}}$$

[別解] はりのA点の鉛直変位と柱の縮み量とが等しいことを利用する.はりの鉛直変位 δ_A は下向きなので,大きさ1の力を下向きにA点に作用させて仮想仕事の原理を利用する.すなわち,$M_1(x) = -x$ とする.

$$\delta_A = \int_0^l \frac{M_0 \cdot M_1}{EI} dx = \frac{1}{EI}\int_0^l \left(Nx - \frac{wx^2}{2}\right)\cdot(-x)dx$$
$$= \frac{1}{EI}\left(\frac{wl^4}{8} - \frac{Nl^3}{3}\right)$$

いっぽう,柱の縮み量 δ_{col} はフックの法則より以下となる.

$$\delta_{col} = \frac{Nh}{EA}$$

ここで,$\delta_A = \delta_{col}$ とおくことによって,軸力 N が得られる.

$$N = \frac{\dfrac{wl^4}{8}}{\dfrac{l^3}{3} + \dfrac{Ih}{A}}$$

7.8 不静定構造物

問 7.8.1 ア:0,イ:0,ウ:0,エ:$\frac{2EI}{5}\times\theta_c$,オ:$\frac{2EI}{5}\times 2\theta_c$,カ:$\frac{5\times 5}{2}=12.5$,キ:2.5,ク:2.5,ケ:2.5,コ:$-3.75$,サ:$-\frac{3.125}{EI}$,シ:3.125.

応力図は下図のようになる.

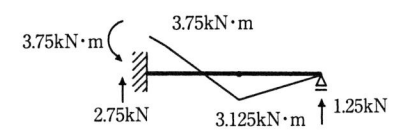

問 7.8.2 問 7.8.1のモールの定理での確認.

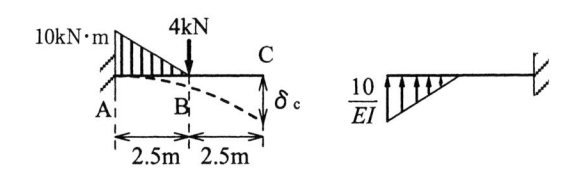

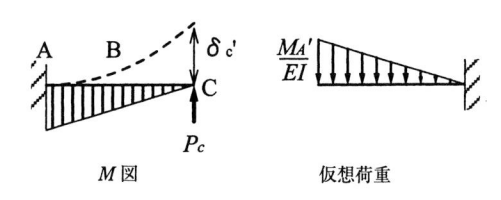

M 図　　　　　　　　　仮想荷重

ス:$\dfrac{2.5\times 10}{2EI}\times\dfrac{5\times 5}{6}=\dfrac{25^2}{12EI}$,　セ:$\dfrac{5\times 5P_c}{2EI}\times\dfrac{5\times 2}{3}=\dfrac{5^3 P_c}{3EI}$,　ソ:$\dfrac{5}{4}$ kN,　タ:$-4\times 2.5 = -10$ kN・m,

チ:$\dfrac{5}{4}\times 5 = \dfrac{25}{4}$ kN・m,

ツ:$-10 + \dfrac{25}{4} = -3.75$ kN・m.

よって,問 7.8.1 と同じ結果が得られた.

問 7.8.3-a) 単純はりのAB端回転角は,モールの定理より M/EI を仮想荷重としたときのせん断力である.単純はりとしたときの

面積 $F = 8\times\dfrac{3}{2} + 8\times\dfrac{6}{2} = 36$ kN・m^2

重心 $x = \dfrac{8\times\dfrac{3}{2}\times 2 + 8\times\dfrac{6}{2}\times 5}{36} = 4$ m

せん断力 $A = $ 反力 $= 36\times\dfrac{5}{9EI} = \dfrac{20}{EI} = \theta_A$

せん断力 $B = -\dfrac{36\times 4}{9EI} = -\dfrac{16}{EI} = \theta_B$

A 端および B 端の回転角が 0 になるように, M_A, M_B を加える.

$$M_A = \frac{2EI}{l}\{2(-\theta_A) + (-\theta_B)\}$$
$$= \frac{2EI}{9}\left(\frac{-2 \times 20}{EI} + \frac{16}{EI}\right) = -5.33 \text{ kN·m}$$

$$M_B = \frac{2EI}{l}\{2(-\theta_B) + (-\theta_A)\}$$
$$= \frac{2EI}{9}\left(\frac{2 \times 16}{EI} - \frac{20}{EI}\right) = -2.67 \text{ kN·m}$$

応力図は下図のようになる.

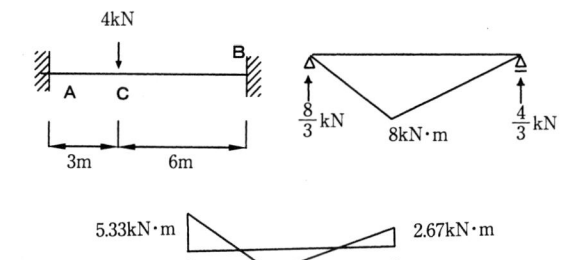

[別法] AB 端固定 θ_A, θ_B, $R = 0$ ゆえ荷重項のみ. 単純はりとしたときの面積 $F = 36$, 重心 $x = 4$ を荷重項の式に代入.

$$C_A = -\frac{2 \times 36(2 \times 9 - 3 \times 4)}{9^2} = -5.33 \text{ kN·m}$$

$$C_B = \frac{2 \times 36(3 \times 4 - 9)}{9^2} = 2.67 \text{ kN·m}$$

問 7.8.3-b) B 点を自由端とした場合の B 点の変位は, M/EI を仮想荷重としたときの B 点のモーメントである.

A 点を支点として

C 点の反力 $\dfrac{\dfrac{9 \times 3}{2} \times 2 + \dfrac{9 \times 9}{2} \times 6}{12EI} = \dfrac{22.5}{EI}$

B 点の $M = \dfrac{22.5}{EI} \times 6 - \dfrac{6 \times 6}{2EI} \times 2 = \dfrac{99}{EI}$

B 点の変形が $99/EI$ となるような P を求める.

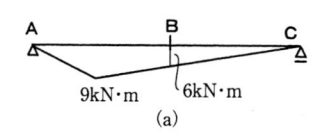

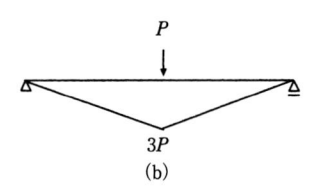

M/EI を荷重としたときの B 点の M は,

$$M = \frac{9P}{EI} \times (6-2) = \frac{36}{EI}P$$

$$\frac{36P}{EI} = \frac{99}{EI} \text{ から } P = \frac{99}{36} = 2.75 \text{ kN·m}$$

B 点の M は, $2.75 \times 3P - 6 = 2.25 \text{ kN·m}$.

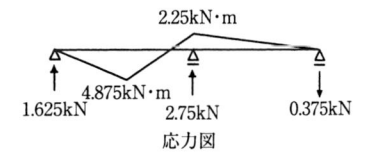

なお, 固定端モーメント C_A, C_B などは公式の値と比較してみること.

7.9 不静定矩形骨組

問 7.9.1 ア: $\dfrac{2EI_g}{8.0} \times (2\theta_B - \theta_B)$, イ: $\dfrac{2EI_c}{4.0} \times (2\theta_B + \theta_C)$, ウ: $\dfrac{2EI_c}{4.0} \times (2\theta_C + \theta_B)$, エ: $\dfrac{160}{3}$ kN·m,

オ: $\dfrac{4C(2I_c + I_g)}{E(28I_c^2 + 12I_cI_g + I_g^2)}$,

カ: $\dfrac{4C(6I_c + I_g)}{E(28I_c^2 + 12I_cI_g + I_g^2)}$, キ: $\dfrac{2C}{7}$,

ク: $-\dfrac{6C}{7}$, ケ: $\dfrac{4C}{7}$, コ: $\dfrac{5C}{7}$, サ: $-\dfrac{5C}{7}$, シ: $\dfrac{3C}{28}$, ス: $\dfrac{9C}{28}$, セ: 40.0, ソ: 40.0, タ: 80.0, チ: 40.0.

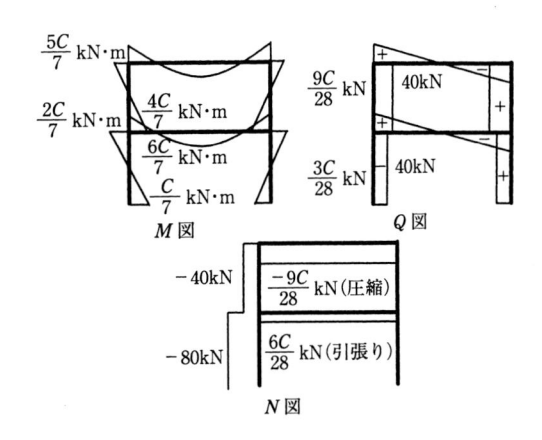

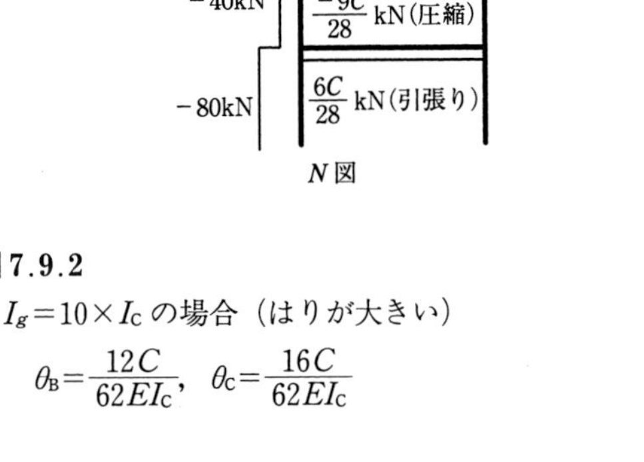

問 7.9.2
- $I_g = 10 \times I_c$ の場合 (はりが大きい)

$$\theta_B = \frac{12C}{62EI_c}, \quad \theta_C = \frac{16C}{62EI_c}$$

$M_{BA} = \dfrac{6C}{31}$

$M_{BE} = -\dfrac{16C}{31}$, $M_{BC} = \dfrac{10C}{31}$

$M_{CB} = \dfrac{11C}{31}$, $M_{CF} = -\dfrac{11C}{31}$

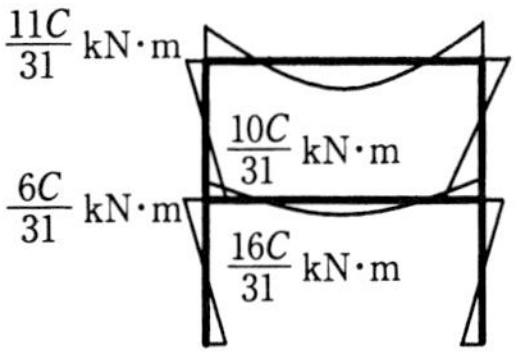

● $I_C = 10 \times I_g$ の場合（柱が大きい）

$\theta_B = \dfrac{82C}{292EI_C}$, $\theta_C = \dfrac{244C}{292EI_C}$

$M_{BA} = \dfrac{840C}{2921}$, $M_{BE} = -\dfrac{2900C}{2921}$

$M_{BC} = \dfrac{2060C}{2921}$, $M_{CB} = \dfrac{2860C}{2921}$

$M_{CF} = -\dfrac{2860C}{2921}$

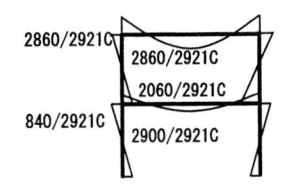

M_{BE} で比較すると次のようになる。

柱小さい	普通	柱大きい
$-\dfrac{16C}{31}$	$-\dfrac{6C}{7}$	$-\dfrac{2900C}{2921}$
$-0.516C$	$-0.857C$	$-0.99C$

柱が大きいとはり端モーメントは両端固定はりの端部モーメント C に近づき，柱が小さいとはり端の固定度が落ち，端部モーメントが小さくなり，その分はり中央のモーメントが増えることとなる（→はり断面，柱断面を工夫することで，生じる応力をコントロールできる）．

問 7.9.3

$I_g = 2I_C$ の場合（未知数は R_1, R_2, θ_B, θ_C）
式は M のつり合いと Q のつり合いの4式

$M_{BA} + M_{BE} + M_{BC} = 0$

$M_{CB} + M_{CF} = 0$

$\dfrac{M_{BA} + M_{AB}}{階高} = \Sigma \dfrac{水平力}{2柱} = 5.0$

$\dfrac{M_{BC} + M_{CB}}{階高} = \Sigma \dfrac{水平力}{2柱} = 2.5$

未知数はBC点の θ とBC点の移動による R たとえば

$M_{BC} = \dfrac{2EI}{4.0} \times (2\theta_B + \theta_C - 3R_2)$

$M_{BA} = -8.0$ $M_{AB} = -12.0$ $M_{BC} = -4.0$
$M_{CB} = -6.0$ $M_{CF} = 6.0$ $M_{AB} = 12.0$
$Q_{AB} = 5.0$ $Q_{BC} = 2.5$ $M_{BE} = 12.0$

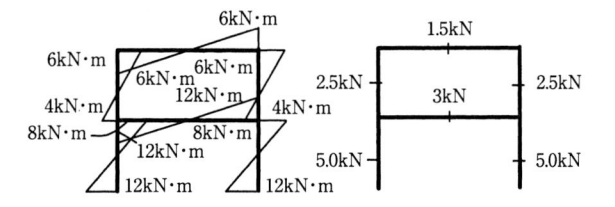

問 7.9.4

① $I_g = 10 \times I_C$ の場合（はりが大きい）

$M_{BA} = -9.5$ $M_{BE} = -14.2$ $M_{BC} = -4.7$
$M_{CB} = -5.3$ $M_{CF} = +5.3$ $M_{AB} = 10.45$
$Q_{AB} = 5.0$ $Q_{BC} = 2.5$

② $I_C = 10 \times I_g$ の場合（柱が大きい）

$M_{BA} = -2.3$ $M_{BE} = -3.7$ $M_{BC} = 6.0$
$M_{CB} = 4.0$ $M_{CF} = -4.0$ $M_{AB} = 22.3$
$Q_{AB} = 5.0$ $Q_{BC} = 2.5$

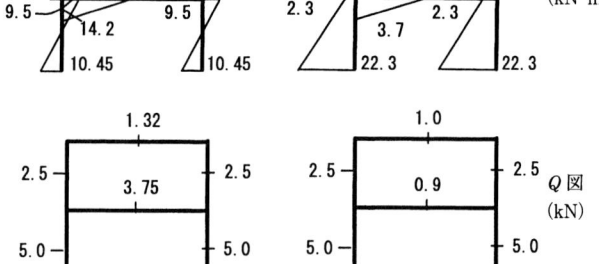

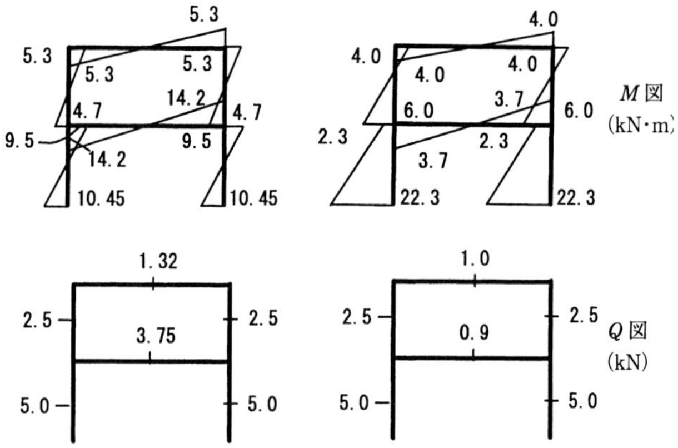

外力が同じなので，モーメント図の勾配（＝せん断力）は変わらないが，柱の剛性が大きくなるに従い，はりに生じる曲げモーメントは小さくなり，反曲点（＝モーメントが0の点）はだんだん上がっていく．はりがついていても，片持ちはりに近い状況で，はりの分だけわずかに曲げ戻すようになる．

解説

○柱とはりからなる建物のほとんどが矩形骨組．
節点方程式：柱とはりの交点ごとに，その節点に集まる全部材のモーメントの和が 0：Σ 材端 $M = 0$ となる．問 7.9.1 では B，C，E，F 点．

層方程式：柱頭・柱脚のモーメント M を階高で割って得られるせん断力 Q はその層より上に作用している水平力 ΣP である．

すなわち各節点の回転角 θ と各層の移動量（部材角）R を未知数とする方程式が節点数＋層数分できるのでこれを解く．

矩形骨組の層やスパンが増えても機械的に式をつくることができ，一次式を解くだけですむ．

7.10 コンピュータによる計算

問 7.10.1 長さの単位を m，力の単位を N とすれば，入力データとして次のようなものが考えられる．

```
4
0.0  0.0  0 0 0
0.0  4.0  1 1 1
5.0  4.0  1 1 1
5.0  0.0  0 0 0
3
1 2 21e9 4.22e-5 2.25e-2
2 3 21e9 9.11e-5 1.75e-2
3 4 21e9 4.22e-5 2.25e-2
1
2 10e3 0.0 0.0
```

上記の入力データを用いて計算を行った結果を図示すると次のようになる．

変形図（鉛直・水平変形を約20倍して表したもの）

モーメント図（単位：kN·m）
9.1　9.1
10.9　10.9

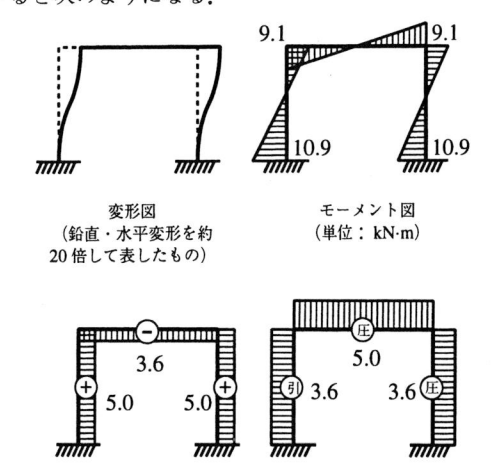

せん断力図（単位：kN）
3.6
5.0　5.0

軸力図（単位：kN）
5.0
3.6　3.6

問 7.10.2 長さの単位を m，力の単位を N としたとき，固定支持の場合の入力データの例を示すと次のようになる．なお，ピン支持の場合は節点情報の拘束を「0 0 0」から「0 0 1」に修正すればよい．

```
5
0.0   0.0  0 0 0
0.0   4.0  1 1 1
10.0  7.0  1 1 1
20.0  4.0  0 0 0
20.0  0.0  0 0 0
4
1 2 210e9 0.230e-3 0.00819
2 3 210e9 0.230e-3 0.00819
3 4 210e9 0.230e-3 0.00819
4 5 210e9 0.230e-3 0.00819
1
3 2e3 0.0 0.0
```

固定・ピン支持それぞれの計算結果を図示すると次のようになる．

○固定支持の場合

変形図（鉛直・水平変形を約2倍して表したもの）

モーメント図（単位：kN·m）
1.1　1.1
2.9　2.9

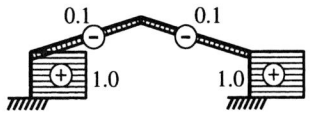

せん断力図（単位：kN）
0.1　0.1
1.0　1.0

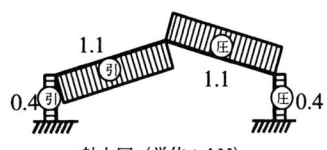

軸力図（単位：kN）
1.1　1.1
0.4　0.4

○ピン支持の場合

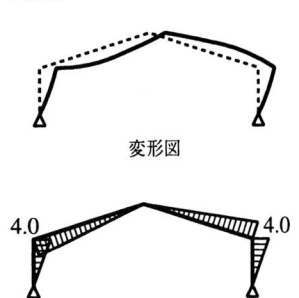

変形図

モーメント図（単位：kN·m）
4.0　4.0

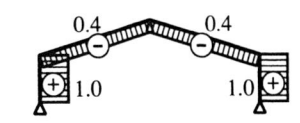

せん断力図（単位：kN）

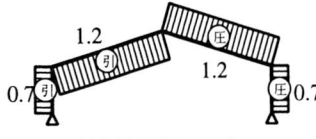

軸力図（単位：kN）

ピン支持は固定支持と比較して，斜材に作用するモーメントやせん断力が大きく，水平変形量がかなり大きくなる．

問7.10.3 ①〜③については省略．

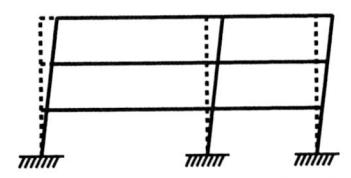

変形図（鉛直・水平変形を約50倍して表したもの）

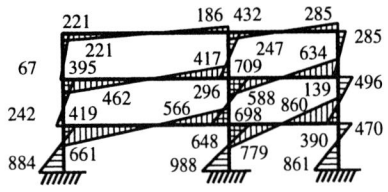

モーメント図（単位：kN·m）

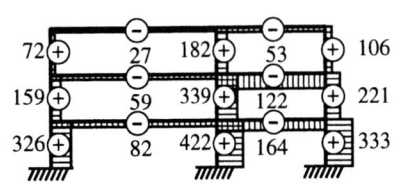

せん断力図（単位：kN）

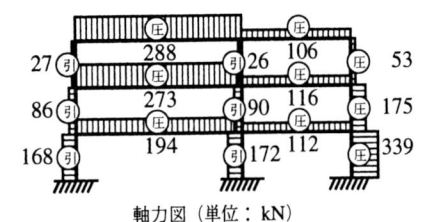

軸力図（単位：kN）

解説

○問7.10.3について

建物の構造設計では，問7.10.3のように建物のある平面を取り出し，平面骨組として計算することがある．その場合，建物に作用する荷重として，まず常時作用する鉛直方向の荷重である固定荷重と積載荷重を考える．これらの荷重は単位面積当たりの力として取り扱うことができ，床スラブに等分布に作用する．床スラブははりによって支えられるので，平面骨組でははりに等分布荷重が作用することになる．そのとき，はりが支える床スラブの幅（支配幅：紙面に垂直な方向の奥行き）を考えなければならない．

また，地震の際に建物に作用する力を考える場合には，各層の重量（(固定荷重＋積載荷重)×はりの合計長さ×支配幅）に定数をかけた力が問7.10.3のPのように作用すると考えることができる．

問7.10.3の$P=360\,\mathrm{kN}$という数値は，固定荷重＋積載荷重を$7\,\mathrm{kN/m^2}$，支配幅$7\,\mathrm{m}$，各層の重量にかける定数を0.3として計算したものである．

索　引

ア　行

圧縮力　11
安定　3
安定構造物　3

運動状態　4

N 図　3
M 図　3
縁応力度　31

応力　1, 10, 50
応力図　3, 15
応力度　20
応力度分布　38
応力法　90

カ　行

外的静定　4, 68
外的不静定　4
外的不静定トラス　69
回転端　2
荷重　14
仮想荷重　41, 64
仮想仕事の原理　45, 55, 56, 85
仮想切断　3
仮想内力仕事　45
仮想変位　45
仮想力　45
片持ちはり　15
片持ちはり式構造　54
滑接合　2
可動端　2

基準座標系　96
逆マトリクス　89
Q 図　3
共役はり　42
境界条件　63
強軸　33
局所座標系　96
曲率半径　29
許容応力度　25

サ　行

偶力　5

剛域　92
剛性　25, 88
剛性法　89
構成法則　92
剛性マトリクス　88
剛性マトリクスの要素　90
剛接合　2
剛体変位　23
剛比　80
降伏点　25
合力　5
コーシーの共役則　21
固定支持　2
固定端　2
固定端モーメント　66, 82
固定法　79, 82

材端変形　3
材端力　3
細長比　33
座屈　33
座屈荷重　33
座標変換　96
座標変換マトリクス　96
作用・反作用の法則　5, 53, 54
三ヒンジ構造　50, 53

軸方向力　11
軸力　3, 10
軸力図　13
仕事　44
支点　1
弱軸　33
柔性　89
柔性法　90
柔性マトリクス　89
柔性マトリクスの要素　91
集中荷重　2
主応力面　38
主断面二次モーメント　33
示力図　6

垂直応力度　20, 34

垂直ひずみ度　21
図心　26, 27

静定　3
静定基本形　63, 64, 66, 67, 69, 86
静定骨組　50
静力学的効果　5
切断　11
線形モデル　91
線材の力学　1
全体剛性マトリクス　97
全体座標系　96
せん断応力度　20, 35
せん断弾性係数　24
せん断ひずみ度　22
せん断力　3, 11, 14
せん断力図　13

相反定理　91

タ　行

体積弾性係数　24
縦ひずみ　22
たわみ　39
たわみ角　39
たわみ角法　80
たわみ性　89
単純はり　17
単純はり式構造　55
単純はり式骨組　50
弾性　23
弾性係数　24
弾性限度　25
弾性範囲　24, 25, 87
断面　25
断面一次モーメント　26, 27
断面応力　10, 11, 13, 15
断面極二次モーメント　34
断面係数　30, 31
断面相乗モーメント　31
断面二次半径　33
断面二次モーメント　28, 30
断面の主軸　31, 33

力の移動性の法則　5
力の合成　5

力のつり合い条件　50
力の平行四辺形の法則　5
力のモーメント　4, 6
中立軸　28, 30

つり合い　7, 10, 12

伝達モーメント　81
転置マトリクス　97

到達モーメント　81
到達率　81

ナ　行

内的静定　4
内的不静定　4, 68
内的不静定トラス　69

ハ　行

はりの基本式　39
判別式　4
汎用性　87
反力　11

ひずみエネルギー　44
ひずみ度　21, 25
引張り力　11
表計算　83
ピン支持　2

不安定　3
不安定構造物　3
フォートラン　99
部材剛性マトリクス　93

部材座標系　96
不静定　3, 4
不静定一般解法　63
不静定トラス　68
不静定はり　62, 63
不静定骨組　85
不静定余力　63, 64, 66, 67, 69, 70, 86
フックの法則　23
不つり合いモーメント　83
Free Body（自由体）　10
フレーム構造　92
プログラミング言語　99
分解　5
分配モーメント　81
分布荷重　2
分力　5

平行軸定理　29
ベクトル　2
変位　23
変位の適合条件　98
変位法　89
変形　25, 54
変形の適合条件　62, 63, 64, 66, 67, 69
変数名　99

ポアソン数　22
ポアソン比　22
補足仮想仕事　44
補足仕事　44
骨組　1

マ　行

マクスウエル・ベティの定理　91
曲げ応力度　31

曲げモーメント　3, 11, 14, 28
曲げモーメント図　13
マトリクス　87
マトリクス構造解析法　87
マトリクスの縮約　98
マトリクス法　87

モデル化　1
モーメント　2
モーメント荷重　17
モーメントの極値　18
モーメントの分配率　81
モールの応力円　37
モールの定理　39, 41, 64

ヤ　行

ヤング係数　24, 25

有効剛比　81

要素剛性マトリクス　93
要素座標系　96
横ひずみ　22

ラ　行

ラーメン　92

連続はり　81
連立方程式　89

ローラー支持　2

著者略歴

西川 孝夫(にしかわ たかお)
- 1942年 広島県に生まれる
- 1967年 東京大学大学院工学系研究科修士課程修了
- 現 在 東京都立大学名誉教授 工学博士

北山 和宏(きたやま かずひろ)
- 1961年 東京都に生まれる
- 1986年 東京大学大学院工学系研究科修士課程修了
- 現 在 首都大学東京都市環境科学研究科准教授 博士(工学)

藤田 香織(ふじた かおり)
- 1970年 東京都に生まれる
- 1999年 東京大学大学院工学系研究科博士課程修了
- 現 在 東京大学大学院工学研究科准教授 博士(工学)

隈澤 文俊(くまざわ ふみとし)
- 1961年 東京都に生まれる
- 1984年 芝浦工業大学卒業
- 現 在 芝浦工業大学工学部教授 博士(工学)

荒川 利治(あらかわ としはる)
- 1954年 秋田県に生まれる
- 1979年 明治大学大学院工学研究科修士課程修了
- 現 在 明治大学理工学部教授 工学博士

山村 一繁(やまむら かずしげ)
- 1961年 東京都に生まれる
- 1988年 東京大学大学院工学系研究科修士課程修了
- 現 在 首都大学東京都市環境科学研究科助教 修士(工学)

小寺 正孝(こでら まさたか)
- 1941年 東京都に生まれる
- 1965年 東京都立大学工学部卒業
- 現 在 ㈱都市居住評価センター

シリーズ〈建築工学〉2
建築構造の力学
――初歩から学ぶ構造力学――

定価はカバーに表示

2003年2月20日	初版第1刷
2021年1月25日	第8刷

著者 西　川　孝　夫
　　　北　山　和　宏
　　　藤　田　香　織
　　　隈　澤　文　俊
　　　荒　川　利　治
　　　山　村　一　繁
　　　小　寺　正　孝

発行者 朝　倉　誠　造

発行所 株式会社 朝倉書店
東京都新宿区新小川町 6-29
郵便番号 162-8707
電 話 03(3260)0141
FAX 03(3260)0180
http://www.asakura.co.jp

〈検印省略〉

© 2003 〈無断複写・転載を禁ず〉
シナノ・渡辺製本

ISBN 978-4-254-26872-0 C 3352
Printed in Japan

JCOPY 〈出版者著作権管理機構 委託出版物〉
本書の無断複写は著作権法上での例外を除き禁じられています。複写される場合は、そのつど事前に、出版者著作権管理機構(電話 03-5244-5088, FAX 03-5244-5089, e-mail: info@jcopy.or.jp)の許諾を得てください。

好評の事典・辞典・ハンドブック

物理データ事典 　　　日本物理学会 編　B5判 600頁
現代物理学ハンドブック 　　　鈴木増雄ほか 訳　A5判 448頁
物理学大事典 　　　鈴木増雄ほか 編　B5判 896頁
統計物理学ハンドブック 　　　鈴木増雄ほか 訳　A5判 608頁
素粒子物理学ハンドブック 　　　山田作衛ほか 編　A5判 688頁
超伝導ハンドブック 　　　福山秀敏ほか 編　A5判 328頁
化学測定の事典 　　　梅澤喜夫 編　A5判 352頁
炭素の事典 　　　伊与田正彦ほか 編　A5判 660頁
元素大百科事典 　　　渡辺 正 監訳　B5判 712頁
ガラスの百科事典 　　　作花済夫ほか 編　A5判 696頁
セラミックスの事典 　　　山村 博ほか 監修　A5判 496頁
高分子分析ハンドブック 　　　高分子分析研究懇談会 編　B5判 1268頁
エネルギーの事典 　　　日本エネルギー学会 編　B5判 768頁
モータの事典 　　　曽根 悟ほか 編　B5判 520頁
電子物性・材料の事典 　　　森泉豊栄ほか 編　A5判 696頁
電子材料ハンドブック 　　　木村忠正ほか 編　B5判 1012頁
計算力学ハンドブック 　　　矢川元基ほか 編　B5判 680頁
コンクリート工学ハンドブック 　　　小柳 洽ほか 編　B5判 1536頁
測量工学ハンドブック 　　　村井俊治 編　B5判 544頁
建築設備ハンドブック 　　　紀谷文樹ほか 編　B5判 948頁
建築大百科事典 　　　長澤 泰ほか 編　B5判 720頁

価格・概要等は小社ホームページをご覧ください．